**디지털 혁신만이 살 길이다**

# DIGITAL
## TRANSFORMATION

**4차 산업혁명으로 시작된 디지털 허리케인이 온다**

# 디지털 혁신만이 살 길이다

조용완 지음

# 디지털 혁신할 것인가, 혁신당할 것인가?

## 디지털 혁신은 선택이 아닌 필수 생존 전략이다!

디지털 기술로 이루어지는 4차 산업혁명 시대에 접어들면서 미국과 유럽을 비롯한 대부분의 선진국에서는 미래의 경제 주도권을 잡기 위한 디지털 트랜스포메이션에 범 정부 차원의 투자와 지원을 아끼지 않고 있다.

지금도 하루가 다르게 변화하고 있지만 미래는 지금보다 훨씬 더 빠른 속도로 디지털화되고 복잡해질 것이다. 물리적인 세상의 사물들이 디지털로 서로 연결되고 제어됨으로써 새롭게 만들어낼 수 있는 디지털 세상의 서비스와 가능성은 무한하다고 볼 수 있다. 이런 디지털 시대의 변화를 인지하지 못하고 과거 비즈니스에 안주하는 산업별 선도 기업들과 공룡 기업들은 코닥, 노키아, 블록버스터와 같이 한순간에 몰락의 길을 걷게 될 것이다. 즉 기업의 디지털 혁신은 더 이상 선택이 아닌 생존을 위한 필수 전략이 되어야 한다.

플랫폼과 다양한 디지털 기술의 원리를 이해하고 적용함으로써 현재의 공학, 건축, 금융, 서비스, 유통, 의료 등 모든 산업 분야에서 디지털 혁신을 만들어가야 한다. 지난 수 세기 동안 경제 시스템을 지배해왔던 근대 산업과 현대 자본주의는 2000년을 전후로 시작된 디지털 기술과 정보통신기술ICT의 비약적인 발전을 통해 공유경제와 온디맨드 경제에 기반을 둔 새로운 경제 시스템으로 빠르게 발전해왔다.

## 시장의 지배 구조가 고객 중심으로 바뀌었다

새로운 기술은 새로운 제품을 만들어내고 새로운 제품을 사용하는 소비자들은 과거와는 다른 새로운 시장을 만들어낸다. 새로운 시장의 요구와 과거 기술로는 해결할 수 없었던 숨겨져 있던 고객의 니즈를 해결함으로써 혁신적인 유니콘 기업들이 탄생하고 있다. 이런 유니콘 기업들은 경제의 핵심 요소인 수요와 공급 사이에서 과거와는 전혀 다른 새로운 역학 관계를 만들어내면서 대부분의 산업에서 생태계의 위계질서를 파괴하는 공통적인 패턴을 보이고 있다. 모든 사람과 사물이 연결되는 초연결 시대에는 생산자나 공급자 중심의 규모의 경제가 아닌 소비자 중심의 네트워크 경제가 비즈니스의 성공과 기업 생존의 핵심 전략이 된다. 시장의 지배 구조가 공급자 중심에서 소비자 중심으로 바뀌어가면서 산업 전반에 걸친 시장질서의 파괴와 기업 생존을 위한 전쟁이 치열하다.

이 책에서는 급변하는 시장에서 변화를 인지하지 못하고 몰락한 초일류 기업들의 실패 사례와 디지털 혁신에 성공한 선진 기업들과 유니콘 기업들의 성공 스토리를 자세히 다루고 있다. 또한 세계적으로 4차 산업혁명을 이끌어가고 있는 독일의 공학한림원에서 제안하는 디지털 트랜스포메이션의 4단계 발전과정에 대해서도 다양한 사례와 함께 자세히 설명하고 있다.

기존 기업의 디지털 혁신이나 성공적인 유니콘 기업의 탄생을 위해서는 디지털 시대의 고객과 시장이 요구하는 혁신적인 비즈니스 모델을 찾아낼 수 있어야 한다. 책에서는 비즈니스 모델 혁신을 위한 프레임워크와 새로운 서비스를 찾아낼 수 있는 사고 방법론도 함께 다루고 있다. 이런 기술의 변화, 시장과 소비자의 변화, 혁신적인 기업의 성공 사례, 새로운 사고 방법론 등과 같은 큰 그림에 대한 이해 없이 디지털 시대를 맞이하는 것은 여행계획이나 여행지도나 내비게이션 없이 낯선 오지를 여행하는 것과 다를 바가 없을 것이다.

## 지금 전세계는 디지털 패권을 두고 치열한 전쟁 중이다

지금 전세계는 디지털 혁신 경쟁이 치열하다. 특히 중국의 디지털 혁신을 위한 노력과 분위기가 한국과 비교할 수 없을 정도로 뜨겁고 빠르다. 다양한 매체에서 이미 여러 차례 소개되었던 중국의 유명한 3대 창업 카페인 처쿠카페, 3W카페, 빙고카페에 대해 들어본 사람들이 많을 것이다. 중국 리커창 총리가 '창업거리Inno-way'인 중관촌을 직접 방문해 "스타트업 창업자들이 앞으로 중국의 미래를 이끌어갈 것이다."라고 하며 국가 차원에서 창업에 대한 지지를 표명하고 있다. 여기에 더해 마윈은 리커창 총리에게 100만 알리바바 가족을 약속하며 성공하는 유니콘 기업을 육성하기 위한 창업 지원을 약속하고 있다. 정부와 함께 마윈과 같은 성공한 기업인이 유니콘 기업의 육성을 지원하고 그렇게 성공한 유니콘 기업들이 또 다시 다른 유니콘 기업을 육성하는 건전하고 발전적인 문화를 만들어가고 있다.

창업 카페를 통한 자발적이고 열정적인 스타트업 참여, 국가적인 지원, 성공한 유니콘 기업들의 창업 지원은 정보통신기술 분야에서 스타트업 육성을 늦게 시작한 중국이 미국 못지않게 빠르고 많은 유니콘 기업들을 배출해내는 비결이 되고 있다. 중국 창업의 본산지인 처쿠카페는 스티브 잡스가 자신의 집 차고에서 애플을 창업한 것에

힌트를 얻어 카페 이름을 '처쿠車庫'로 정했다고 한다. 처쿠카페에서는 수많은 젊은 창업자들이 자신의 일을 보기도 하고 투자자나 다른 창업자들과 아이디어를 교류하는 모습을 쉽게 볼 수 있다.

한 달에 100위안(한화 약 1만 7,000원)이면 인터넷, 전기, 테이블 등 카페 공간을 자유롭게 사용할 수 있다. 실리콘밸리가 미국에서 그렇게 성공했듯이 중국의 창업 카페 역시 저렴한 가격보다는 창업을 꿈꾸는 수많은 동료들이나 투자자들과 정보를 쉽게 교류할 수 있다는 점이 중국 청년들이 이곳을 찾는 진짜 이유이다. 대학 졸업 후 몰려든 젊은 창업가들과 벤처나 스타트업 투자자들이 모여 자연스럽고 자생적인 스타트업 카페를 만들고 서로 정보와 아이디어를 교류하고 발전시켜 나가는 스타트업 플랫폼으로 자리를 굳힌 것이다.

우리나라보다 디지털 혁신에 대한 준비와 기술력에서 먼저 달려가고 있는 독일이나 미국 그리고 최근 전 세계를 놀라게 한 중국까지 직접 다니면서 느낀 점들이 많았다. 전통적인 제조 중심의 경제에서 잘 성장해왔던 우리나라의 기존 기업들과 새롭게 시작하는 스타트업 기업들이 급변하는 4차 산업혁명 시대에도 미래를 준비하고 경쟁력을 키워갈 수 있도록 선진 기업들의 디지털 혁신 사례들을 자세히 담아내려고 노력했다.

나는 컴퓨터공학을 전공한 이후 주로 글로벌 소프트웨어 회사에서 근무했다. 연구소에서의 솔루션 개발부터 시작해 대규모 시스템 개발, 프로세스 혁신PI 컨설팅, 프로세스 관리BPM 컨설팅, 기업 전사 아키텍처 수립Enterprise Architect 컨설팅, 솔루션 자문 전문위원 등 소프트웨어 업계에서 20년 이상의 실무 경험을 가지고 있다. 하지만 소프트웨어라는 주제가 너무나 광범위하고 다양하며 빠르게 변하다 보니 책을 집필하면서도 적지 않은 부담을 가지고 작업했다.

개인적으로는 많이 부족하지만, SAP라는 글로벌 최고의 기업용 소프트웨어 회사의 디지털 플랫폼 본부를 맡고 있으면서 데이터베이스, 분석, 사용자경험UX, User eXperience, 통합, 튜닝, 소프트웨어 아키텍처 등과 같은 소프트웨어의 근간이 되는 기본 기술 영역뿐 아니라 사물인터넷, 머신러닝, 빅데이터, 블록체인, 로봇프로세스자동화RPA, Robotic Process Automation, 클라우드 컴퓨팅 등 신기술 영역에 이르는 모든 소프트웨어 기술 영역의 최고 전문가분들이 함께 계셨기에 이 책을 내놓을 수 있었다. 기술 분야 최고의 전문가들로 구성된 팀원 분들 외에도 함께 근무하는 산업 전문가분들, 프로세스 전문가분들과 성공하는 기업의 비즈니스 모델과 디지털 혁신의 필요성과 기업의 지속성장 방향성 등에 대해 같이 고민하고 연구하고 공부했던 경험들이 많은 도움이 되었다. 나는 그런 내용을 최대한 쉽게 책에 담아내려고 노력했다.

모쪼록 이 책이 미래를 꿈꾸는 학생들, 창업을 준비하는 사람들, 스타트업과 대기업에서 신사업이나 혁신을 이끌어가야 하는 사람들을 포함해 조금 더 많은 사람들이 디지털 혁신이 가져올 미래를 이해하고 개인과 회사의 미래에 대한 큰 그림과 방향을 잡아가는 데 작으나마 지침이 되었으면 한다.

2019년 8월

조용완

**6장**

# 혁신을 위한 새로운 사고방법론
# 디자인 씽킹 • 229

## 1장

# 산업 생태계의 변화

# 1

# 산업 생태계의 변화와
# 유니콘의 출현

유니콘Unicorn은 전설 속에 등장하는 이마에 뿔이 하나 달린 동물인데 최근 미국 실리콘밸리에서 크게 성공한 스타트업 기업을 통칭하는 말로 통용되고 있다. 경제에서 유니콘 기업은 기업가치가 10억 달러(한화로 대략 1조 원) 이상인 스타트업 기업을 의미한다. 2013년 여성벤처 투자자인 '에일린 리Aileen Lee'가 처음 사용했는데 신생 기업이 상장하기 전에 기업가치가 10억 달러 이상이 되는 것이 전설 속의 유니콘처럼 현실에서 보기 드물다는 의미에서 사용되었다.

4차 산업혁명의 디지털 환경에서 수많은 유니콘 기업들이 탄생하면서 기존 산업의 생태계를 파괴하고 수십 년 동안 평온했던 시장과 각 산업의 선도 기업들을 혼란에 빠뜨리고 있다. 유럽과 북미뿐만 아니라 일본과 중국을 포함한 대부분의 선진국들이 4차 산업혁명과 기업의 디지털 혁신을 외치면서 범 정부 차원의 준비와 투자를 아끼지 않고 있다. 이는 국가와 기업의 경쟁력을 새로운 디지털 시대에도 계속 유지하면서 발전시켜 나가야 하고 그렇지 못하면 도태되거나 추락할 것이라는 위기감 때문이다.

4차 산업혁명을 준비하고 경쟁 위기에 대응하기 위해서는 디지털 시대의 시장 환경 변화와 산업 생태계의 변화를 먼저 이해할 수 있어야 한다. 지난 수세기 동안 경제 시스템을 지배해왔던 근대 산업과 현대 자본주의는 1990년대 말부터 시작된 디지털 기술과 정보통신기술의 비약적인 발전을 통해 공유경제와 온디맨드 경제에 기반을 두는 새로운 경제 시스템으로 발전하게 되었다. 변화된 공유경제 시스템은 다양한 산업 분야에서 과거와는 완전히 다른 새로운 유형의 유니콘 기업들을 만들어내고 있다. 대표적인 유니콘 기업들은 미시적인 경제 변화를 뛰어넘어 각 산업 분야에서 기존의 경쟁 구도를 완전히 파괴하는 새로운 리더가 되고 있을 뿐만 아니라 글로벌 경제 변화와 신흥 자본주의 경제 체제의 혁신 기업으로 자리매김하고 있다.

이런 유니콘 기업은 전통적인 산업 구조에서의 경쟁 방식과는 전혀 다른 새로운 규칙을 만들어낸다. 경제의 핵심 요소인 수요와 공급 사이에서 과거와는 다른 새로운 역학 관계를 만들어내면서 대부분의 산업에서 오랫동안 유지되어왔던 생태계의 위계질서를 파괴하는 공통적인 패턴을 보이고 있다. 우리가 잘 알고 있는 자본주의의 일반적인 개념과 사상으로 볼 때 모든 산업에 있어 기업은 생산과 공급망으로 복잡하게 엮여 있는 산업 생태계에서 대규모의 자본과 자원을 투자하고 생산을 확대하여 대량생산을 가능하게 함으로써 궁극적으로는 규모의 경제에 도달하게 한다는 공통적인 원칙을 가지고 있다.

과거 전통적인 자본주의 모델에서는 공급자 관점에서 경쟁력을 갖추기 위한 규모의 경제를 이루어내야 했고 그러기 위해서는 더욱 복잡한 비즈니스 가치사슬을 만들어가야 했다. 즉 규모의 경제와 가치사슬의 복잡도는 서로 상반되는 요소이다. 생산, 유통, 금융, 서비스를 포함한 모든 산업 분야의 전통적인 기업들은 다양한 기술을 활용해 새로운 제품과 서비스를 제공함으로써 고객의 니즈와 요구사항들을 해결해왔고 수세기에 걸쳐 자연스럽게 그 산업 나름의 생태계 구조를 만들어왔다. 보다 효율적인 선진 기술과 개선된 프로세스를 비즈니스에 꾸준히 적용함으로써 고객의 요구를 충족시키기 위한 프로세스 혁신 활동을 지속적으로 반복하면서 기업의 성과 또한 함께 성장하고 개선되어 왔다.

1980년대까지는 동일 산업에서 글로벌 1등 기업의 프로세스를 참조하고 배우는 것이 가장 빠르고 효율적인 기업 성장의 방법이었다. 대부분의 기업들은 벤치마킹을 통해 글로벌 성공 사례를 따라하는 형태의 프로세스 혁신 활동을 추진해왔다. 우리나라 역시 1970년대와 1980년대 제조업을 중심으로 일본을 포함한 여러 선진 기업들의 프로세스를 배우고 따라하면서 빠른 경제 성장과 비즈니스 성공을 이루어낼 수 있었다. 하지만 현재의 급변하는 디지털 환경에서는 성공 사례를 따라하는 패스트 팔로워Fast follower 방식의 프로세스 혁신 활동만으로는 더 이상 시장 경쟁력과 차별화를 만들어낼 수 없다.

과거 전통적인 시장에서도 모든 기업들이 경쟁 우위를 차지하기 위한 신제품 개발과 마케팅에 많은 투자를 하고 있었다. 하지만 기존 경쟁 환경에서는 같은 업종의 여러 경쟁 회사들이 정해진 규모의 시장을 두고 점유율을 조금씩 나누어가지는 형태의 비즈니스를 영위해왔다고 볼 수 있다. 하지만 디지털과 공유경제 환경에서는 이런 경제의 기본 원칙이 깨지게 된다. 유니콘 기업들은 디지털 기술과 네트워크 효과를 이용해 비즈니스 가치사슬을 단순화시키면서 동시에 시장 규모를 기하급수적으로 성장시키는 것을 가능하게 한다.

선도기업들이 전통적인 비즈니스 모델에 집중하는 동안 유니콘 기업들은 이전 산업 생태계에서는 해결하지 못했던 숨겨져 있던 고객 니즈와 디지털 환경에서 새롭게 등장하는 고객 요구들을 찾아 해결하고 있다. 고객의 숨겨진 니즈와 새로운 요구는 기존 산업에서 제공되던 서비스나 제품과는 전혀 다른 새로운 형태의 시장을 만들어낸다. 공급자 중심이 아닌 고객 관점에서의 시장 변화를 미리 예측하고 기하급수적으로 확장 가능한 시장과 비즈니스 모델을 만들어가는 것이다. 이렇듯 새로운 시장의 잠재 가치와 유니콘 기업으로의 성장 가능성을 검증해 보임으로써 벤처 캐피털로부터 엄청난 규모의 자금을 끌어들여 급격한 성장을 이루어내고 있다. 즉 하나의 산업에서 진정한 생태계 파괴는 유니콘과 같은 새로운 혁신 기업이 고객의 숨겨진 니즈를 이해하고 이를 해결함으로써 해당 산업 내에서 완전히 새로운 시장을 이끌어내고 마침내 훨씬 효과적이고 효율적인 방법으로 고객과 시장의 요구를 충족시켜줄 때 발생하게 된다.

대부분의 기업들은 기존 시장 환경과 경쟁 구도에 익숙하기 때문에 디지털 세상의 고객과 시장이 필요로 하는 니즈와 요구가 바뀌는 것을 인지하지 못하거나 인지하더라도 기존 경영 방식과 프로세스를 고집하려는 관성 때문에 고객과 시장의 변화와 요구를 무시하게 된다. 하지만 유니콘 기업들은 디지털 기술과 비즈니스 네트워크를 이용해 숨겨진 시장 요구에 빠르고 혁신적으로 대응함으로써 과거와는 전혀 다른 새로운 시장을 만들어낼 수 있는 것이다.

소셜 네트워크의 가장 대표적인 기업인 페이스북은 기존의 신문이나 TV 광고가 아닌, 대중들에게 일반화된 디지털과 소셜 환경에서 기업 고객들이 어떤 것을 필요로 하는지에 대한 숨은 니즈를 찾아냄으로써 새로운 광고 시장을 만들어냈다. 우리에게 익숙한 텔레비전이나 미디어를 통한 뉴스와 광고의 제작, 편집, 제공과 같은 과거 방식 외에도 소셜 네트워크를 통해 누구라도 개인의 관심사와 취향에 따라 자신만의 일상이나 유용한 정보를 쉽게 게시하고 공유할 수 있게 하는 자기 주도적이고 효율적인 방법을 제공하게 된다. 페이스북은 '친구 맺기'라는 가상의 플랫폼을 제공함으로써 20억 명 이상의 사용자(2018년 7월 25일 기준 22억 3,000만 명의 월별 사용자)가 자발적으로 참여하는 엄청난 규모의 네트워크를 만들어내면서 세계에서 가장 많이 읽히는 세계 최고의 미디어가 되었다. 그리고 그런 네트워크를 통해 엄청난 금액의 광고 수익을 만들어내는 비즈니스 모델을 가지고 있다.

삼성전자는 종업원이 30만 명이 넘고 전 세계 80여 개국에서 제품을 생산하며 시가총액은 300조 원에 이른다. 반면 페이스북은 종업원이 고작 2만여 명이고 직접 생산하는 제품이나 서비스는 없지만 시장 가치는 약 600조 원에 달한다. 이는 삼성전자의 두 배나 된다. 페이스북 외에도 디지털 경제에 새롭게 등장한 수많은 혁신 기업들을 쉽게 찾아볼 수 있다.

# 2
# 디지털 시대 대표 혁신 기업들

디지털 시대를 이끌어가는 대표적인 유니콘 기업들의 성장 배경과 비즈니스 모델을 이해함으로써 4차 산업혁명과 디지털 시대의 산업 변화와 경제의 흐름을 살펴보자. 다음은 최근 경제지나 각종 미디어에서 항상 회자되는 인물들이다.

### 중국의 성공신화 마윈과 알리바바
첫 번째는 중국의 대표적인 전자상거래 회사인 알리바바이다. 알리바바의 마윈은 중국 내에서 청소년부터 중년 사업가에 이르기까지 다양한 연령층에게 롤 모델이자 성공과 혁신의 아이콘이다. 하지만 그런 그도 알리바바로 성공하기 전까지는 대학 입학부터 입사와 사업에 이르기까지 수십 번의 실패를 반복했던 실패의 아이콘이었다. 성공한 이후 자신의 실패와 성공 경험에 대해 "가장 큰 실패는 포기하는 것이다. 굴욕을 이겨내야 성공이 보인다."라는 명언을 남겼을 정도로 누구

**디지털 세상을 이끌어가는 대표적인 혁신 기업들**

보다 많은 실패를 경험했던 인물이다.

마윈은 어린 시절 아버지로부터 선물받은 라디오를 접하며 영어에 빠져들게 됐다. 12세부터 무려 9년 동안이나 자전거로 한 시간이 걸리는 외국인들이 자주 묵는 항저우 호텔(현재 샹그릴라 호텔)로 거의 매일같이 찾아가 무료 관광 가이드 일을 하면서 영어공부를 했다. 관광 가이드로 일하던 중 1994년 지인을 통해 인터넷에 대한 이야기를 듣고 바로 다음 해인 1995년 미국으로 건너가 인터넷을 처음 경험하게 됐다. 인터넷을 접하고 큰 감흥을 받은 후 곧바로 항주로 달려와 홈페이지를 만들어주는 중국 최초의 인터넷 기업인 옐로우페이지를 창업하지만 자금력 압박으로 1년 후 경쟁사에 합병당하는 아픔을 겪었다.

1997년 중국 대외경제무역부에서 일하면서 제조업체와 무역업체

사이에 전자상거래가 필요하다는 사실을 깨닫고 1999년 17명의 동료와 함께 자신의 아파트에서 알리바바를 창업했다. 창업 초기에는 직원들 월급 주기도 힘겨울 정도로 제대로 된 거래가 이루어지지 않았지만, 성공에 대한 확신과 끊임없는 노력으로 골드만삭스로부터 500만 달러의 투자를 받아내는 데 성공했다. 알리바바 창업 이전인 1998년 중국 정부에서 일하면서 외국인들을 위한 만리장성 관광 가이드를 하던 중 한 외국인에게 알리바바의 비즈니스 모델을 설명하게 되는데 그는 다름 아닌 야후의 창업자 제리 양Jerry Yang이었다.

이후 2000년 제리 양의 소개로 소프트뱅크의 손정의 회장을 만나게 되고 손정의 회장은 마윈의 사업 설명이 시작되고 단 6분 만에 알리바바에 2,000만 달러(약 210억 원)라는 엄청난 거금을 투자하기로 결정했다. 이를 계기로 알리바바는 급격한 성장을 거듭하며 2001년 손익분기점을 넘기게 됐다. 2018년 6월 30일 기준 약 3조 1,000억 위안(한화 약 505조 원)의 시가총액을 기록하면서 미국 최대의 전자상거래 기업인 아마존마저도 위협할 정도의 최고 경쟁상대로 부상했다. 마윈의 성공신화는 수많은 중국 청년들에게 일에 대한 확신과 열정과 자신감만 있다면 누구라도 본인이 하는 일에서 꿈과 이상을 실현할 수 있다는 믿음을 주고 있다.

마윈은 인터넷으로 물건을 사고팔 수 있는 인터넷 중개 사이트를 만든다면 중국 내 중소기업에서 생산하는 수많은 제품들을 중국을 포함한 전 세계 어디에서나 인터넷으로 판매할 수 있는 엄청난 가치의 온라인 시장을 만들어낼 수 있을 것이라 확신했다. 중국의 소상공인들 역시 알리바바를 통해 누구나 쉽게 물건을 팔 수 있게 되고 그러면 그들 역시 많은 돈을 벌 수 있게 도울 수 있다고 생각했던 것이다.

알리바바는 세계 최대 전자상거래 업체로 성장했고 지금도 계속 성장하고 있다. 하지만 마윈은 여기서 멈추지 않고 디지털 시대의 숨겨진 니즈를 찾아 기업과 개인 간B2C: Business to Consumer 상거래 사이트인 티몰, 개인 간C2C: Consumer to Consumer 상거래 사이트 타오바오, 결제대행 서비스인 알리페이, 클라우드 IT 인프라 서비스인 알리클라우드 등 새로운 시장으로 비즈니스를 끝없이 확장해가고 세분화하고 있다. 타오바오는 우리나라의 옥션이나 11번가나 중고나라 등과 같이 일반인들 간의 거래를 위한 몰이고 티몰은 신세계나 CJ몰처럼 상대적으로 고가의 물건을 기업이 개인에게 판매하는 브랜드 몰이다.

마윈은 이런 다양한 몰을 통해 전자상거래 비즈니스를 확산해가면서 의심 많은 중국인들도 믿고 거래할 수 있는 인진한 결제 시스템이 필요하다는 것을 깨닫게 됐다. 에스크로Escrow* 서비스인 알리페이를 만들어 알리바바의 다양한 전자상거래 몰에서 발생하는 구매자와 판매자 간의 거래 중개와 대금 지불을 대행해주고 안전한 거래까지 보장하고 있다. 구매자가 알리페이로 상품 구매 대금을 먼저 입금하면 판매자가 입금 정보를 확인하고 상품을 구매자에게 보내게 된다. 구매자가 받은 상품에 화자가 없는지 확인한 후 구매 확정을 통지하면 마지막으로 알리페이가 판매자에게 대금을 지불하는 방식이다.

알리페이 서비스를 제공하는 알리바바의 금융 자회사 앤트파이낸셜Ant Financial은 금융 산업의 4차 산업혁명이라 불리는 핀테크 분야에서 2018년 페이팔Paypal을 누르고 세계 최대의 핀테크 회사로 등극했다. 앤트파이낸셜은 알리페이를 통해 중국 전체 모바일 결제 시장의

---

* 전자상거래 등에서 구매자와 판매자 사이에 중개 서비스 회사가 개입해 상품 인도와 대금 지불을 대행해주는 서비스.

절반을 차지하고 있으며 중국을 현금 없는 사회로 만들어가고 있다. 최근 중국에서는 길거리 노점상조차 현금이 아닌 모바일로 결제가 이루어질 정도로 현금 거래보다는 모바일 결제가 훨씬 더 보편화되어 있다. 앤트파이낸셜은 노르웨이 텔레노Teleno 그룹의 파키스탄 자회사인 TMB와 손잡고 파키스탄에서도 모바일 결제 등의 디지털 금융 서비스를 제공하기 시작하면서 빠른 속도로 시장 규모를 키워가고 있다.

1995년 마윈이 인터넷을 처음 접하고 중국에서 알리바바로 전자상거래 비즈니스를 시작한 이후 현재 중국 전자상거래 시장의 60% 가까이를 점유하고 있다. 이는 매일 1억 명이 물건을 구매하기 위해 알리바바를 방문하는 수준이다. 대한민국 모든 국민이 물건을 구매하기 위해 하루에 두 번씩 알리바바를 방문하는 것과 같다. 우리가 상상하는 이상의 엄청난 규모의 시장에서 인터넷을 통한 전자상거래가 이루어지고 있는 것이다. 알리바바는 이런 탄탄한 내수와 빠른 글로벌 성장에 힘입어 2018년 전 세계 시가총액 6위의 거대 기업으로 성장했다.

2017년 11월 11일 '중국판 블랙 프라이데이'로 불리는 광군절에는 하루 매출액 1,682억 위안(약 28조 3,000억 원)의 매출을 달성했고 200개 이상의 다양한 국적의 고객들이 알리바바에서 제품을 구매했을 정도의 글로벌 기업으로 성장했다. 2018년 광군절에는 또 다시 사상 최대 규모의 매출을 달성했는데 하루 매출액이 2017년 광군절 때보다 27%나 증가한 2,135억 위안(약 35조 350억 원)에 달하며 소비자 중 40% 이상은 자국 제품이 아닌 해외 브랜드 상품을 구매했다는 것 또한 이례적이다. 마윈은 전자상거래를 통해 들어오는 수입원을 기반으로 또 다른 혁신적인 아이디어를 만들어 새로운 투자를 계속해서 만들어가고 있다. 이런 방식으로 회사와 경제의 선순환 구조를 만들게 되면 다른 경쟁 기업들이 쫓아올 수 없는 수준으로 앞서가고 빠르게 성장하게 된다.

중국은 내수시장이 커서 미래 성장 가능성이 있는 산업에 대해서는 대규모 투자와 인수 등의 공격적인 방법으로 제품 경쟁력을 확보하고 내수를 통해 규모의 경제를 만든 후 글로벌로 진출한다. 이렇게 되면 대한민국과 같은 작은 나라는 중국 기업을 상대하는 것이 점점 어려워질 수밖에 없다. 최근 한국이 전통적으로 강하고 잘해왔던 자동차, 철강, 조선과 같은 제조업에서조차도 생산 규모면에서는 중국에 뒤처지기 시작했다. 더욱이 우리나라는 기술 경쟁력을 유지하는 것도 점점 어려워지고 있다. 중국은 2017년부터 정부 주도 아래 주요 제조 산업의 최적화 작업을 진행하고 있고 경쟁력이 없는 회사들을 정리해 중국 내 대표 기업들로 흡수 통합함으로써 원가절감, 운영 효율화, 공급망 최적화를 실현해가고 있기 때문이다.

이 작업은 향후 3년 내외에 완성될 예정이며 이렇게 될 경우 우리나라의 주요 제조기업들은 규모, 원가, 비용 면에서 중국의 대형 합병회사들의 상대가 되지 못할 것이다. 이럴 때일수록 대한민국 기업들은 기존의 생산이나 유통 방식으로 경쟁하기보다는 디지털 혁신을 통해 기존 시장의 틀을 깨고 새로운 시장을 만들어나가야 한다.

## 공유경제의 선두주자 우버와 에어비앤비

한국에서도 이미 잘 알려진 우버는 국내 콜택시 서비스와 거의 유사한 서비스를 제공하는 택시 중개 서비스 회사이다. 한국의 경우 법인택시나 개인택시와 같이 법적으로 등록된 영업용 차량만 택시 서비스를 할 수 있다. 그런데 우버는 개인 소유 차량과 택시를 필요로 하는 승객을 연결시켜 줌으로써 법인 차량이 아닌 개인 승용차로도 택시 서비스를 제공할 수 있다.

다음 표와 그래프는 글로벌 통계 전문 기업인 스테이티스타Statista에서 조사한 2016년 3분기부터 2018년 4분기까지 우버의 전 세계 예약 총액을 보여준다. 2016년 기준 우버의 총 누적 예약 금액은 200억 달러로 2015년 대비 두 배 이상 증가했고 2017년 총 누적 예약 금액은 370억 달러로 2016년 보다 또 다시 두 배 가까이 증가했다. 다음 그래프는 미국의 시장조사업체 트레피스Trefis가 우버 서비스의 이용자 수와 사용 횟수에 대한 과거 3년(2016년부터 2018년)간의 실적과 2019년의 예측을 보여주는 자료이다. 우버를 자주 이용하는 능동적인 사용자 수는 2016년 5,000만 명에서 2017년 7,500만 명으로 증가했고 승객 1인당 우버 서비스 사용 횟수도 증가 추세를 보이고 있다. 동남아시아 등 새롭게 진출하는 신규 시장에서도 두 배의 성장을 보이면서 2018년에 이어 2019년에도 사용자는 계속 증가할 것으로 예상하고 있다.

2019년 우버 서비스의 전체 탑승 횟수는 75억 건으로 늘어날 것으로 예상하고 있다. 2019년 6월 기준 월간 활동적인 우버 사용자 수는 9,100만 명에 이르며 하루 평균 1,400만 번의 우버 서비스를 제공하고 있다. 우버는 운전기사나 택시 차량을 단 한 명도 단 한 대도 소유하지 않은 택시 회사로 시작해 지금은 비즈니스 영역을 끝없이 넓혀가고 있다. 2019년 6월 기준 우버에 등록한 운전자 수는 390만 명에 이른다. 전 세계 어떤 택시 회사보다 많은 운전자를 보유하고 있는 것

**분기별 총 예약 금액**

(단위: 억 달러)

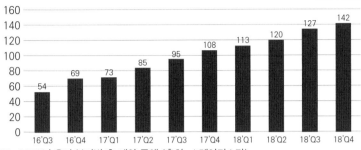

2016~2018년 우버 분기별 총 예약 금액 (출처: 스테이티스타)

**우버 사용자 및 서비스 수**

월간 활동적인 사용자(백만) × 사용자별 1년간 사용 횟수 = 연간 총 서비스 사용 횟수(억)

(출처: 트레피스)

이다.

우버의 가장 대표적인 서비스인 우버X는 차량을 소유한 일반 운전자라면 누구나 우버 기사로 활동할 수 있다. 우버에서는 차량 소유자가 우버 기사로 등록을 요청하면 신청인의 신원 검증과 승인 절차를 거친 후 우버 기사로 활동할 수 있는 라이선스를 발급하게 된다. 라이선스를 발급받은 우버 기사는 자신의 차량으로 원하는 시간에 원하는 지역에서 우버 서비스를 제공할 수 있다. 우버는 자체 플랫폼에서 제공하는 모바일 앱을 통해 소비자인 택시 승객과 공급자인 우버 기사를 매칭시켜 준다. 차량 소유자는 택시 서비스를 제공함으로써 소정의 수입을 확보할 수 있고 소비자는 택시보다 저렴하고 친절한 서비스를 제공받을 수 있다. 우버 서비스 요금으로 결제된 전체 금액의 20%는 우버가 수수료로 가져가고 나머지 80%는 택시 서비스를 제공한 차량 소유주가 가지는 비즈니스 모델이다.

우버 서비스를 통해 일반인들도 택시 서비스에 참여할 수 있게 됨으로써 승객들은 일반 택시보다 상대적으로 저렴한 가격의 서비스를 제공받을 수 있게 된다. 우버 기사들 또한 자신의 차량으로 원하는 시간대에 택시 서비스를 제공함으로써 기존 직장생활이나 일상생활에 지장이 없는 범위 내에서 부가적인 수입을 창출할 수 있다는 장점을 제공한다. 우버와 같은 단기 일자리를 긱 잡Gig Job이라고 한다. 긱Gig이라는 용어는 1920년대 미국의 재즈 공연장에서 필요에 따라 즉석에서 연주자를 섭외해 공연하던 것에서 유래했다. 긱이라는 용어가 경제에 더해지면서 우버와 같이 필요에 따라 임시로 운전기사를 섭외해 일을 맡기는 단기 일자리 고용을 가리키는 긱 잡과 그런 비즈니스 자체를 가리키는 긱 이코노미Gig Economy라는 신조어가 생겨나게 된 것이다.

이런 긱 잡의 고용은 시간 단위가 아닌 서비스의 '건' 단위로 이루어진다. 미국을 시작으로 영국, 일본, 독일 등 선진국을 중심으로 전세계로 빠르게 활성화되고 있다. 즉 고용의 기준이 정해진 시간대에 일정 근로 시간을 준수해야 하는 것이 아니라 출퇴근 길에 다른 사람과 카풀을 하거나 일과 시간 이후 자신의 차로 우버 서비스를 하면서 부수입을 만들 수도 있다. 실제 미국에서는 전체 노동인구의 30%에 해당하는 4,400만 명이 부업을 가지고 있는 긱 노동자Gig Worker로 조사되고 있다. 글로벌 컨설팅회사인 맥킨지Mckinsey는 미국과 유럽의 경제

활동 인구의 약 30%에 이르는 1억 2,600만 명이 특정 기업에 속하지 않는 독립형 일자리를 가지고 있으며 2025년에는 긱 잡을 포함한 긱 이코노미의 부가가치가 2조 7,000억 달러(한화 약 3,180조 원)에 달할 것으로 전망하고 있다. 『포브스Forbes』 역시 2020년이 되면 전체 직업의 43%가 긱 이코노미 형태의 채용으로 나타날 것이라고 예상하고 있다.

한국에서는 많은 사람들이 추가 수입을 위해 취약한 환경에서 대리운전을 뛰거나 전단지를 배포하는 일을 하고 있다. 그에 비하면 우버와 같은 서비스는 수입을 필요로 하는 우버 기사와 택시를 필요로 하는 승객 모두에게 득이 되는 서비스임에 분명하다. 차량만 있다면 저녁이나 주말과 같은 시간적인 여유가 있을 때 언제라도 우버 서비스로 부가적인 수입을 만들어낼 수 있다. 다행히 최근 들어 '타다' '풀러스' '쿠팡' '우버이츠' 등과 같이 점점 더 많은 단기 일자리 서비스들이 만들어지고 있다. 많은 사람들이 스마트폰에 긱 잡 앱 수십 개를 등록해두고 새로운 일자리가 나오면 확인 후 일자리를 찾아 서비스하고 부수입을 올리는 것이 일반화될 것이다.

우버 서비스의 큰 특징 중 하나는 기존 택시의 정액 요금제와는 달리 수요자와 공급자 간의 다양한 조건에 따라 택시요금을 다르게 산출하는 동적 요금제를 제공한다는 것이다. 즉 서비스의 이용 시간, 날씨, 요일, 공휴일 등에 따라 요금이 다르게 산정되며 수요와 공급의 원칙에 따라 동적으로 가격이 책정되는 유연한 시스템을 제공한다. 예를 들어 크리스마스 이브나 눈이 와서 택시를 잡기 어려운 날씨나 출퇴근 시간과 같은 교통 혼잡 시간대에는 요금이 평소 요금보다 인상된 요율로 계산되고 손님이 많은 지역에서는 손님과 차량 기사 간의 요금 협상 기능도 제공하고 있다. 다양한 조건에 따른 동적 요금제나 승객과 우버 기사 간의 요금 협상과 같이 과거 택시 산업에서는 숨겨져 있던 고객과 시장의 니즈를 찾아 해결해나가면서 우버만의 새로운 서비스 모델과 시장을 만들어가고 있다.

우버는 가장 대표적인 서비스인 우버X를 시작으로 렌터카 업체와의 제휴 서비스 형태로 제공되는 모범택시 서비스인 우버블랙, 개인택시 및 법인택시와의 파트너십으로 제공되는 우버택시, 카쉐어링 서비스인 우버풀, 음식 배달 서비스인 우버프레쉬와 우버이츠 서비스 등 수많은 서비스들을 출시하며 시장에서 큰 성공을 거두고 있다. 그 외에도 화물 배달 서비스, 유아용 카시트 서비스, 애완동물 운송 서비스, 소형 차량 서비스, 수상 택시 서비스, 오토바이 서비스, 전동 자전거 서비스, SUV 차량 서비스, 휠체어 사용 가능 차량 서비스 등 각 나라의 환경, 지역적 특성, 승객의 요구나 필요를 반영하는 색다르고 독특한 우버만의 서비스를 만들어 제공하고 있다.

우버는 과거 택시 산업에서는 고민조차 하지 못했던 서비스들을 만들어내 기존 택시보다 저렴하면서도 고객 개인별 요구를 만족시킬 수 있는 차별화된 시장을 만들어가고 있다. 즉 기존 택시 산업에서는 숨겨져 있던 공급자 관점의 요구와 고객 관점의 요구를 정확히 파악해 해결하고 있다. 우버 플랫폼을 통해 공급자와 고객 사이의 요구를 매칭해 둘 사이의 문제를 해결함으로써 공급자와 고객 모두에게 원하는 가치를 제공하고 있는 것이다. 그리고 이런 우버 플랫폼의 또 하나의 특징은 페이스북과 마찬가지로 일반인들이 자발적으로 우버 비즈니스에 참여한다는 것이다. 공급자는 자신의 차량을 공유하고 고객은 서비스를 이용함으로써 공통의 가치를 만들어내게 되고 이런 자발적인 참여를 통해 엄청나게 빠른 비즈니스의 확장과 규모의 경제를 이룰 수 있게 된다.

『포브스』에 따르면 2017년 약 5,000만 건의 지상 교통수단 영수증을 분석한 결과 약 68%가 우버나 리프트와 같은 차량공유 서비스를 이용한 것으로 조사되었다. 특히 우버는 택시와 렌트카 서비스를 포함한 모든 지상 운송 서비스 비용의 56%를 차지하고 있다. 이런 우버와 같은 차량공유 서비스의 빠른 성장은 전통적인 택시 서비스 시장의 감소에 직접적인 영향을 미치게 된다. 뉴욕시의 택시리무진위원회 TLC, Taxi & Limousine Commission에서 제공하는 일반택시, 우버, 리프트에 대한 고객들의 사용 분석 통계를 보면 택시 시장이 어떻게 변화하고 있는지 쉽게 예측해볼 수 있다.

우버의 통계 데이터는 2015년 1월부터 제공되고 있지만 전체적인 시장 흐름을 알아보기 위해 2011년부터 분석해보면 뉴욕의 상징이자 전통적인 교통수단인 옐로우 택시YellowTaxi의 시장점유율이 얼마나 빠르게 하락했는지 분명하게 볼 수 있다. 2018년 4월 기준 우버는 하루에 45만 번, 옐로우 택시는 31만 번, 리프트는 11만 번의 서비스를 제공하고 있다. 2015년 하루 5만 번이었던 우버 서비스 사용수는 2018년 45만 번으로 증가했지만 옐로우 택시는 같은 기간 41만 번에서 30만 번으로 줄어들었다. 가장 최근에 조사된 2019년 1월 31일 기준 통계에서는 우버가 하루에 46만 번, 리프트는 15만 번, 옐로우 택시는 26만 번의 서비스를 제공하고 있다. 즉 일반 소비자들의 택시 서비스 사용 방식이 얼마나 빠르게 바뀌어가는지 쉽게 이해할 수 있다.

2019년 5월 정의선 현대차그룹 총괄 수석부회장이 공개 석상에서 "밀레니얼 세대는 자동차를 소유하는 것이 아니라 자동차의 공유를

**뉴욕시 택시 서비스별 사용 횟수**

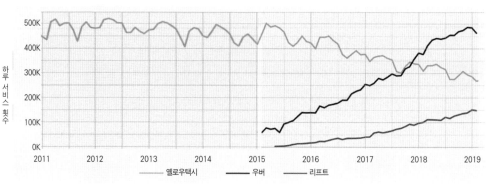

(출처: 토드 W. 슈나이더)

희망하고 있다. 우리의 비즈니스를 서비스 부문으로 전환한다면 해법을 찾을 수 있을 것이다.”라고 말했을 정도로 디지털 시대의 자동차 소비 패턴은 빠르게 변화하고 있다. 우버와 같은 공유경제 모델은 4차 산업혁명과 디지털 시대의 중요한 특징의 하나이다. 수요와 공급 사이의 비즈니스적인 가치뿐만 아니라 사회적인 가치도 만들어내게 된다. 하지만 공유경제를 기반으로 하는 서비스는 전통적인 비즈니스 모델이나 사회 규범과는 다른 유형의 서비스를 제공하다 보니 항상 사회적인 논란을 함께 불러오게 된다. 우버의 경우 진출하는 대부분의 도시에서 택시기사들과의 마찰이 있었다. 유럽에서도 우버가 진출하려고 했던 많은 도시에서 우버에 반발하는 택시기사들의 파업으로 극심한 교통 혼잡을 겪기도 했다.

우버와 같이 공유경제에 기반을 둔 회사들의 가장 큰 고민은 시민 안전과 법규 준수 두 가지로 요약해볼 수 있다. 시민 안전 문제를 살펴보면, 우버 기사로 등록하기 위해서는 우버 자체의 신원 검증 절차를 거치긴 하지만 그에 대한 지속적인 관리 감독이 힘들 수 있다는 문제가 있다. 강력 범죄자 등이 제대로 검증되지 않은 채 우버 기사로 등록되어 택시 손님을 상대로 범죄를 저지르는 경우가 가끔씩 보도되곤 한다. 또 다른 문제는 법적인 부분으로 대부분의 나라에서 택시 서비스는 법적으로 허가된 차량으로 서비스가 제공되어야 한다. 기존 택시 서비스 관련 법규 기준에서는 우버는 무면허 택시이기에 불법 영업이며 정부에서 절대 허용해서는 안 된다는 주장이다.

국내에서도 2014년 8월 우버X 서비스를 시작했지만 택시업계의 반발과 정부 규제로 2015년 3월 6일 한국에서의 우버X 서비스는 중단하게 된다. 당시 여객자동차운송사업법상의 '자가용 승용차 유상 운송 행위'로 간주되어 불법 판정을 받았다. 2015년 9월 여객자동차 운송사업법 시행령이 개정되면서 택시 업계와의 협업을 통해 프리미엄 택시 서비스로 제공되는 우버블랙 서비스를 다시 시작했고 음식 배달 서비스인 우버이츠, 일반택시 서비스인 우버택시, 장애인을 위한 우버어시스트 등 국내에서도 우버X 외의 다른 서비스로 시장을 만들어가고 있다.

우버가 높은 기업가치를 인정받고 있긴 하지만 지속적인 비즈니스 성장을 이루기 위해서는 대내외적으로 풀어야 하는 과제가 여전히 많아 보인다. 빠른 성장이 있었던 만큼 기업 문화와 경영상의 문제가 자주 이슈화되고 있다. 이런 내부적인 문제뿐 아니라 시민 안전 문제와 법적인 제약과 같은 외부 문제들을 어떻게 풀어나갈 수 있을지는 조금 더 지켜봐야 할 듯하다.

우리나라 대중교통은 버스나 지하철 외에는 택시를 대신할 수 있는 대체 교통수단이 거의 없다 보니 택시의 승객 골라 태우기와 불친절한 서비스는 항상 문제가 되고 있다. 최근 몇 년 전부터 택시의 대체

수단을 마련하고 대중교통의 수요와 공급 문제를 해결하기 위해 카풀 앱 풀러스, 럭시(2018년 2월 카카오에 인수되었고 '카카오 카풀 서비스'로 서비스 예정이었지만 택시 업계의 반대로 서비스 중지된 상태) 등 차량공유 서비스가 출시되긴 했지만 택시업계의 반발과 정부 규제로 인해 서비스 확장에는 많은 어려움을 겪고 있다.

한국을 포함한 많은 국가에서 기존 운송 산업을 보호하기 위해 법적으로 우버와 같은 플랫폼 비즈니스를 막고 있다. 하지만 이것은 결코 완전한 해결책이 될 수는 없을 것이다. 일시적으로는 현재의 비즈니스를 보호할 수 있겠지만 거시적이고 장기적인 관점에서는 뉴욕시의 옐로우 택시가 그렇듯 공급자 중심의 일방적인 서비스만으로는 점점 더 글로벌 경쟁력을 잃어가게 될 것이다. 규제를 통한 보호보다는 공유경제를 기반으로 소비와 공급의 균형을 맞추고 소비자의 요구와 니즈를 충족시킬 수 있는 선진화된 서비스를 만들어가야 할 것이다.

우버가 자동차 산업에서 차지하는 위상과 기업가치는 어느 정도일까? 다음 두 개의 도표는 2015년 12월 『포브스』에서 자동차 산업 대표 기업들의 시가 총액과 5년간의 흐름을 조사한 자료이다. 당시 우버의 기업가치는 680억 달러(한화 약 75조 원)의 가치로 불과 5년 만에 100년 전통의 글로벌 자동차회사인 GM의 시가총액인 562억 달러를 훌쩍 뛰어넘었고 포드와 혼다를 누르고 BMW에 이어 전체 자동차 산업에서 기업가치 5위 기업으로 기록되었다. 우버는 2009년 설립 이후 2018년 7월 기준으로 84개국의 806개 도시에서 서비스를 제공하고 있다. 2018년 2월 기준으로는 720억 달러(약 80조 원)의 기업가치를 평가받았고 2018년 8월 도요타로부터 투자받을 당시에는

### GM, 포드, 혼다보다 높은 우버의 기업가치

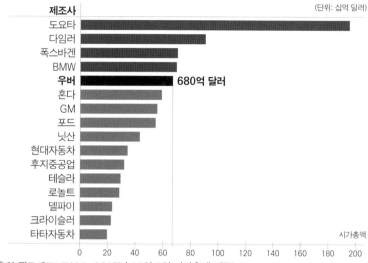

(출처·팩트세트; 포브스; 2015년 12월 3일 시가총액 기준)

### 우버 5년 만에 포드와 GM의 기업가치 추월

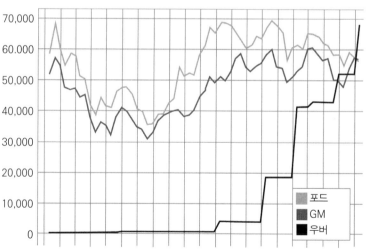

(출처: 포브스; 팩트세트; 피치북)

760억 달러의 기업가치를 인정받았다.

2018년 10월 『월스트리트저널』은 우버가 기업공개IPO 일정을 2019년 하반기에서 상반기로 앞당길 수 있으며 2018년 9월 골드만삭스와 모건스탠리로부터 1,200억 달러(약 142조 3,200억 원)의 기업가치 제안을 받았다고 보도하고 있다. 이는 지난 8월 도요타로부터 투자받을 당시 기업가치 760억보다 무려 두 배가량 높아진 가치이다. 그 당시 우버의 기업가치는 미국의 3대 자동차회사인 GM, 포드, 크라이슬러의 가치를 합친 것보다 높은 가격이었다. 기존의 완성차 제조사들은 생산과 판매 이외의 다른 비즈니스 모델은 생각하지 못했고 신차 개발과 마케팅을 최고의 경쟁력으로 생각해왔다. 하지만 자동차를 단 한 대도 생산하지 않고, 심지어 단 한 대도 보유하지 않은 상태로 서비스를 시작한 우버가 자동차 산업의 새로운 강자로 부상한 것은 4차 산업혁명의 디지털 시대 대표적인 시장 파괴이자 새로운 시장의 개척이라고 볼 수 있다.

우버는 2019년 5월 10일 주당 45달러, 공모가 기준 기업가치 824억 달러(약 96조 원)으로 뉴욕증권거래소에 상장했다. 최근 주식 시장의 불황과 우버의 지속적인 적자로 인해 월가에서 예상했던 1,200억 달러에는 한참 못 미치는 금액이었지만 여전히 엄청난 금액의 기업 가치를 인정받고 있다. 우버에 이어 '공유경제'로 성공한 또 하나의 대표적인 유니콘 기업은 숙박업의 우버라 불리는 에어비앤비Airbnb이다. 에어비앤비는 2008년 창립한 이후 '도시의 숙박'이라는 개념을 실현하기 위해 숙박을 필요로 하는 고객들의 숨겨진 니즈를 파악하여 해결해줌으로써 호텔, 건물, 숙소를 직접 소유해서 임대하던 기존의 전통적인 숙박 산업을 뒤흔들고 있다. 에어비앤비는 현재 191개국의 8만 1,000개의 도시에서 500만 개에 달하는 엄청난 수의 숙소를 제공하고 있다. 2017년 3월에 있었던 가장 최근 투자금 유치 기간에 310억 달러의 기업가치를 인정받았다. 『포브스』에서는 에어비앤비의 2019년 기업가치가 380억 달러 이상일 것으로 예상하고 있다. 투자 리서치 회사인 모닝스타Morningstar는 에어비앤비의 시가 총액이 530억 달러에서 650억 달러 사이에 이를 것으로 보고 있다. 이는 세계 최대 호텔 회사인 메리어트의 시가총액(430억 달러)을 훨씬 뛰어넘는 가치이다.

에어비앤비가 불과 몇 년 사이에 이런 엄청난 규모로 성장할 수 있었던 이유는 숙소를 찾는 사람들과 집을 임대하려는 사람들을 연결해주는 아주 간단한 중개 서비스만을 제공하기 때문이다. 하얏트나 메리어트와 같은 호텔 회사들과는 달리 부동산에 대한 투자가 필요없다. 그들의 플랫폼을 사용하는 집주인과 게스트의 수에 따라 에어비앤비의 비즈니스도 함께 성장하기 때문이다. 힐튼이나 메리어트는 비즈니스와 매출을 성장시키기 위해 땅을 구입하고 호텔을 새로 지어야 한다. 하지만 플랫폼 기업인 에어비앤비는 소수의 직원이 몇 번의 클릭만으로도 제공 가능한 숙소를 끝없이 늘려갈 수 있다. 더불어 잘 만들어진 플랫폼 생태계에서는 수만 명의 개발자들이 함께하기 때문에 서비스 확장을 위한 전문 개발 인력도 크게 문제될 것이 없다. 에어비앤비의 비즈니스 모델은 집주인과 손님에게 예약비용의 일정 비율을 서비스 비용으로 부과함으로써 수익을 창출한다. 현재는 집주인에게 예약 금액의 3%를 청구하고 손님에게는 예약 금액의 0~20% 사이의 서비스 요금을 청구하고 있다.

에어비앤비 성장의 가장 큰 걸림돌은 우버와 마찬가지로 사법기관,

지자체, 단기 임대를 목적으로 숙소를 제공하는 지역단체 등의 규제와 반대이며 법의 테두리 안에서 지역단체와의 마찰을 최소화하는 것이 비즈니스 지속 성장의 핵심 열쇠라고 볼 수 있다. 이런 유니콘 기업들의 공통점은 최신 정보통신기술 기반의 유연하고 확장 가능한 플랫폼을 보유하고 있다는 점과 그런 플랫폼 기반에서 자율적인 시장 참여를 통한 강력한 비즈니스 네트워크를 형성한다는 것이다.

유니콘 기업들은 자체 플랫폼 기반에서 온라인 오프라인 연계O2O, 이기종 산업 간 연계, 서비스 간 연계를 통해 기존 산업 생태계를 파괴하는 새로운 비즈니스 모델과 혁신을 만들어나가고 있다. 한국도 기존 산업의 경쟁력 유지뿐만 아니라 우버나 에어비앤비와 같은 유니콘 기업들의 육성을 통해 경제 성장과 혁신적인 일자리가 창출될 수 있도록 기술적, 사회적인 생태계를 조성해가야 한다.

### 유통업의 애플 아마존

아마존은 1995년 인터넷 서점으로 시작해서 아마존 킨들을 통한 전자서적 판매로 비즈니스를 확장하고 다시 음반 데이터베이스를 구축해 음원 산업을 시작했으며 자신의 사이트를 플랫폼으로 발전시켜 지금은 세계 최대의 전자상거래 기업이자 애플에 이어 전 세계에서 두 번째로 큰 기업으로 성장했다. 거기서 멈추지 않고 자사의 쇼핑몰 운영을 위해 보유하고 있던 하드웨어 인프라를 대여하는 것으로 시작했던 클라우드 서비스에서도 시장 선두를 달리고 있다.

아마존의 경쟁력과 성장 배경 역시 숨어 있는 시장과 소비자의 니즈를 찾아내고 다른 기업들이 상상하지 못하는 새로운 영역에 신기술을 적용해 새롭고 혁신적인 서비스를 빠르게 만들어 시장에 출시하는

**아마존 로봇 로보스토와 로보틱스**

(출처: 아마존)

것이다. 전자잉크$_{E-Ink}$가 처음 나왔을 때 선견지명을 가진 일부 사람들은 전자잉크가 가져올 독서 생태계의 변화를 예측하고 있었다. 아마존 역시 이런 변화를 예견하고 전자책 기기인 킨들과 함께 콘텐츠 시장을 장악함으로써 아마존 성장의 발판을 마련했다.

　위의 사진은 아마존이 듀폰트 시에 새로 지은 스마트 창고에서 물건을 배송하는 로봇들이다. 듀폰트 창고는 인공지능과 로봇을 활용한 아마존의 8세대 창고로 축구장 46배 크기의 엄청난 규모를 자랑하고 있다. 이 창고에는 아마존 로봇 1,000대가 있고 이 로봇들은 2,000만 종의 물품 가운데 주문 물품을 정확히 찾아 컨베이어벨트에 적재하는 작업을 한다. 초당 50건씩 하루 300만 개까지 처리되고 고객이 결제한 순간부터 배송준비까지 걸리는 처리시간은 고작 30분 내외이다. 이는 일반 유통 대기업의 4분의 1 수준밖에 되지 않는다.

대부분의 배송 업무는 로봇에 의해 처리되며 왼쪽 기중기 로봇인 '로보스토Robo–Stow'가 2층으로 짐을 올리면 사진의 오른쪽 아마존 로봇AR, Amazon Robot인 '로보틱스Robotics'가 로보스토로부터 받은 물건을 지정 위치로 옮기게 된다. 로보틱스가 짐이 담긴 선반을 들고 거대한 물류창고를 돌아다니며 담당 직원에게 물건을 가져다주면 직원은 물품을 찾아 배송 상자에 담게 된다. 한 사람이 필요한 물품을 집으면 로보틱스는 다른 직원이 있는 곳으로 이동하게 된다. 로보틱스의 도움으로 과거 배송할 물건을 찾아 운반하기 위해 이 선반에서 저 선반으로 이동해야 했던 시간과 체력의 낭비를 없앨 수 있게 되었다. 이 엄청난 규모의 듀폰트 창고에서 근무하는 일반 직원은 1,000여 명밖에 되지 않는다. 이들의 주된 업무는 포장 직전에 로보틱스가 전달하는 물품을 확인하고 마지막에 패킹하는 작업이다.

로보틱스는 주문에서 배송까지 소요되는 시간을 80%까지 줄이고 창고의 공간 활용률도 50% 개선시켜줌으로써 물류 관리의 효율성을 엄청나게 향상시켜 주었다. 아마존은 미국 매사추세츠주 노스 리딩에 본사를 두고 있던 키바 시스템즈Kiva Systems를 2012년 7억 7,500만 달러에 인수해 아마존 로보틱스로 바꾸었다. 인수 이후 아마존의 물류 비용을 20%가량 절감함으로써 인수액의 대부분은 이미 회수되었다고 보고 있다. 아마존은 듀폰트 물류 창고와 같은 8세대 창고를 기반으로 온라인 소매 시장에서 확고한 선두자리를 지켜나가고 있고 미국 내에서 이미 10개 이상의 8세대 물류 창고를 운영하고 있다.

아마존 창고에는 현재 10만 개가 넘는 로봇들이 창고의 아이템을 선택하여 고객의 주문을 자동으로 처리하고 있다. 아마존 로보틱스의 수석 기술자인 타이 브래디Tye Brady는 아마존의 10만 개 이상의 로봇은 기본적인 '상식'이 부족하기 때문에 인간을 대체할 수는 없고 단순히 인간의 업무 효율성을 향상시키는 데 도움을 주고 있다고 주장하고 있다. 하지만 아마존의 8세대 창고 출현 이후 수만 개의 일자리가 사라진 것을 보면 타이 브래디의 주장이 모두 사실은 아닐 것이다. 아마존은 2017년에만 전 세계 물류창고에서 7만 5,000대의 로봇을 도입했고 앞으로도 매년 5만 대 이상을 현장에 배치할 계획이라고 발표했다.

안타깝게도 아마존이 키바를 인수하여 로보틱스로 개명한 이후 모든 아마존 로봇은 아마존 창고 내에서만 사용하고 있고 다른 회사에는 아마존 로봇을 더 이상 판매하지 않고 있다. 아마존은 물류와 유통에서 혁신적인 실험을 지속적으로 추진하고 있으며 자동화된 로봇 창고 외에도 과거에는 전혀 상상하지 못했던 새로운 개념의 물류 혁신으로 기존 유통 산업의 패러다임을 완전히 뒤흔들고 있다.

아직 상용화되지는 않았지만 드론을 활용한 '프라임 에어Prime Air'는 상용화를 눈앞에 두고 있고 수중 창고 역시 특허를 받고 기술적인 검증과 연구를 계속하고 있다. 2014년 12월에 출원해 2016년 4월 미국 특허를 획득한 아마존의 공중 물류 창고는 무인 항공기를 이용하여 화물을 배송하는 항공 화물 운송 센터이다. 공중 물류 센터는 항공수송센터AFC, Airborne Fulfillment Center와 항공수송센터에서 사용자에게 물품을 배달하기 위한 무인항공차량UAV, Unmanned Aerial Vehicle로 구성되어 있다.

항공수송센터는 4만 5,000피트 정도의 높은 고도를 떠다니는 비행선 형태이고 무인항공차량은 사용자가 주문한 아이템을 항공수송센터에서 고객이 요청한 배송 위치로 전달하는 데 사용되는 드론이다.

**아마존 공중 물류 센터**

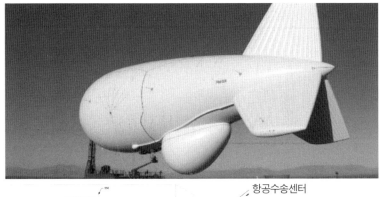

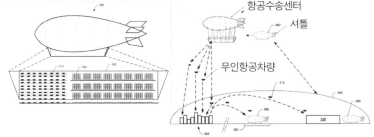

(출처: 비즈니스 인사이더, U.S. Patent)

항공수송센터에 물품, 무인항공차량*, 보급품, 연료 등을 보충하기 위해 소규모 비행선인 셔틀을 사용할 수 있고 직원들 역시 항공수송센터로 이동하기 위한 이동수단으로 셔틀을 이용할 수 있다.

올림픽이나 월드컵과 같은 스포츠 행사나 대규모 콘서트나 크리스마스나 연말 축제와 같이 사람들이 많이 모이는 장소 근처 상공에 항공수송센터를 띄워 관중이나 행사 참가자들이 필요로 하는 음식, 응원 장비, 기념품 등을 무인항공차량으로 배달할 수 있게 한다. 항공수

---

\* 배송을 위한 낙하 시에는 적은 에너지로 비행이 가능하지만 배송 후 높은 상공의 항공수송센터로 돌아가는 것은 어려울 수 있기 때문에 셔틀을 이용해 무인항공차량을 회수한다.

**아마존 수중 물류 센터**

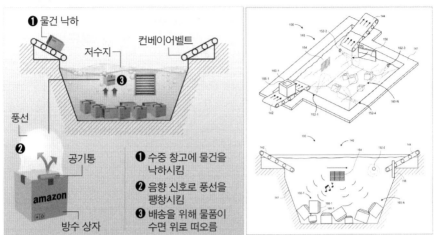

(출처: 더 산, U.S. Patent)

송센터는 대량의 배송 요청이 예상되는 기간에 맞춰 필요한 물건을 싣고 해당 지역의 상공에서 대기하게 된다. 지상의 관제 시스템과 통신하면서 고객 주문이 접수되면 무인항공차량을 통해 신속하게 개인 고객에게 물건을 배송한다. 아마존의 공중 물류 센터는 장소에 대한 제약이 거의 없고 수요를 미리 예측해 대량의 물량 공급을 필요한 시간에 원하는 장소로 배송 가능하게 한다.

또 다른 완전히 새로운 개념의 물류 센터는 2017년 4월에 미국 특허를 출원하여 2017년 9월에 특허를 인정받은 수중 물류창고이다. 수중 물류창고는 인공 호수나 자연 호수와 같은 물속에 물품을 저장하는 물류 센터이다. 깊이 제어장치와 함께 물류 패키지를 물속에 던져 보관하고 필요할 때 물 밖으로 다시 꺼내 배송하는 방식이다. 아마존은 왜 이런 수중 저장소를 고안했을까? 아마존은 전 세계 80개 이상의 물류 센터를 운영하고 있고 시애틀 남부 도시 켄트Kent에 있는 80만 평방피트의 넓이에 달하는 물류 창고와 같이 일부 물류 센터는 엄청난 규모의 창고들이다. 앞에서 살펴보았듯이 첨단 로봇을 사용해 신속하게 주문을 완료하지만 시설 규모가 너무 커서 제품 출하와 배송에 많은 시간과 비용이 발생할 수 있다. 특허에서는 "한꺼번에 많은 양의 주문이나 다양한 품목을 담고 있는 주문의 경우 물건을 찾아오기 위해 서비스 센터에서 수천 피트 또는 수천 마일까지 이동해야 하는 경우도 있다. 고객이 여러 품목에 대해 여러 개의 주문을 요청하는 경우에는 주문마다 해당 품목을 찾아내고 포장하고 선적하는 힘든 작업을 끝없이 반복해야 한다."라고 설명하고 있다.

일반적인 물류 센터는 특정한 크기의 제품 단위로 공간이 설계된다. 작은 패키지용으로 설계된 단위 영역은 비어 있을 수 있지만 오래 보관해야 하는 대형 패키지용으로 설계된 단위 영역은 빈 영역이 없거나 반대의 경우도 발생할 수 있다. 그렇다 보니 80만 평방피트에 달하는 켄트 물류 창고의 많은 공간은 사용되지 않고 낭비될 가능성이 높다. 호수와 같은 물속에 물건을 보관할 수 있다면 이런 문제들이 자연스럽게 해결된다. 아마존 수중 창고는 깊이 제어장치가 장착된 특수 카트리지 안에 물건을 포장한 다음 물속에 던져둔다. 카트리지에 장착된 자체 컴퓨터로 물속의 깊이를 제어하면서 패키지를 물 밖으로 꺼내 달라는 신호에 대기하게 된다. 특허 내용에는 단단한 탱크나 부드러운 공기 주머니 등으로 물의 깊이를 조절하거나 공기를 방출해 패키지의 깊이를 제어하는 등 깊이 제어장치가 작동하는 방식에 대한 아이디어도 자세히 설명되어 있다.

패키지에는 음향 감지 장치가 장착된 컴퓨터가 내장되어 있어 물 밖에서 명령하는 음성 신호를 수신할 수 있다. 물품을 꺼내야 할 때 물류 담당자의 음성 명령이 전송되어 음향 장치를 활성화하고 물품에 부착된 압축 공기 카트리지가 공기를 뿜어내 풍선을 팽창시켜 물품을 수면 위로 떠오르게 한다. 물류 담당자는 패키지를 물 밖으로 완전히 꺼낼 수도 있고 공기주머니에 더 많은 공기를 주입하거나 특정 깊이까지만 떠오르게 하는 등의 조금 더 복잡한 명령도 프로그래밍할 수 있다. 물의 자연 흐름을 이용하거나 동력 기술로 인공 흐름을 만들어 물건을 다른 지역으로 옮길 수도 있으며 위치항법시스템GPS을 사용해 패키지가 다른 곳으로 이동했는지 여부도 확인할 수 있다. 비행기가 호수로 날아가 패키지를 던지면 낙하산으로 하강 속도를 제어하면서 패키지를 물속에 떨어뜨리게 된다. 마지막으로 깊이 제어장치를 통해 밀도에 따라 비닥 근치나 특징 수위의 위치로 패키지를 이동시켜 보관하게 된다. 물 밖으로 꺼낼 때는 물 위의 부표가 음향 제어 신호를 전송하고 물의 흐름과 깊이 제어장치를 활용해 패키지를 특정 위치까지 이동시키게 된다.

아마존이 무서운 또 다른 이유는 전통적인 유통 산업에서의 비즈니스 혁신뿐만 아니라 디지털 기술을 활용해 과거에 없었던 새로운 서비스를 끝없이 만들어내면서 유통시장의 지배력을 더욱 견고하게 하는 데 있다. 아마존이 유통 산업의 애플로 비유되는 이유도 여기에 있다. 아마존이 진출하는 지역의 유통 기업들은 아마존의 진출만으로도 기업의 생존을 고민해야 할 정도로 아마존의 존재감은 위협적이다. 아마존이 진출한다는 소식만 들려도 해당 산업을 주도하던 선도 기업들의 주가가 급락하고 투자자들이 빠져나가는 현상이 발생하고 있고 '아마존 효과Amazon effect'나 '아마존 되다To be Amazoned'와 같은 신조어까지 생겨나고 있다.

아마존고Amazon Go는 사람들이 매장을 더 빨리 출입할 수 있도록 계산대를 없앤 무인 매장으로 미래형 편의점이다. 아마존은 아마존고를 통해 아마존 프라임의 온라인 쇼핑과 배달 서비스뿐만 아니라 전통적인 오프라인 매장인 편의점에서도 고객들이 쇼핑을 더 빠르고 편리하게 이용할 수 있도록 만들었다. 2016년 12월 시애틀 아마존 본사 1층에 있는 50평 규모의 슈퍼마켓을 '아마존고'로 오픈했다. 오픈 후 지난 1년 동안은 기술 연구와 안정화를 위해 아마존 직원들에게만 매장을 오픈했고 일반 대중에게는 공개하지 않았다. 2018년 1월 드디어 아마존 본사 1층 매장을 일반인들한테 공개했다. 이 매장은 일반인들이 사용할 수 있는 세계 최초의 '아마존고' 1호 매장이 되었다.

아마존고는 계산대와 계산원이 없는 세계 최초의 무인매장이다. 스마트폰에서 아마존고 앱을 켜고 매장에서 장바구니에 원하는 상품을 담은 후 직접 계산할 필요 없이 그냥 매장을 나오면 된다. 그러면 매장 안에 설치된 카메라와 센서가 장바구니에 담기는 물건들을 파악한 뒤 매장을 나설 때 앱에 등록된 계정으로 비용이 자동으로 청구된다. 아마존은 매장 계산대에서 직접 결제하지 않고도 쇼핑을 가능하게 하는 핵심 기술인 '저스트 워크 아웃Just Walk Out'이라는 기술을 만들었다. '그냥 걸어나가'라는 의미의 '저스터 워크 아웃'은 자율주행자동차에서 이용되는 컴퓨터 비전, 무게 감지 센서, 딥러닝 등의 기술을 이용하여 진열대에 있는 물건을 선택하거나 다시 반납하는 등의 고객 행동을 감지한 후 구매한 상품들을 모바일 앱 내의 장바구니를 통해 자동으로 관리해주는 기술이다.

고객이 모바일 앱을 사용하여 지하철 개찰구처럼 생긴 매장 입구로 들어가 쇼핑을 하면 천장에 설치된 1,000여 개의 카메라가 구입 품

**아마존 무인매장 아마존고**

① 모바일 앱으로 인증한 뒤 출입구로 입장
② 상품을 선택하면 선반에 설치된 수천 개의 카메라와 컴퓨터 비전으로
   물건의 움직임을 파악해 실시간으로 가상 카트에 물건을 추가
③ 상품을 선택하고 매장을 나오면, 등록된 카드로 자동 결제

(출처: 아마존고)

목을 자동으로 인식해 별도의 계산 과정 없이 물건을 구매할 수 있다. 쇼핑을 끝낸 후 매장을 그냥 걸어 나가면 끝이다. '저스트 워크 아웃' 기술은 고객이 구매한 항목을 계산하고 고객의 아마존 계정에 연결된 카드로 자동 결제한 후 영수증을 고객의 모바일 앱으로 전달해준다. 인공지능이 물품별 판매량을 예측해 자동으로 구매 주문을 넣고 사람들이 많이 찾는 제품 위주로 상품 배치까지 결정해준다. 시애틀 1호점에서는 아마존고의 가능성을 계속해서 테스트하고 있다. 시애틀의 다른 지역과 로스앤젤레스를 포함해 2019년 6개의 매장을 추가 개설할 계획이며 향후 미국 전역으로 매장을 확장하겠다는 결정을 보면 테스트가 순조롭게 진행되고 있음을 추측해볼 수 있다.

아마존은 아마존고를 통해 온라인뿐만 아니라 소비자의 일상생활

속까지 서비스를 확장하려고 하고 있다. 궁극적으로는 편의점을 중심으로 형성된 일반 식품과 음료 산업으로 진출하려는 의도로 보인다. 더구나 2017년에는 미국, 캐나다, 영국 등에 470개 이상의 오프라인 매장을 보유하고 있는 미국 최대의 유기농 식품 체인업체인 홀푸드마켓을 인수했다. 아마존고의 '저스트 워크 아웃' 기술을 활용한 무인점포 시스템이 새롭게 인수한 홀푸드마켓의 매장에 적용된다면 식료품 시장 전체를 위협하고 식품 유통 산업에 적지 않은 파장을 일으킬 것으로 보인다.

아마존고가 2016년 12월 첫 무인점포를 개장한 후 기술연구를 위해 1년간 직원들을 대상으로 테스트하는 사이 기술력과 서비스 품질에서는 다소 차이를 보이고 있지만 중국에서도 무인편의점들이 활기를 띠고 있다. 빙고박스BingoBox, 빈궈허즈와 타오카페Tao Cafe가 중국의 가장 대표적인 무인편의점이다. 빙고박스는 2016년 8월 광둥 중산시에서 무인편의점 서비스를 처음 시작했는데 상당히 작은 규모의 미니 편의점에서 운영되는 서비스이다. 빙고박스는 2018년 10월 기준 베이징과 상하이 등 중국 내 30개 도시에서 300개 이상의 무인편의점을 운영하고 있다. 고객이 출입문 옆에 부착된 QRQuick Response 코드를 스마트폰으로 스캔하면 사용자의 위챗 계정을 통해 실명 인증을 거친 후 출입문이 자동으로 열리면서 입장이 가능해진다.

빙고박스 안에 진열된 모든 제품에는 무선인식RFID, Radio-Frequency Identification 태그가 붙어 있다. 제품을 계산대에 올리면 무선인식 태그가 자동으로 인식되어 결제가 이루어지고 매장을 나가기 전 출입문 앞에서 구매한 물품이 최종 확인되면 문이 자동으로 열리게 된다. 상당히 넓게 퍼져 있지만 아직 서비스가 완벽하지는 않다. 모든 제품의 무선인식 태그를 하나씩 스캔해야 하는 불편함이 있고 영수증이 출력되지 않아 결제에 문제가 생기면 어떤 물품의 문제인지 확인하는 것이 어렵다. 타오카페는 알리바바가 2017년 7월 항저우에서 처음으로 오픈한 무인편의점이다. 빙고박스는 무선인식 태그를 이용해 고객이 직접 결제하는 방식이지만 타오카페는 물건을 골라서 매장 밖으로 들고 나가면 자동으로 결제되는 시스템이다. 동작 방식이 아마존고와 거의 흡사하며 중국판 아마존고라고 불린다.

한국의 경우 세븐일레븐이 2018년 5월 편의점 중에서는 처음으로 잠실 롯데월드타워에 무인편의점인 '시그니처'를 선보였다. 세븐일레븐 시그니처는 신용카드나 스마트폰이 없이 손의 정맥을 인식해 개인인증과 결제가 자동으로 이루어지는 핸드페이HandPay라는 롯데카드의 독특한 정맥(생체) 인증 결제 방식을 사용하는 것이 다른 무인편의점과 차별화된다. 매장에서 선택한 물건을 무인 포스POS 기계인 컨베이어벨트에 올리면 360도 자동스캐너를 통해 구매한 상품이 자동으로 인식되게 하고 있다. 하지만 바코드 방식이라 바코드가 바닥을 향하고 있거나 자동스캐너로 인식하기 어려운 물건들은 일반 스캐너를 통해 하나씩 별도로 스캔해야 하는 불편함이 있다. 2018년 2월 초 서울 중구 롯데손해보험빌딩에 2호점을 열었고 9월에는 경기도 의왕의 롯데첨단소재 내에 직영점이 아닌 최초의 가맹점 형태의 3호점을 오픈했고 10월에는 울산 롯데시티호텔 1층에 로드숍 형태의 4호점을 오픈했다.

이마트24는 2018년 6월 무인편의점을 선보인 이후 무인계산대를 이용해 현재 6개를 운영 중이다. 이마트24는 출입문의 카드리더기에 신용카느나 체크카드를 읽혀 개인인증을 받은 후 출입하는 방식이다.

신용카드가 없으면 출입이 제한되고 상품 구매도 어렵게 되어 있다. 계산원이 없다는 것을 제외하면 일반 편의점과 차이점은 거의 없고 고객이 바코드로 자신이 선택한 물건을 하나하나 직접 스캔해서 계산할 수 있는 셀프 계산대가 있다. 한국의 편의점은 직영점보다는 프랜차이즈가 훨씬 많고 현재의 인프라를 최대한 활용해야 한다는 부담이 있다. 하지만 이마트24는 아마존고나 타오카페와 같은 혁신적인 무인편의점이라기보다는 셀프주유소처럼 손님이 직접 계산하는 셀프 계산 편의점이라는 표현이 더 맞을 듯하다. 그 외에도 롯데마트, CU, 미니스톱 등 많은 국내 유통회사들도 무인편의점을 준비하거나 운영 중에 있다.

무인편의점이 향후 유통 산업의 큰 전환점이 될 것은 분명하지만 아마존이 하고 알리바바가 하고 중국과 일본 유통회사가 하니 우리도 해야 한다는 식의 안이한 생각으로는 서비스 혁신이나 비즈니스 모델 혁신은 어려울 것이다. 한국의 무인편의점을 보면서 안타까운 것은 누구를 위한 서비스인지, 어떤 숨겨져 있던 고객의 니즈와 불편함을 찾아 해결하고 있는지 찾아보기 힘들다. 제프 베조스가 아마존고를 처음 고민했을 때 '어떻게 하면 계산대 앞에서 길게 줄을 서서 기다리는 불편함을 없애고 좀 더 효율적이고 편하게 편의점을 이용하게 할 수 있을까?'라는 고민으로 시작했다고 한다. 아마존고는 소비자들이 과거에 불편해했던 계산 대기와 시간 낭비를 없앨 수 있는 편의점의 새로운 혁신이고 미래 편의점의 모습이 분명하다. 아마존고를 포함한 무인편의점의 확장은 매장의 계산원이라는 직업이 필요 없어지기 때문에 커다란 사회적 문제를 안고 있는 것 또한 사실이다.

미국 노동부에 따르면, 소매유통업에 종사하는 사람의 수는 대략

740만 명(계산원 340만 명, 매장 직원 280만 명, 창고 직원 120만 명)에 이른다. 아마존의 무인점포인 아마존고, 물류 창고의 로보스토와 로보틱스, 미래 배송 업무까지 드론 배송으로 완성한다면 고용에 관련된 심각한 사회적인 문제를 불러올 수 있다. 실제로 아마존의 성장으로 2017년 한 해에만 미국에서는 소매유통업 분야 일자리 7만 6,000개가 사라졌다고 보고되고 있다.

　한국에도 4만여 개의 편의점이 있고 최소 10만 명 이상이 일하는 것으로 추산된다. 한국 유통 산업도 무인편의점 확대를 적극적으로 검토하는 현 시점에서 산업의 발전으로 발생할 수 있는 사회적인 문제를 최소화할 수 있도록 제도적 준비 역시 반드시 병행되어야 한다.

# 3
## 세계 경제 주도권의 변화

　미국 시장조사 기관인 CB 인사이트CB Insights가 조사한 자료에 따르면 2018년 6월 기준 전 세계적으로 유니콘 기업은 242개로 조사되었다. 이 중에는 미국이 단연 1위로 전체의 48%인 116개, 중국이 전체의 29%인 71개, 미국과 중국에 이어 영국이 13개, 인도가 9개로 뒤를 이었다. 당시 한국은 쿠팡, 옐로모바일, 엘앤피코스매틱 3개의

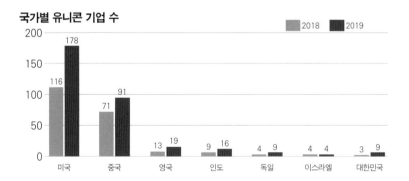

**국가별 유니콘 기업 수**

(출처: CB 인사이트 – 글로벌 유니콘 클럽, 2018. 6)

회사만이 이름을 올리는 데 그쳤고, 당시는 유니콘 기업의 숫자뿐만 아니라 규모나 내용면에서도 미국이나 중국의 유니콘 기업들과는 비교할 수 없을 정도의 걸음마 수준이었다.

2019년 6월 새롭게 발표한 세계 유니콘 기업 조사 자료를 보면 전 세계적으로 약 50%의 숫자가 증가한 363개의 유니콘 기업이 등록되었다. 세계 스타트업 시장을 이끌어 가고 있는 미국과 중국이 전체의 49%인 178개와 전체의 25%인 91개를 각각 보유하면서 압도적인 1위와 2위를 유지하고 있다.

미국과 중국에 비해 한국의 유니콘 기업은 여전히 적은 숫자이지만 세계 유니콘 기업들이 공유경제 기반의 플랫폼 기업과 4차 산업혁명이나 핀테크 관련 기업들이 많은 것을 고려해 볼 때 공유경제와 핀테크에 대한 강한 규제와 보수적인 분위기 속에서도 한국의 유니콘 기업이 2018년 6월 3개에서 2019년 6월 9개로 늘어난 것은 상당히 고무적인 발전으로 볼 수 있다.

2019년 세계 유니콘 기업에 포함된 한국 스타트업은 2018년에 등재되었던 쿠팡, 옐로모바일, 엘앤피코스매틱 외에 게임 회사인 크래프톤(블루홀), 배달의민족 앱으로 유명한 우아한형제들, 위메프, 지피클럽, 금융 서비스 앱인 토스Toss로 잘 알려져 있는 비바리퍼블리카, 숙박 플랫폼 야놀자가 추가로 이름을 올렸다. 특히 비바리퍼블리카는 높은 규제를 가진 우리나라 금융 산업에서 혁신적인 금융 서비스 앱인 토스를 통해 핀테크 기업으로써 유니콘에 등록된 최초의 한국 스타트업 기업이 되었다. 또한 우아한형제들이나 야놀자와 같은 한국형 플랫폼 기업들도 유니콘 기업으로 성장하는 등 유니콘 기업의 숫자뿐 아니라 내용면에서도 상당한 발전을 보이고 있다.

디지털 기술을 활용한 서비스와 제품 혁신, 네트워크 효과를 통한 규모의 경제 달성과 같은 디지털 세상에서의 새로운 게임의 규칙을 제대로 이해하고 준비하는 것은 기업과 국가의 미래 경쟁력을 마련하고 기존의 전통적인 경제 활동을 뛰어넘어 미래에도 지속 성장하고 생존할 수 있는 핵심 열쇠가 된다.

유니콘 기업들이 세관의 관심과 집중을 받고 과거 선도 기업들이나 다른 스타트업 기업들로부터 시기와 부러움을 받는 이유는 지금까지 생각하지 못했던 완전히 새로운 혁신적인 비즈니스 모델을 창안해 기존 산업의 소비자들과 시장을 장악하기 때문이다. 이런 현상은 최근 혜성처럼 등장하는 유니콘 기업들뿐만 아니라 세계 최고 기업들의 서열 변화를 보더라도 쉽게 이해할 수 있다. 다음 표는 2001년부터 2018년 사이 시가총액 기준 세계 5위 기업들이다.

2001년에는 제조 업종의 GE가 세계 최고의 기업이었고 2위는 소프트웨어 업종의 마이크로소프트MS, 3위는 미국 최대 석유 에너지 회사인 엑손Exon, 4위는 세계적인 금융서비스 회사인 시티은행, 그리고 5위는 유통회사인 월마트로 다양한 업종에서 골고루 1위부터 5위를 차지하고 있었다. 2006에는 약간의 순위 변화가 있지만 월마트가 빠지고 그 자리에 프랑스 에너지 기업인 토탈이 3위로 들어온 것을 빼고는 큰 변화가 없었다.

그리고 2011년에는 엑손이 1위, 깜짝 등장한 애플이 2위, 중국의 석유와 가스 에너지 회사인 페트로차이나가 3위, 나이지리아 석유 에너지 회사인 쉘Shell이 4위, 중국의 금융 서비스 회사인 중국공상은행 ICBC이 5위를 차지했다. 2011년의 특이한 점은 두 가지이다. 당시 국제 유가가 배럴당 120달러를 넘었던 만큼 시가총액 5위 기업 중 석유

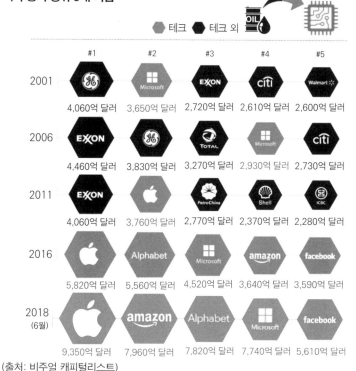

## 시가 총액 상위 5대 기업

🔷 테크 🔷 테크 외

| | #1 | #2 | #3 | #4 | #5 |
|---|---|---|---|---|---|
| 2001 | GE 4,060억 달러 | Microsoft 3,650억 달러 | EXXON 2,720억 달러 | citi 2,610억 달러 | Walmart 2,600억 달러 |
| 2006 | EXXON 4,460억 달러 | GE 3,830억 달러 | TOTAL 3,270억 달러 | Microsoft 2,930억 달러 | citi 2,730억 달러 |
| 2011 | EXXON 4,060억 달러 | Apple 3,760억 달러 | PetroChina 2,770억 달러 | Shell 2,370억 달러 | ICBC 2,280억 달러 |
| 2016 | Apple 5,820억 달러 | Alphabet 5,560억 달러 | Microsoft 4,520억 달러 | amazon 3,640억 달러 | facebook 3,590억 달러 |
| 2018 (6월) | Apple 9,350억 달러 | amazon 7,960억 달러 | Alphabet 7,820억 달러 | Microsoft 7,740억 달러 | facebook 5,610억 달러 |

(출처: 비주얼 캐피털리스트)

에너지 관련 회사가 세 개나 등재되었다는 것이다. 그리고 또 다른 하나는 1997년 파산 직전이었던 애플에 스티브 잡스가 다시 복귀한 후 15년도 안 되어 세계에서 두 번째로 큰 기업으로 깜짝 성장했다는 것이다. 재미있는 사실은 애플을 파산에서 구해준 빌 게이츠의 마이크로소프트는 2011년 시가총액 5위 기업에 이름을 올리지 못했다.

2016년의 시가총액 5대 기업을 보면 2011년부터 2016년 사이 얼마나 급격한 지각변동이 있었는지 추측해볼 수 있다. 모든 기업들이 소프트웨어 관련 회사들이다. 이는 결국 디지털 시대를 맞아 기존의 시장질서가 붕괴되고 있고 디지털에 적응한 기업만이 승리한다는 것

을 의미한다. 이런 세계 경제 주도권의 변화에 따라 기존 산업의 선
도 기업들도 너나 할 것 없이 모두 디지털 혁신을 위한 몸부림을 치고
있다. 그들은 그들의 비즈니스 모델이 제조, 금융, 건설, 농업에서 소
프트웨어와 플랫폼 비즈니스로 '디지털 트랜스포메이션(디지털 전환)'
을 진행하고 있다고 이야기하고 있다. 미국의 다우존스 산업평균지수
DJIA는 다우존스사가 1896년에 뉴욕증권시장에 상장된 미국의 대표
기업 12개를 선정하여 다우존스 산업평균주가지수를 만들면서 시작
되었다. 1907년부터는 우량기업 30개 종목을 표본으로 선정한 후 평
균으로 시장가격을 산출하는 세계적인 주가지수이고 미국의 경제를
대변하는 대표적 지수 중 하나로 세계 경제 흐름과 주식 시장에 큰 영
향을 미치고 있다.

2018년 6월 에스앤피S&P 다우지수위원회는 다우존스산업평균지
수에서 GE를 제외하고 월그린 부츠 얼라이언스를 편입하는 결정을
내리고 6월 26일부터 반영한다는 충격적인 발표를 했다. GE는 어떤
기준으로 보더라도 미국에서 가장 성공한 기업 중의 하나이고 미국
제조업의 대명사로 불렸다. 앞에서 살펴보았듯이 2001년에는 미국
시가총액 1위 기업이었고 2006년에는 2위 기업이었을 정도로 미국
경제의 상징이자 미국 제조업의 자존심이었다. GE는 1896년 다우지
수 출범 당시 원년멤버로 포함된 이후 2017년까지 120년 이상 다우
지수에 포함되어 왔던 유일한 회사였다. 이처럼 미국 제조업의 대명
사이자 자존심으로 인식되어 왔던 GE의 다우지수 퇴출은 글로벌 산
업이 제조업에서 서비스, 헬스케어, 소프트웨어 산업으로 빠르고 변
화하고 있음을 여실히 증명해주는 대표적인 사례이다.

## 2장

# 유니콘 기업들의
# 특징과 전략

# 1
## 인터넷을 넘어
## 초연결의 디지털 시대로

인터넷의 시작은 1969년 미국 국방부에서 정보를 교환하기 위한 군사 목적으로 만들어졌다. 그 후 사용 영역이 넓어졌다가 1991년 월드와이드웹www이 국제 표준으로 확정되고 일반인들에게 공개되면서 개인 용도나 상업적 용도로도 인터넷이 이용되기 시작했다.

인터넷이 처음에는 콘텐츠를 공급하는 새로운 미디어의 허브 역할로 시작했는데 1990년대 초반 전산공학이나 컴퓨터공학을 전공했던 사람들 중에는 비디오 대여점의 대여 프로그램을 개발해주거나 기업의 홍보용 홈페이지를 만들어주는 아르바이트를 했던 경험들이 있을 것이다. 최근의 기업 홈페이지나 이커머스와는 비교할 수 없을 정도로 단순했지만 인터넷을 통해 회사를 소개하고 제품 정보나 영업 정보를 웹을 통해 제공한다는 것이 엄청나게 세련되고 획기적인 마케팅 방법이었다. 당시에는 종이로 된 전단지로 회사를 홍보하고 장부를 기록하던 시절이니 중소기업의 사장님들은 홈페이지와 대여 어플리케이션

**인터넷 연결 대상의 확장**

콘텐츠 인터넷　　　　사람 인터넷

사물인터넷

이 많이 신기했을 것이다.

　그런 기본적인 콘텐츠 제공의 수준을 넘어 인터넷을 통해 전자상거래가 이루어지기 시작하면서 필요한 제품을 검색하고 정보를 구하는 수준을 넘어 물건을 주문하고 지불하는 데에도 웹을 이용하기 시작했다. 그리고 지금은 SNS 등을 통해 사람과 사람을 연결시켜주는 역할로 확대되었다. 처음에는 컴퓨터 간 연결을 가능하게 함으로써 콘텐츠의 공급을 촉진시키는 역할을 했고 소셜 네트워크의 출현으로 인터넷을 통해 사람과 사람의 연결을 가능하게 함으로써 인터넷의 사용 범위가 넓어지고 협업하는 방식을 바꾸어놓게 되었다.

　지금은 사람, 업무, 데이터, 기계가 다 함께 어우러져 사람과 기계, 기계와 사람, 기계와 기계, 사람과 사람의 양방향 정보 흐름이 가능한 초연결 시대가 형성되고 있다. 그런 초연결 구조를 통해 새로운 시장이 형성되고 과거의 상품이나 서비스로는 할 수 없었던 새롭고 혁신적인 비즈니스와 서비스 모델들의 실현이 가능해지게 된다. 수백만에서 수천만 개의 센서로 상호작용하는 초연결 시대의 새로운 세계는 무한한 가능성을 만들어냄과 동시에 기존 기업들에게는 엄청난 위협으로 다가오게 된다.

콘텐츠나 사람뿐만 아니라 모든 사물이 인터넷을 통해 연결된다는 것이 사물인터넷의 핵심이고 디지털 시대는 모든 비즈니스와 사물, 심지어 사람들의 행동이 실시간으로 모니터링되고 분석되고 자동화될 수 있다. 즉 디지털 경제에서는 모든 것을 디지털화해 거의 모든 움직임에 대한 추적이 가능하다. 심지어 과거 아날로그 객체에서도 디지털 신호의 생성을 가능하게 할 수 있게 되었다. 이런 디지털 신호의 수집, 추적, 분석을 활용하면 과거와는 전혀 다른 새로운 비즈니스와 서비스 혁신을 만들어낼 수 있다.

쉬운 예로, 스포츠 팀에서 야구공이나 축구공 또는 야구 배트나 축구화 등의 스포츠 장비에 센스를 부착해 공의 회전과 속도 그리고 선수의 배팅 자세나 슈팅 자세 등의 세부적인 정보들을 디지털 신호 형태로 수집할 수 있다. 수집된 데이터를 분석 어플리케이션으로 전송해줌으로써 운동선수들의 개인별 운동 유형을 분석하고 연습 방법이나 향후 게임 전략 등에 대한 작전을 수립할 수 있다. 세계적인 기업용 소프트웨어 회사인 SAP는 독일축구대표팀의 경기력 향상을 지원하기 위해 'SAP 스포츠원SAP Sports One'이라는 혁신 솔루션을 제공하고 있다. 이 솔루션은 SAP와 독일축구협회가 공동 개발한 '비디오 콕핏Video Cockpit'과 '플레이어 대시보드Player Dashboard' 기능을 핵심으로 하고 있다. 비디오 콕핏은 실전 영상과 경기 및 훈련을 통해 수집된 방대한 양의 데이터를 통합 관리하는 일종의 콘텐츠 허브이다. 전력분석 담당자와 코칭 스태프는 통합된 플랫폼을 통해 경기 패턴이나 선수들의 성향 등을 분석함으로써 보다 신속하고 정확한 전략 구상이 가능해진다. 선수들은 '플레이어 대시보드' 기능을 통해 개인별 분석 영상이나 정보 등을 각자의 모바일 디바이스에서 실시간으로 확인할 수 있다.

**SAP와 독일축구협회가 공동 개발한 비디오 콕핏**

(출처: SAP)

축구 대표팀의 경기에서 수집되는 방대한 양의 데이터는 사물인터넷을 통해 수집되고 코칭 스태프와 선수들과 전력분석 담당자들에게 실시간으로 공유된다. 수집된 데이터는 인공지능과 머신러닝을 이용해 경기 전략과 전술을 수립하고 선수들의 약점을 보완하는 데 활용된다. 스포츠뿐만 아니라 모든 가전, 원자재, 음식, 약품, 차량, 조명, 자판기 등 우리가 상상할 수 있는 대부분의 물건들은 디지털화를 통해 추적하고 모니터링하고 분석할 수 있게 되었다.

얼마나 많은 사물들이 인터넷을 통해 연결될 수 있을까? 인터넷을 통해 연결될 수 있는 사물의 수는 2008년에 이미 지구 전체 인구 숫자인 78억을 넘어섰고 지금은 100억 개 이상의 사물이 인터넷을 통해 연결될 수 있다. 2020년에는 500억 개의 사물이 인터넷을 통해 연결될 수 있다고 예측하고 있다. 이로 인해 발생하는 경제 효과는 14.4조 달러로 우리 돈으로 환산하면 1,500조 원이 넘을 것으로 보

**고객 상호작용 방식에서 소셜 미디어의 급성장**

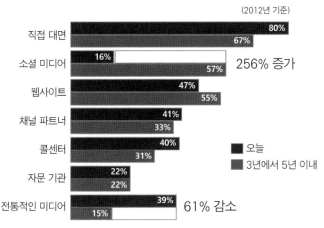

(출처: IBM 글로벌 CEO 스터디)

고 있다.

초연결은 사물 간의 연결에서만 일어나는 것은 아니다. 고객을 포함한 기업의 공급망 내에서 발생하는 사람들과의 상호작용 역시 과거 직접 대면하던 방식에서 소셜 미디어를 통한 비대면 방식의 연결로 빠르게 바뀌어가고 있다. 다음 표는 2012년 IBM에서 1,700명의 글로벌 CEO들을 대상으로 '고객과의 상호작용 방식 중에 향후 5년 후 가장 중요한 것은 무엇이 될 것이라고 예상하는가?'라는 질문에 대한 조사결과이다. 당시 글로벌 CEO들은 소셜 미디어가 향후 5년 이내에 전통적인 미디어를 대체하고 직접 대면과 함께 고객 상호작용 방식의 가장 중요한 수단 중의 하나가 될 것이라고 예상했다.

재미있는 사실은 5년이 지난 2018년 지금 직접 영업이나 전통적인 마케팅과 비교해볼 때 소셜 영업과 소셜 마케팅의 비중과 중요성은 훨씬 높아졌다. 이 사실은 앞에서 살펴본 유니콘 기업들과 디지털로 성공한 회사들을 포함한 수많은 비즈니스에서 이미 검증되었다.

앞의 설문 결과와 같이 고객 상호작용 방식 중 디지털 상호작용만이 성장할 것으로 예상되는 유일한 방식이었다. 특히 소셜 미디어를 통한 고객 상호작용은 엄청나게 성장할 것으로 예상했고 현실에서 그대로 증명되고 있다. 직접 대면을 통한 고객 활동은 점점 줄어들 것이고 전통적인 미디어를 통한 영업이나 마케팅은 급속도로 감소할 것으로 예상했는데 이 역시 현실에서 그대로 나타나고 있다. 사물뿐만 아니라 인간의 상호작용 역시 빠른 속도로 디지털화되고 있다. 이제 기존 산업 생태계에서 비즈니스 방식의 거대한 변화는 피할 수 없는 현실이 되고 있다.

이런 초연결 시대에 새롭게 만들어지는 거대 경제 역시 기존 기술과 생태계를 기반으로 성장하게 된다. 기존 산업의 암묵적인 니즈를 찾아내야 하고 숨겨진 사용자의 요구를 해결하기 위해 과거와는 다른 방식의 디지털 기술을 적용해 새로운 생태계를 구축하는 것이 미래 비즈니스 성공의 핵심 열쇠라고 하겠다.

# 2
# 디지털 시대 비즈니스
# 성공을 위한 필수 요소

유니콘 기업들이 탄생하기 위해서는 시장 변화에 대한 통찰력과 혁신적인 비즈니스 전략이 필요하겠지만, 디지털 시대 비즈니스 모델을 성공으로 이끌기 위해 공통적으로 필요한 두 가지의 필수 요소가 있다.

### 소비자 중심 규모의 경제 – 네트워크 효과

첫 번째는 네트워크 효과이다. 네트워크 효과는 미국의 경제학자 하비 라이벤스타인Harvey Leibenstein이 최초로 소개한 개념으로 어떤 상품에 대한 사람들의 수요가 다른 사람들의 상품 선택에도 많은 영향을 미친다는 현상이다. 특정 제품을 사용하는 소비자가 많아지면 많아질수록 그 제품의 가치가 더욱 높아지게 된다는 '네트워크의 외적 영향력'과도 일맥상통하는 개념이다. 즉 사용자가 많아질수록 사용자는 계속해서 늘어나는 것으로 제품이나 서비스의 품질 자체보다는 얼

## 메칼프의 법칙

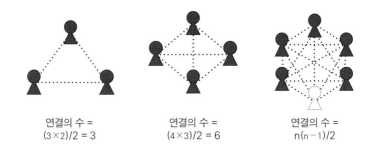

연결의 수 =
(3×2)/2 = 3

연결의 수 =
(4×3)/2 = 6

연결의 수 =
n(n-1)/2

네트워크의 가치는 가능한 모든 연결의 수에 비례한다.

마나 많은 사람들이 사용하는지가 제품이나 서비스 선택의 더욱 중요한 결정 요소로 작용한다는 이론이다. 이는 특정 상품에 대한 누군가의 구매 경험이 다른 사람들의 상품 선택에도 큰 영향을 미치게 되고 이로 인해 그 상품을 선택하는 사람들이 지속적으로 증가하는 효과로 나타나는 것이다.

네트워크 효과는 경제의 선순환 구조를 만들어내게 된다. 많은 사람들이 사용할수록 시장의 규모가 커져 규모의 경제가 형성되고 이로 인해 생산비용은 낮아지고 좋은 품질과 좋은 가격의 서비스와 제품이 공급되면서 네트워크 효과에 의해 사용자 수가 또 다시 증가하기 때문이다. '메칼프의 법칙Metcalfe's Law'은 네트워크 효과의 시장 성장 속도를 잘 설명해주는 이론적 뒷받침으로 네트워크(통신망)의 가치는 네트워크를 사용하는 사용자 수의 제곱에 비례한다는 법칙이다. 미국의 네트워크 장비업체 쓰리콤3COM의 창립자 밥 메칼프Bob Metcalfe가 주창한 것으로 네트워크의 유용성은 사용자 수(n)의 제곱에 비례하고 네트워크에 일정 수 이상의 사용자가 모이면 그 가치가 폭발적으로 증가한다는 개념이다.

메칼프의 법칙에 의하면 네트워크의 가치는 가능한 모든 연결의 수에 비례한다. 물론 노드 자체로는 네트워크 효과를 기대할 수 없으며 노드 간의 상호작용이 있을 때 네트워크 효과가 발생하게 된다. 노드 수의 제곱에 비례한다는 의미 역시 모든 노드 간의 상호작용이 있다는 가정하에서의 최대 효과를 의미한다. 현실에서는 노드 간에 발생하는 실제 연결 수에 비례해 가치가 증가한다고 보는 것이 맞을 것이다. 전체 노드 수의 제곱에 준하는 효과가 아니더라도 네트워크의 규모가 크면 클수록 그 효과는 급격히 증가한다. 이는 과거 경제 모델을 바꾸기에 충분함을 증명하고 있다. 과거 규모의 경제는 생산자가 주체가 되는 공급 측면의 개념이었다면 '네트워크 효과'는 소비자가 주체가 되는 수요 측면의 개념이다. 소프트웨어를 포함한 정보기술 영역은 네트워크 효과를 만들어내기 가장 좋은 산업 영역 중의 하나이다.

마이크로소프트는 자사의 운영체제인 윈도Windows를 누구나 확장해 사용할 수 있는 오픈 플랫폼 형태로 만들어 제공하는 비즈니스 모델을 선택했다. 이를 통해 윈도 프로그램 개발자들, 윈도 운영체제 기반 컴퓨터 및 부품 생산 회사들, 고객 문제를 해결하고 지원할 수 있는 컨설턴트나 엔지니어들이 점점 많아지게 되었다. 이는 컴퓨터와 부품과 소프트웨어의 공급을 빠르고 쉽게 하고 일반 사용자들도 만족스러운 AS뿐만 아니라 파일이나 프로그램을 쉽게 공유할 수 있게 됨으로써 윈도 사용자 수는 급격히 증가하게 되었다. 컴퓨터 운영체제 시장에서 윈도 사용자들이 네트워크를 형성하면서 마이크로소프트는 거대 공룡기업으로 거듭날 수 있었다.

이에 반해 퍼스널 컴퓨터PC 시장의 경쟁사였던 애플은 맥Mac 개발 당시 운영체제뿐만 아니라 디자인부터 내부 어플리케이션과 하드웨어에 이르기까지 모든 것을 직접 관리하고 제어하는 폐쇄적인 전략을 선택했다. 이는 맥 애호가들을 중심으로 하는 극히 제한된 시장의 비즈니스를 만들었다. 당시 애플과 스티브 잡스의 매력에 빠진 열성 팬들이 있었기에 네트워크 규모는 크지 않았지만 고가 정책의 고부가가치 비즈니스 모델로 비즈니스를 유지할 수 있었다. 퍼스널 컴퓨터와 운영체제 경쟁에서는 마이크로소프트가 이겼지만 애플은 이후 아이폰을 출시하고 자사 플랫폼의 일부를 개방하면서 순식간에 세계 최고의 기업으로 성장하게 되었다.

애플이 기존 모바일 시장의 강자들을 누르고 세계 최고의 기업으로 성공한 데는 애플만의 제품 경쟁력도 있었겠지만 결정적인 이유는 아이폰이나 아이패드와 같은 우수한 하드웨어의 장점뿐만 아니라 사용자들의 취향에 따라 수백 가지에서 수천 가지(지금은 수백만 가지)의 모바일 앱들을 제공하는 것이었다. 원하는 게임을 즐길 수도 있었고 주식정보를 확인할 수도 있었고 영화를 감상하고 음악을 듣거나 책과 잡지 뉴스를 읽는 등 과거 모바일에서는 경험할 수 없었던 완전히 새로운 사용자경험을 제공하는 것이었다. 애플은 아이폰을 출시하면서 과거 PC 시장에서와는 달리 모바일 개발자들에게 자사 운영체제에서 모바일 앱을 개발하고 개발한 앱을 판매할 수 있도록 자사의 플랫폼과 앱스토어의 일부를 개방하는 정책을 선택했다. 이를 통해 애플의 앱 개발자들과 협력사들을 애플의 생태계로 불러들여 그들만의 굳건한 네트워크 왕국을 건설할 수 있게 되었다.

잡스는 자사의 제품에 대해 하드웨어부터 소프트웨어, 콘텐츠, 마케팅에 이르기까지 제품의 모든 측면을 철저히 통제하고 관리해야 한다고 생각하는 완벽주의자였기에 아이폰이 처음 나왔을 때만 해도 사용자들은 외부 개발자들의 앱을 전혀 사용할 수 없었다. 그는 과거 맥시절과 마찬가지로 외부 개발자들이 아이폰을 망쳐놓거나 바이러스에 감염시키거나 통합성을 해칠 수 있다고 생각하고 있었다.

애플 이사회의 아트 레빈슨Art Levinson, 마케팅 책임자 필 실러Phil Schiller, 외부 벤처 투자자 존 도어John Doerr는 여러 차례에 걸쳐 외부 개발자의 앱 개발 허용에 대해 설득하려고 노력했다. 네 번의 이사회 미팅을 거쳐 잡스는 외부의 앱 제작을 허용하되 엄격한 기준을 부여해 애플의 테스트를 통과하고 승인된 앱들에 대해서만, 그것도 오직 아이튠스 스토어를 통해서만 판매되고 유통되게 하는 최적의 안을 도출해내게 되었다. 잡스가 외부 앱을 허용한 것은 애플을 세계 최고 기업으로 성장할 수 있게 만든 현명한 선택이었음에 틀림없다. 만약 외부 개발자들이 만들어낸 수백만 가지의 다양한 앱이 없는 아이폰이나 아이패드를 상상해본다면 오늘날의 애플은 상상하기도 어려울 것이다.

애플 앱스토어는 2007년 6월 아이폰이 정식 판매되기 시작하고 1년 후인 2008년 7월 10일 500여 개의 앱으로 시작했고 앱스토어 출시 2개월 만에 3,000개가 등록됐고 2016년에는 한 달 평균 8만 개 이상의 앱이 개발되고 등록되었다. 2018년 7월 앱스토어를 출시한 지 10주년이 되었는데 현재 앱스토어에는 200만 개 이상의 앱이 등록되어 있다. 애플이 플랫폼을 개방하면서 수백만 명의 모바일 앱 개발자들이 애플의 네트워크 안으로 들어와 수백 만 개의 유익하고 재미있고 매력적인 앱과 콘텐츠들을 만들어내게 되고 이런 앱들은 앱스토어를 통해 아이폰과 아이패드 사용자들에게 빠르게 확산되게 된다.

애플은 아이폰을 통해 과거 맥 시절과는 비교할 수 없는 엄청난 규모의 네트워크를 만들어낼 수 있었고 피처폰 사용자들을 포함한 전세계 휴대폰 사용자들을 애플 네트워크로 끌어들임으로써 애플 왕국을 건설하게 되었다. 애플의 플랫폼 전략은 생산자, 소비자, 공급자가 자연스럽게 하나의 플랫폼으로 모여들어 함께 성장하는 선순환 구조의 네트워크를 만들 수 있었고 스티브 잡스가 휴렛팩커드HP, Hewlett–Packard를 보면서 항상 꿈꾸어왔던 지속 가능한 회사의 근간을 이룰 수 있게 했다.

반면 노키아나 모토로라와 같이 세계 휴대폰 시장의 40% 이상을 차지하던 유수의 모바일 기업들은 모바일 시장에 처음 진출한 애플에 의해 한순간에 몰락하는 수모를 겪어야 했다. 기존 모바일 기업들의 비즈니스 실패에는 다양한 이유가 있겠지만 그 이면의 가장 근본적인 원인은 모바일 시장의 소비자들이 피처폰에서 스마트폰으로 한순간에 옮겨갔다는 것이고 노키아나 모토로라는 그것을 알고도 기존 비즈니스의 안이함에 빠져 그런 변화를 놓쳤다는 것이다.

전화기나 SNS의 발전과정과 영향력을 살펴보면 네트워크 효과를 쉽게 이해할 수 있다. 과거 전화나 통신 방식에 비해 현재의 SNS나 모바일 서비스는 네트워크의 규모뿐 아니라 속도 면에서도 과거보다 수백 배 수천 배 빠르고 넓다. 인터넷과 모바일의 보급과 확산으로 소비자의 시장 참여에 대한 장벽은 낮아지고 블로그, 메신저, 소셜 네트워크 등 참여 방법도 다양해졌다. 망의 가치가 참여자 수의 제곱에 비례한다는 메칼프의 법칙을 대입해볼 때 디지털 시대의 인터넷이나 모바일을 통한 네트워크의 가치와 효과는 엄청난 속도로 확장 가능하고 어느 순간에는 기하급수적인 증가를 보이게 된다.

현재 대한민국의 인터넷 속도와 모바일 보급률은 세계 최고 수준이

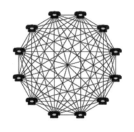

처음 유선 전화가 나왔을 때 100명의 사람 중에 두 명이 전화를 사용한다고 가정해보자. 두 명의 전화 사용은 어떤 가치도 만들어내지 못한다. 차츰차츰 한 사람씩 사용자가 늘어나서 어느 지점에 이르면 전화 사용이 만들어내는 가치가 기하급수적으로 늘어나게 된다. 이렇게 연결에 의해서 가치가 늘어나는 현상을 네트워크 효과라고 한다. (출처: 위키피디아)

다. 하지만 1970년대 초만 하더라도 대한민국의 시골에서는 마을 전체에 전화기를 가진 곳이 한두 집밖에 없었다. 당시 다른 지역의 친척들과 연락을 주고받기 위해서는 전화기가 있던 집의 전화기를 빌려 사용할 수밖에 없었다. 더구나 전화요금도 비쌌기 때문에 다른 집의 전화기를 빌려 통화한다는 것은 여간 불편하고 미안한 일이 아니었고 전화를 사용할 때는 꼭 전할 말만 전하고 빨리 끊을 수밖에 없었다. 1970년대 후반에서 1980년대 초로 접어들면서 집집마다 유선 전화가 보급되기 시작했지만 여전히 시외 통화는 요금이 비쌌다. 당시 생활 수준에서는 시내 통화 역시 마음껏 사용하는 것이 녹록지 않았다. 그런 네트워크 인프라에서는 메칼프의 법칙에 따라 정보를 교환할 수 있는 노드의 수가 극히 제한적이기 때문에 네트워크 효과는 미미할 수밖에 없었다. 그뿐만 아니라 외부와의 통화를 위한 시간적인 제약이나 전달할 수 있는 정보의 양에도 기술적인 한계와 경제적인 부담 때문에 동네 주민들 간의 오프라인 커뮤니티가 네트워크의 거의 전부였다고 할 수 있다.

1990년대 후반부터 휴대전화의 보급이 시작되고 2007년 아이폰이 출시된 이후 스마트폰의 대중화와 함께 인터넷 사용이 자유로워지면서 정보 교환의 시간, 공간, 데이터 양의 제한이 거의 사라지게 되었다. 그때부터 아는 사람들과 부담 없이 온라인으로 편하게 대화할 수 있는 카카오, 왓츠앱, 라인과 같은 모바일 메신저가 중요한 커뮤니케이션의 매체로 자리매김하고 페이스북, 트위트, 인스타그램 등을 통해 아는 사람들뿐만 아니라 같은 취미나 관심을 가지는 불특정 다수와도 쉽게 정보를 공유하고 교환할 수 있게 되었다.

현재는 네트워크 환경, 인터넷 속도, 스마트폰과 같은 다양한 모바일 기기들을 포함하는 통신 인프라의 발전과 더불어 사용하기 쉬운 수많은 앱을 통해 교환할 수 있는 정보의 양, 전달 수단, 시간과 공간에 대한 제약이 없어지게 되었다. 이런 환경에서 고객의 숨겨져 있던 니즈를 찾아 해결할 수 있는 솔루션을 제공할 수 있다면 메칼프의 법칙에 따라 네트워크 효과는 상상할 수 없을 정도의 엄청난 시장 파괴력을 만들어내게 된다. 앞에서 살펴보았던 우버, 에어비앤비, 알리바바, 아마존 역시 네트워크 효과를 누리고 있는 대표적인 기업들이다. 생산이나 공급의 관점이 아닌 수요의 관점에서 규모의 경제라고 할 수 있는 소비자 네트워크가 기반이 되었기에 유니콘 기업으로 성장할 수 있었다.

네트워크 효과가 소비자용 시장에서 시작되었고 거기서 많은 성공을 이루었지만 지금은 기업 간의 거래에도 고객, 제조사, 공급사 간의 비즈니스 네트워크가 빠르게 형성되고 있다.

## 디지털 서비스의 빠른 실현 도구 – 디지털 플랫폼

두 번째 핵심 요소는 디지털 플랫폼이다. 수많은 글로벌 소프트웨어 회사들과 컨설팅 회사들은 기업이 디지털 트랜스포메이션에 성공하기 위해서는 전사 아키텍처 모델을 두 가지 모드로 운영해야 한다고 주장한다. '바이모달 IT$_{Bimodal\ IT}$'는 2014년 7월 가트너에 의해 처음 소개되었는데 기업의 지속적인 성장과 비즈니스 모델 혁신을 위해서는 두 가지 모드의 IT가 필요하다는 것이다.

첫 번째 모드는 현재 운영 중인 비즈니스의 프로세스를 최적화하고 안정적이고 빠른 성능을 보장하며 사용자의 업무 환경을 보다 편리하고 즐겁게 만들어줌으로써 업무 효율성을 높이는 것이다. 즉 현재 업무에서 발생하는 불편함이나 문제들을 해결하고 최적화시키는 것이다. 두 번째 모드는 새로운 디지털 기술과 플랫폼을 이용해 디지털 시대에 필요로 하는 새로운 아이디어와 서비스를 빠르게 만들어내고 기업의 비즈니스 확장과 비즈니스 혁신을 이끌어내는 것이다. 즉 첫 번째 모드인 안정적인 코어 플랫폼을 통해 기존 비즈니스에 대한 신뢰성과 안정성을 확보하고 두 번째 모드인 혁신 플랫폼을 통해 디지털 시대의 새로운 시장 변화와 고객 변화를 인지해 빠르고 민첩하게 대응할 수 있는 혁신적인 비즈니스 모델을 만들어낼 수 있게 된다. 가트너 부사장 도나 스콧$_{Donna\ Scott}$은 2016년 오픈스택 콘퍼런스$_{OpenStack\ Conference}$에서 바이모달 IT를 일반인들도 쉽게 이해할 수 있도록 달리기에 비유해 설명했다. 첫 번째 모드인 디지털 코어는 마라톤으로 표현하고 두 번째 모드인 혁신 플랫폼은 단거리 달리기에 비유하고 있다.

바이모달 IT에 대해 모든 전문가들이 공감하고 동의하는 것은 아니다. 최근 잘 알려진 오픈소스 중의 하나로 리눅스 기반 런타임 컨테이너인 도커$_{Docker}$의 CEO 벤 골럽$_{Ben\ Golub}$은 "바이모달은 기업의 IT 운

## 바이모달 IT와 달리기의 비유

| | 모드 1 | | 모드 2 |
|---|---|---|---|
| **마라톤 선수** | 안정성 | **목적** | 민첩성 |
| | 가격 대비 성능 | **가치기준** | 수익성, 브랜드 가치, 고객 경험 |
| | 워터폴 방식 | **방법론** | 애자일 방식 |
| | 계획 중심의 승인 기반 | **거버넌스** | 실증적이고 반복적인 경험 기반 |
| | ERP, CRM 등 기업용 어플리케이션 중심 장기 프로젝트 | **소싱방식** | 새로운 혁신 솔루션 기반 단기 프로젝트 |
| | 전통적인 프로세스나 프로젝트에 효과적 | **효과성** | 새롭고 불확실한 프로젝트에 효과적 |
| | 고객이나 비즈니스보다는 IT 중심 접근 | **문화** | 고객 관점에서의 비즈니스 중심 접근 |
| | 장기(수 개월) | **주기** | 단기(수일에서 수주) |

표에 **단거리 선수**가 오른쪽에 위치함.

가트너 부사장 도나 스콧은 2016년 오픈스택 콘퍼런스에서 바이모달 IT를 일반인들도 쉽게 이해할 수 있도록 달리기에 비유해 설명했다. 첫 번째 모드인 디지털 코어는 마라톤으로 표현하고 두 번째 모드인 혁신 플랫폼은 단거리 달리기에 비유하고 있다. (출처: 2016 오픈스택 콘퍼런스에서 도나 스콧의 발표자료)

영 조직을 두 개의 분리된 조직으로 나누는 개념으로 이는 잘못된 IT 운영 방법"이라고 이야기하기도 했다. 그는 현재의 데이터 센터와 개발자들을 한 번에 클라우드 컴퓨팅 기반의 디지털 플랫폼 환경으로 이관할 수는 없으며 굳이 그럴 필요 없이 기존의 인프라에서 마이크로 서비스들을 만들어 사용할 수 있다고 주장하고 있다.

글로벌 리서치 회사인 포레스트Forrester Research에서도 「바이모달 IT의 잘못된 약속」이라는 보고서를 통해 바이모달 IT는 분리된 시스템에서 작업하는 두 개의 개별 그룹을 만들어내기 때문에 고객 접점을 위한 프론트 엔드와 기업의 프로세스를 위한 백 엔드 간의 복잡성을 증가시키고, 결국 이로 인해 고객과 기업이 요구하는 민첩성에 대한 요건을 만족시킬 수 없을 것이라고 주장하고 있다.

여기서 바이모달 IT의 옳고 그름을 논하고자 하는 것은 아니다. 기업 입장에서는 비즈니스의 성장과 성공이 가장 중요하다. 이를 위해 바이모달 IT의 장점은 취하고 고려해야 할 점들은 충분히 검토해서 대안을 준비하면 되는 것이다.

기업의 모든 시스템을 모드 2의 혁신 플랫폼으로 옮길 필요는 없다. 바이모달 IT의 핵심은 현재의 비즈니스를 안정적으로 유지하면서 새로운 미래 성장 모델을 빠르게 만들어낼 수 있게 하는 것이다. 일반적으로 기업은 비즈니스의 지속적인 성장을 유지하기 위해 프로세스 표준화와 최적화에 집중하게 되는데 모드 1을 통해 완성할 수 있다. 하지만 최근 비즈니스는 과거 전통적인 시장뿐만 아니라 새로운 디지털 시대에서도 경쟁력을 확보해야 하고 지속적인 성장과 혁신을 이룰 수 있도록 모드 2에 해당하는 디지털 기술에 기반을 둔 혁신 플랫폼도 반드시 필요로 하다.

물론 과거에도 기업 내부에 IT 플랫폼은 있었지만 과거 방식은 하나의 비즈니스 모델이 기획되면 그 아이디어를 시스템으로 완성하기까지 너무도 복잡한 절차와 오랜 시간을 필요로 했다. 비즈니스 요건들을 내부적으로 정리하고 역량과 경험 있는 회사들을 선정해 제안 요청서를 전달한 후 제안서를 받아 수백 개에 달하는 요건들을 하나씩 검토해 솔루션과 수행사의 기술력을 검토한다. 거기서 끝나지 않고 개념증명PoC, Proof of Concept이나 벤치마크 테스트BMT, Bench Marking Test를 하는 경우도 다반사였고 그 이후 플랫폼과 수행사를 선정하여 프로젝트를 시작했다. 프로젝트가 시작되면 다시 하드웨어를 포함한 인프라 준비부터 소프트웨어 설치와 프로젝트 구현에 필요한 수많은 기술 작업들을 마무리한 후 개발 작업을 진행하게 된다. 이런 과정은 아이디어 발굴부터 시스템으로 완성해 서비스로 제공하기까지 최소 1년에서 2년의 시간을 필요로 한다.

네트워크, 보안, 하드웨어 등의 인프라와 소프트웨어 라이선스, 개발 및 운영 등 모든 자산을 직접 구매해서 관리해야 했던 과거 온프레미스on-premise 환경은 기업의 비즈니스 확장이나 새로운 서비스 개발을 위한 디지털 기술을 적용하기에 유연하지 못하다. 소비자의 요구와 비즈니스 환경이 하루가 다르게 급변하는 디지털 시대에는 기업이 새로운 비즈니스를 준비하도록 과거처럼 그렇게 오랜 시간을 기다려주지 않는다.

바이모달 IT의 모드 2에서는 어플리케이션 개발이나 운영에 필요한 모든 인프라와 기술 환경이 미리 준비되어 있고 비즈니스 확장이나 새로운 서비스 개발에 필요한 혁신적인 디지털 기술을 빠르게 적용 가능하며 원할 때는 언제든지 쉽게 확장해나갈 수 있는 클라우드 환경의 디지털 플랫폼을 강력하게 권고하고 있다. 모드 2의 혁신 플랫폼에서는 사물인터넷, 고급분석, 빅데이터, 모바일, 머신러닝, 블록체인 등과 같은 최신 기술이 함께 제공되기 때문에 새로운 서비스들을 훨씬 빠르게 만들어낼 수 있고 과거에는 할 수 없었던 새로운 비즈니스 혁신을 이끌어낼 수 있게 돕는다.

기술 임원진을 포함한 중견 IT 직원들은 과거 메인 프레임에서 클라이언트·서버 아키텍처로 옮겨가고 다시 웹 어플리케이션 서버 환경으로 옮겨갈 때의 악몽을 기억하기 때문에 바이모달 IT를 부정하고 싶을 것이다. 하지만 이는 기업이 미래 디지털 비즈니스로 진입하는 것을 방해하고 비즈니스의 민첩성을 떨어뜨리는 것임을 염두에 두어야 한다.

기술 분야에서 지난 기술은 쉽게 지워지기 때문에 더 빠르고 더 나은 기술로 끝없이 발전시켜 나가야만 한다. 비즈니스에서는 더 넓은 시장, 더 많은 고객, 더 많은 트랜잭션을 처리해야 하고 그러기 위해서는 기술 영역에서는 더 많은 서버, 더 많은 컨테이너, 더 많은 소프트웨어, 더 많은 어플리케이션, 그리고 더 빠른 속도와 더 빠른 혁신을 만들어가야만 한다.

기업의 최고정보책임자CIO, Chief Information Officer나 최고기술책임자CTO, Chief Technology Officer는 현재의 IT 조직을 한 번에 디지털 벤처 기업처럼 전환하는 것이 아니라 기존 비즈니스의 안정적인 운영을 위한 모드 1의 핵심 비즈니스 운영 플랫폼 영역과 신사업의 빠른 적용을 가능하게 하는 모드 2의 혁신 플랫폼 영역을 동시에 수용할 수 있는 하이브리드 형태의 IT 조직으로 전환할 수 있는 전략을 필요로 한다.

# 3

## 선진 소프트웨어 기업의
## 바이모달 IT 아키텍처

기업의 지속성장을 위해서는 현재 운영 중인 비즈니스의 효율화나 최적화와 함께 새로운 디지털 비즈니스의 빠른 실현 두 가지 모두를 필요로 한다. 이 두 가지를 이루기 위해서는 앞에서 이야기했던 바이모달 IT라는 전략과 아키텍처를 준비해야 한다. 독일 정부의 4차 산업혁명 실현을 위한 테스트베드 플랫폼으로 활용되고 있고 ERP, CRM, SRM, SCM, HCM 등과 같은 기업의 핵심 업무 어플리케이션 영역에서 수십 년 동안 글로벌 선두를 지켜온 대표적인 기업용 소프트웨어 회사인 SAP는 기업의 디지털 혁신을 위한 바이모달 IT 아키텍처를 어떻게 지원하고 있는지 살펴보자.

모든 기업은 재무, 인사, 구매, 물류, 생산, 영업 등과 같은 회사의 핵심 업무 프로세스를 처리하기 위해 ERP나 CRM을 포함한 수십 가지의 어플리케이션을 운영하고 있다. 과거에는 대부분의 어플리케이션을 기업 내부의 인프라 환경에서 개발하고 운영했지만 비즈니스가 복

## SAP의 바이모달 IT 전략

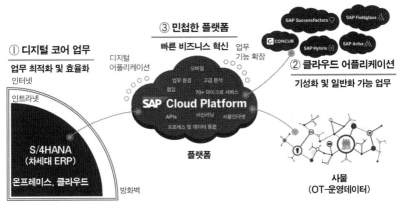

(출처: SAP)

집해지고 시스템 환경이 복잡해지면서 표준화와 통합의 어려움과 비즈니스 변화의 민첩성에 대한 고민을 가지게 되었다.

이에 대해 SAP는 ECC라는 과거 SAP ERP 시스템과 주변 레거시 Legacy 시스템들을 하나의 ERP로 통합할 수 있도록 S/4HANA라는 인메모리 기반의 차세대 ERP를 바이모달 IT의 모드 1로 제공하고 있다. S/4HANA는 과거 ERP보다 훨씬 더 확장된 기능과 광범위한 프로세스를 포함함으로써 주변 시스템을 하나로 통합해 단순화시키고 인메모리 기반의 높은 성능과 안정성, 모바일과 개인화된 사용자 경험을 통한 사용자 편의성, 프로세스와 데이터 구조의 단순화를 통한 업무 효율성 향상 등을 지원하고 있다. 즉 기존에 운영되던 비즈니스의 최적화와 효율화, 업무 편의성에 집중할 수 있는 모드 1 영역은 S/4HANA라는 차세대 ERP로 통합해 제공한다.

그리고 고객관리나 마케팅과 같은 CRM 영역, 인사 관리 및 인재 관리의 HCM 영역, 구매 관리인 SRM 영역 등과 같이 기성품처럼 일반화해서 사용할 수 있는 업무 영역은 글로벌 비즈니스로의 빠른 확장을 가능하게 하고, 지역별 규제와 법규를 빠르게 적용하고, 새로운 기술을 솔루션 내에서 주기적으로 자동 반영할 수 있게 하기 위해 클라우드 어플리케이션 형태로 모드 1을 확장해 지원하고 있다.

디지털 시대 소비자들의 암묵적인 요구와 니즈를 이해하고 숨겨져 있던 문제를 찾아냄으로써 새로운 비즈니스와 혁신적인 서비스를 정의할 수 있다. 그리고 그런 서비스를 빠르게 구현해 시장에 출시하고 계속해서 확장해나가기 위해서는 모드 2에 해당하는 디지털 플랫폼도 반드시 필요로 한다. SAP는 모드 2에 해당하는 혁신 플랫폼으로 SAP 클라우드 플랫폼과 함께 고객의 빠른 비즈니스 혁신을 가능하게 하는 SAP 레오나르도라는 디지털 혁신 시스템을 함께 제공하고 있다. SAP는 레오나르도를 활용해 다양한 산업의 수많은 선진 기업들과 함께 공동 연구 및 파일럿 프로젝트를 활발하게 진행 중에 있다.

SAP가 다른 기술 기반 플랫폼 회사들과 가장 크게 다른 점은 45년 이상 ERP나 CRM을 비롯한 기업의 핵심 업무 어플리케이션을 고객과 함께 만들고 혁신해왔고 이런 경험을 기반으로 25개 산업 분야에 대한 프로세스와 산업의 전문성도 함께 보유하고 있다는 것이다. 그리고 수많은 고객들과 함께 산업별 공통의 과제를 해결하기 위한 혁신 솔루션들을 만들어내고 있다. 그런 검증된 솔루션들은 프로젝트의 리스크를 줄이면서 동시에 기업의 빠른 비즈니스 혁신을 가능하게 한다.

SAP 레오나르도의 구성을 보면 기반 플랫폼 환경은 서비스형 플랫폼 PaaS, Platform as a Service 형태의 SAP 클라우드 플랫폼 기반에서 구현되어 제공되고 있다. SAP 레오나르도의 기초가 되는 SAP 클라우드 플랫폼은 차세대 혁신 어플리케이션을 신속하게 구현할 수 있게 하는 개방적이고 확장 가능한 클라우드 환경의 플랫폼이다. 수십 가지의 광범위한 마이크로 서비스, 내외부의 서비스를 쉽고 안전하게 연결할 수 있는 오픈 API 및 최신의 디지털 기술들을 활용해 개발 운영 환경을 제공한다.

혁신이라는 것은 하나의 기술로 이루어지지 않는다. 예를 들어 사물인터넷을 통하여 수집된 데이터는 빅데이터로 저장되며 고급 분석과 머신러닝을 통해 그동안 몰랐던 시장 기회나 위험에 대한 새로운 통찰력을 얻을 수 있게 된다. 블록체인 역시 기술 자체의 의미보다는 블록체인이 다양한 다른 기술 및 비즈니스 프로세스와 연결될 때 진정한 네트워크의 가치를 만들어낼 수 있게 된다.

모드 2에 해당하는 혁신 플랫폼은 머신러닝, 블록체인, 데이터 인텔리전스, 빅데이터, 사물인터넷, 고급 분석, 또 다른 미래의 새로운 신기술들까지도 지속적으로 플랫폼 내에서 수용할 수 있어야 한다. 이렇듯 새로운 서비스 개발을 위해 필요한 기반 기술과 플랫폼이 미리 준비되어 제공되기 때문에 과거와는 비교할 수 없는 개발 생산성과 비즈니스 민첩성을 확보할 수 있게 된다.

그뿐만 아니라 그런 기술 플랫폼 위에는 산업별로 빠르게 적용 가능한 산업별 어플리케이션 키트들도 함께 포함하고 있어 기업의 빠른 디지털 혁신을 가능하게 하고 실현의 위험을 최소화할 수 있게 돕는다.

# 4

# 국내 대표 플랫폼 기업 카카오

우리나라에서는 카카오가 플랫폼과 네트워크 효과를 이용해 비즈니스 모델 혁신과 서비스 확장을 만들어가는 가장 대표적인 기업이다. 과거 뉴스나 게임 중심의 단순 포털 비즈니스의 경계를 넘어 새로운 서비스로 무장한 플랫폼 기업으로 성장해가고 있다. 카카오는 카카오톡을 통해 국내 시장에서 탄탄한 네트워크를 형성하고 그 기반에서 플랫폼 형태의 부가적인 서비스들을 꾸준히 확장해가고 있다. 2010년 3월 카카오 메신저 서비스를 시작한 이후 엄청난 속도로 국내 메신저 시장을 장악했고 국내 모바일 메신저 시장점유율이 약 95%에 이를 정도로 국민 메신저로 자리잡고 있다.

최근 SNS에 익숙한 1020세대들을 중심으로 페이스북 메신저와 인스타그램 DMDirect Message과 같은 대체 메신저로 옮겨가는 현상이 일어나고 있지만, 닐슨코리안클릭에서 조사한 모바일 메신저의 월 사용자 수 기준으로 2018년 1월 카카오톡의 사용자 수는 2,931만 명으로

**카카오의 플랫폼 비즈니스 모델**

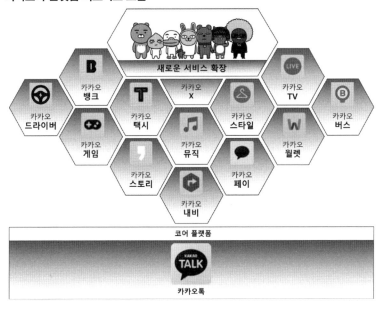

2위인 페이스북 메신저(524만 명)이나 3위인 라인(127만 명) 등 다른 메신저를 크게 앞서 있다.

카카오는 카카오톡을 통해 형성한 3,000만 명의 네트워크 안에서 개인 소비자들의 목적과 필요, 환경, 취미, 기호 등에 따라 그에 맞는 플랫폼과 서비스를 제공함으로써 새로운 비즈니스 생태계를 만들어 가고 있다. 3,000만 명 중 택시를 필요로 하는 사람들은 카카오택시를, 대리운전이 필요한 사람들은 카카오드라이브를, 게임을 좋아하는 사람들은 카카오게임을, 결제대행 업무는 카카오페이를, 은행서비스는 카카오뱅크를 사용하는 등 카카오 사용자들이 일상에서 필요로 하는 대부분의 요구들을 동일한 플랫폼과 동일한 네트워크에서 쉽게 사용할 수 있게 한다.

최근 성공하는 유니콘 기업들은 과거 기업들이 해왔던 자산투자 기반의 비즈니스 성장이 아닌, 플랫폼과 네트워크 기반의 성공 신화를 만들어가고 있다. 이들은 하나의 성공적인 서비스를 만든 후 네트워크 효과를 활용해 규모의 경제와 매출 성장을 만들어내고 고객의 서비스 품질을 높이면서 동시에 동일한 네트워크상에서 또 다른 새로운 서비스를 빠르게 만들어내고 또 다시 여러 다른 서비스로의 반복적인 서비스의 확장과 투자를 이어간다. 즉 경제의 선순환 구조를 통해 네트워크는 점점 넓고 튼튼해지면서 서비스 품질 역시 동시에 좋아지게 된다. 일례로 우리나라 콜택시 산업에서 카카오 택시가 고객의 입장에서 점점 더 많은 편리한 서비스들을 추가해가면서 네트워크를 넓혀가고 있지만 전통적인 지역 콜택시의 경우 고객 탈퇴, 매출 감소, 콜센터 직원 감원, 서비스 품질 저하의 악순환이 반복되게 되며 콜센터를 유지하는 것 자체가 힘든 수준이다.

애플, 구글, 아마존, 페이스북, 우버, 에어비앤비 등 실리콘밸리에서 시작된 플랫폼 기업들의 성공 신화는 이제 중국을 필두로 인도와 일본과 같은 아시아에서도 속속들이 등장하고 있다. 중국의 대표적인 플랫폼 기업인 알리바바와 텐센트는 아시아 기업 중 최고의 시가 총액을 다투고 있고 일본의 전자상거래 기업인 라쿠텐이나 인도의 전자결제 업체인 페이티엠 등도 플랫폼 기업으로 빠르게 성장하고 있다. 그리고 이런 플랫폼 기업의 등장을 통해 과거 전통적인 기업들은 경제의 악순환의 고리로 들어가고 유니콘 기업들은 경제의 선순환의 고리로 들어가게 만들고 있으며 점점 더 많은 산업과 더 많은 기업에서 이런 현상들이 나타나고 있다.

우리나라는 카카오가 카카오톡을 중심으로 내수시장에서 플랫폼 비즈니스를 만들어가고 있다. 네이버도 일본에서 라인 메신저를 성공시킨 후 태국, 대만, 인도네시아 등 동남아시아로 시장을 확장해가고 있다. 카카오와 네이버가 한국의 대표적인 플랫폼 기업이지만 글로벌 플랫폼 시장에서의 경쟁력은 아직 미미하다. 한국 기업이 글로벌 플랫폼 시장으로 진출하기 어려운 이유는 내수시장만으로는 시장이 너무 작고 영어가 모국어가 아니며 세계 경제의 네트워크를 형성할 수 있을 정도의 콘텐츠 장악력이 부족하기 때문일 것이다.

중국도 영어가 모국어는 아니지만 우리나라와 달리 14억 명에 가까운 내수시장 자체만으로도 엄청난 네트워크 효과를 만들어낼 수 있다. 이런 언어장벽과 내수시장의 한계를 극복하기 위해서는 다른 글로벌 플랫폼 기업들과는 차별화된 우리만의 콘텐츠와 서비스를 제공할 수 있어야 한다. 길거리 응원이나 글로벌 한류와 같이 세계인들이 관심을 가질 만한 독특한 콘텐츠로 승부하거나 음식, 게임, 뷰티, 그래픽 등과 같이 우리가 잘할 수 있고 우리만의 전통과 기술을 가진 산업에 디지털 기술을 접목해서 새로운 서비스와 플랫폼을 만들어 제공할 수 있어야 한다.

# 5

# 디지털 혁신과 디지털 파괴

가트너에서는 디지털화Digitalization를 '비즈니스 모델을 변경하고 새로운 수익과 가치창출 기회를 만들어내기 위해 디지털 기술을 사용하는 것'이라고 정의하고 있다. SAP는 디지털 트랜스포메이션을 '기업이 고객이나 비즈니스 파트너와 상호작용하면서 시장에서의 경쟁 방식을 변화시키고 새로운 가치를 창출하기 위해 디지털 기술을 사용하는 것'이라고 정의하고 있고 비즈니스 모델 변환을 위한 핵심이라고 주장한다. 반면 디지털 파괴는 새로운 디지털 기술을 사용해 기존 비즈니스와 산업을 혼란에 빠뜨리면서 기존 산업 생태계를 파괴하는 외부의 힘을 의미한다.

독일은 제조업이 강한 선진국으로 급성장하는 유니콘 기업들의 디지털 파괴에 대해 자국 제조업의 경쟁력을 어떻게 유지하고 발전시켜나갈지에 대한 고민으로 인더스트리 4.0을 주창하며 기업의 디지털 혁신을 이끌고 있다. 미국은 제조보다는 금융, 여행, 소프트웨어와 같은 서비스 업종이 핵심 산업이고 제조업에서는 상대적으로 글로벌 경쟁력이 약하다. 그렇다 보니 실리콘밸리를 중심으로 성장한 소프트웨어 기업들이 디지털 신기술을 활용해 혁신적인 서비스를 만들어내고 기존 시장 질서를 파괴하고 제조업 위에 군림하면서 시장의 주도권을 가져가는 디지털 파괴를 만들어내려고 노력하고 있다.

찰스 다윈은 진화론에서 "가장 강하거나 지능이 높은 종이 살아남는 것이 아니라 변화에 가장 잘 적응하는 종이 살아남는 것이다."라고 이야기했다. 너무도 익숙하지만 생물학에서뿐만 아니라 비즈니스와 경제에서도 진화론은 똑같이 적용되고 있다. 세계경제포럼의 창립자이자 회장인 클라우스 슈밥은 "새로운 세계에서는 큰 물고기가 작은 물고기를 잡아먹지 않는다. 빠른 물고기가 느린 물고기를 잡아먹게 된다."라고 말했다. 짧은 문장이지만 규모의 경쟁이 아닌 혁신의 속도 경쟁이 점점 더 중요해지는 오늘날의 비즈니스와 산업 생태계 환경을 가장 잘 표현해주는 문장이다.

기업이 비즈니스를 빠르게 성장시키기 위해 선택했던 가장 쉬우면서도 일반적인 방법은 인수합병이었다. 대부분의 경우 큰 회사가 작은 회사를 인수하며 그 목적은 미래의 경쟁사를 제거하거나 새로운 신사업을 준비하기 위한 것이었다. 경쟁사를 인수해 제거하는 경우는 새롭게 준비하는 신사업 영역에서 미래의 경쟁기업이 될 수 있는 신생 기업이 나타나면 그 회사를 인수해 제거하는 방식이다. 이런 경우, 인수합병 비용이 향후 발생할 수 있는 시장 경쟁 비용보다 경제적이라고 판단될 때 사용하는 악의적 인수합병 방식이다.

다른 경우는 미래에 투자하고 싶은 새로운 비즈니스 영역을 찾았지만 내부적으로 새로운 조직을 구성하고 사업을 준비하기에 너무

**에스앤피 500 기업의 평균 수명**

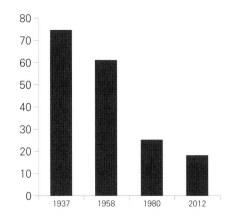

(출처: 크레딧스위스)

많은 시간과 위험이 따를 수 있다고 판단되는 경우이다. 그런 경우, 신사업 분야에서 높은 기술력을 보유한 규모가 작은 스타트업을 인수해 기존 비즈니스와 시너지를 만들어내는 목적의 인수합병을 추진한다. 하지만 디지털로 무장하고 혁신적인 비즈니스 모델을 가진 최근의 신생 회사들은 상상하는 것보다 훨씬 빠른 속도로 성장하고 미래에 대한 비전과 전략이 명확하기 때문에 과거처럼 쉽게 인수합병당하지 않는다.

리처드 포스터Richard N. Foster는 저서 『창조적 파괴Creative Destruction』에서 미국 주식시장에서 가장 가치 있는 500대 기업의 가치를 상징하는 에스앤피 500 지수가 빠르게 하락하고 있다고 밝혔다. 1958년 에스앤피 500대 기업의 평균 수명은 약 61년이었지만 오늘날 평균 수명은 불과 18년에 불과하며 2027년이 되면 에스앤피 500대 기업의 75%는 새로운 기업으로 바뀌게 될 것이라고 예측하고 있다. 위의 표는 스위스의 글로벌 투자은행인 크레딧스위스 애널리스트 팀이 조사한 '1937년부터 2012까지 에스앤피 500대 기업의 평균 수명 추이'를 보여주는 그래프이다. 에스앤피 500대 기업의 평균 수명은 1937년 첫 조사에서 75년을 시작으로 1958년에는 61년이었다가 1980년대까지만 하더라도 평균 수명이 25년을 넘었지만, 지난 80년 동안 지속적이고 급격한 하향세를 보이면서 2012년에는 18년까지 줄어든 상태이다. 앞으로 10년 후 기업의 평균 수명은 얼마나 될까? 지금 해당 산업의 기득권을 가지고 있다고 해서 앞으로 10년 후에도 계속 그 업종을 선도하고 지금과 같은 안정적인 비즈니스를 영위할 수 있을 것이라고는 아무도 장담할 수 없다. 『포브스』의 조사에서도 2000년 『포천』 500대 기업 가운데 2010년까지 살아남은 기업은 60%가 되지 않는다. 단 10년 사이에 포천 500대 기업의 40%가 사라진 것이다.

많은 변화의 원인이 있겠지만 최근 몇 년 동안 인터넷이나 클라우드 컴퓨팅을 포함한 디지털 기술의 출현이 시장과 비즈니스 방식을 완전히 바꾸어놓았고 기술의 힘을 이용한 혁신 기업들이 전통적인 산업 구조를 수십 년 전보다 훨씬 더 빠른 속도로 파괴하고 있다고 분석하고 있다.

# 6

# 변화와 혁신에 실패하는 기업

도도새는 변화의 적응에 실패한 사례로 자주 등장하는 대표적인 동물이다. 인류에 의해 최초로 멸종되었고 사진조차 남아 있지 않다. 도도새의 서식지는 인도양의 모리셔스 섬으로 따뜻한 날씨에 먹거리도 풍부했고 섬 내에서 도도새가 먹이사슬의 최상위에 있었기 때문에 다른 동물로부터 공격받을 위험도 없었다. 그러다 보니 날개는 퇴화되어 날 수 없게 되었고 물속을 헤엄칠 일도 없으니 물갈퀴도 생길 필요가 없었다. 오랫동안 생존에 아무런 방해 없이 잘살고 있던 도도새에게 큰 변화가 찾아온다. 1505년 포르투갈의 무역상들이 항해 중 모리셔스 섬을 발견하고 잠시 정착하게 된 이후 향료 무역을 위한 중간 경유지로 이용되었고 배가 고팠던 선원들이 도도새를 잡아먹기 시작했다. 이때부터 도도새의 개체수가 줄어들기 시작한다. 이후 네덜란드인들이 이 섬을 죄수들의 유배지로 사용하게 되면서 죄수들과 교도관을 포함해 개, 고양이, 원숭이와 생쥐들도 짐과 함께 섬으로 들어오게

1907년 출판된 월터 로스차일드의 책 『멸종 위기의 새』에서 도도새의 그림을 프레드릭 윌리엄 프로호크가 복원한 것이다. (출처: 위키피디아)

되었다.

깊은 숲 속이나 높은 곳에 둥지를 트는 다른 조류와는 달리 도도새는 길바닥에 알을 낳았기 때문에 섬으로 들어온 많은 포유류에게 쉽게 노출되었고 좋은 먹잇감이 되었다. 도도새는 자기보다 높은 위치의 먹이사슬에 있는 포유류가 섬으로 들어와서 자신의 종족과 알을 먹이로 먹었지만 여전히 사람을 두려워하지 않았다고 한다. 도도새는 환경 변화의 위험에 대해 인지하지 못했다. 결국 1505년 모리셔스 섬에 인간이 발을 들여놓은 지 150여 년 만에 희귀종이 되었고 1681년에 최후의 도도새가 사냥되면서 멸종되고 만다. 자연 생태계에서의 도도새와 비슷한 경우를 산업 생태계에서 찾아본다면 1892년 창업 후 110년 넘게 카메라 필름의 명가로 군림했던 코닥이 가장 대표적인 사례로 손에 꼽힌다.

코닥은 1976년 미국 필름 시장의 90%, 필름 카메라 시장의 85%를 차지했으며 코닥 모먼트Kodak Moment*라는 단어가 영어 사전에 신조어로 등재되었을 정도로 번영을 누렸다. 하지만 이런 시장 독점이 오히려 코닥의 비즈니스에 독이 되었고 전성기에 형성된 안이한 기업 문화가 몰락의 원인이 되었다. 결국 2012년 1월 파산신청을 하면서 세계를 깜짝 놀라게 했다.

코닥이 몰락한 데에는 다양한 이유가 있겠지만 외면적으로는 당연히 디지털 카메라 시장의 출현이었다. 당시 대부분의 사람들이 DSLRDigital Single Lens Reflex 방식의 디지털 카메라 한두 개씩은 가지고 있었고 필름 카메라를 찾는 사람들은 카메라 수집가나 사진 전문가가 아니면 쉽게 찾아보기 어려울 정도로 카메라 시장의 수요는 순식간에 디지털 카메라 시장으로 바뀌게 되었다.

재미있는 사실은 1975년 디지털 카메라를 세계 최초로 개발한 회사가 다름 아닌 코닥이었고 카메라 관련해서 세계 최고의 기술력을 보유하고 있었다는 것이다. 하지만 코닥은 디지털 카메라의 출현으로 인한 카메라 시장의 수요 변화를 과소평가하고 경쟁자들의 움직임을 제대로 파악하지 못했다. 더 큰 문제는 독점에 가까운 90%의 시장점유율을 가진 너무나도 안정적인 기존의 필름 사업을 버리지 못한 것이 가장 큰 몰락의 원인으로 꼽히고 있다.

시장과 수요는 빠르게 변하고 있었지만 코닥은 시장의 변화에 역행하며 디지털 카메라가 자신들의 주력 사업인 필름 사업에 방해가 된다고 생각해 등한시하고 방치하다시피 했던 것이다. 결국 필름 제조 중심의 화학 산업에서 디지털 카메라 중심의 하이테크 산업으로의 비

---

* 오래도록 사진으로 간직하고 싶은 잊을 수 없는 중요한 순간

즈니스 혁신을 이끌어내지 못했기 때문에 몰락한 것이다. 도도새가 그러했던 것처럼 100년 넘게 번성했던 코닥 역시 시장과 소비자들의 변화를 받아들이지 못하면서 단 몇 년 만에 몰락하는 고배를 마셔야 했다.

비즈니스 생태계의 또 다른 도도새 기업을 살펴보자. 1998년 노키아는 모토로라를 누르고 세계 1위의 휴대전화 제조업체로 등극하게 되고 이후 2007년 말에는 전 세계 휴대폰 시장의 40% 이상을 차지하게 된다. 당시 노키아는 핀란드 국내총생산GDP의 약 25%를 차지할 정도로 국민 기업이었고 모바일 시장에서뿐만 아니라 일반 기업들에게 있어서도 대표적인 성공 기업으로 손에 꼽혔다. 2003년 출시된 노키아 1100은 최소한의 기능만을 제공하는 저가형 피처폰이었지만 5년간 무려 2억 5,000만 대의 판매량을 기록하면서 단일기종으로는 전 세계에서 가장 많이 팔린 휴대폰으로 기록되기도 했다.

1865년 설립 이후 승승장구하면서 초일류 기업으로 성장한 노키아가 하루아침에 몰락의 길을 걷게 되었던 근본적인 원인은 모두가 잘 알고 있는 스마트폰 시장을 잡지 못한 것이다. 스마트폰 시장 초기에는 기존 노키아 고객들이 버텨주었기에 스마트폰 시장에서도 노키아는 높은 점유율을 유지할 수 있었다. 하지만 '통화 위주의 휴대폰을 핵심으로 하고 인터넷 같은 부가서비스는 덧붙이면 된다.'라는 식으로 기존 비즈니스 성공에 사로잡혀 외부 시장 변화에 둔감하고 안이하게 대응하면서 스마트폰 시장을 놓치게 되고 순식간에 몰락의 길을 걷게 되었다.

노키아는 애플이 아이폰을 출시하기 2년 전부터 터치 스크린을 포함하는 스마트폰을 개발하여 시장에 내놓았다. 당시 좋은 결과를 얻지는 못했다. 그렇다 보니 노키아는 애플이 2007년 아이폰을 처음 출시했을 때도 그다지 매력적인 제품이 아니라고 판단하게 된다. 코닥이 그러했듯이 노키아 역시 스마트폰을 먼저 출시했지만 자기들이 장악하고 있던 피처폰 시장을 놓을 수가 없었고, 아니면 놓기가 싫었고 그로 인해 스스로 몰락의 길을 걷게 되었던 것이다.

위의 표에서 볼 수 있듯이 2008년 노키아의 세계 스마트폰 시장점유율은 43.7%로 모바일 업계에서 절대 1위 자리를 지키고 있었다. 하지만 불과 5년 뒤인 2013년에는 시잠점유율이 3%까지 떨어지게 된다. 가트너에 의하면 2013년 상반기에 삼성이 31%, 애플이 18%로 같은 기간에 두 회사가 전체 스마트폰 시장의 49%를 장악하고 있었다. 애플의 iOS와 구글의 안드로이드가 스마트폰 운영체제의 양대산맥으로 자리잡은 사이에도 노키아는 고집스럽게 자체 모바일 운영체제인 심비안에 매달렸고 계속된 오판은 빠르게 몰락의 길로 이끌었다. 그렇게 2007년 애플의 아이폰이 등장한 이후, 노키아 주가는 전성기 때의 20분의 1로 떨어지게 되고 불과 몇 년 후인 2013년 9월 마이크로소프트가 노키아의 휴대폰 사업부를 인수하게 되는 수모를 겪어야만 했다.

노키아의 몰락에 대해 다양한 분석이 있지만 공통적으로 이야기하는 네 가지가 있다. 첫 번째는 기존에 장악하고 있었던 높은 시장점유율에 대한 자만으로 외부 환경의 변화를 받아들이지 않았다는 것이다. 두 번째는 피처폰 중심의 저가폰 전략이 신흥국 시장을 선점하는 효과는 있었지만 수익성에는 치명타를 주었고 이후 중국 제조업체와 경쟁하면서 엄청난 적자를 안게 되었다. 세 번째는 스마트폰의 기술 혁신을 먼저 이루어내고도 시장에서 성공시키지 못했고 경쟁력 있는

**전 세계 스마트폰 시장점유율 현황**

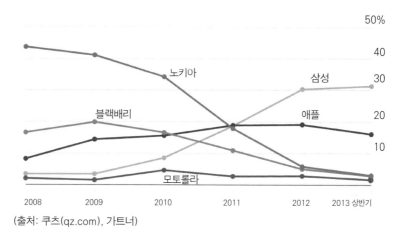

(출처: 쿠츠(qz.com), 가트너)

운영체제를 선택하지 못했던 것이다. 결국 삼성의 갤럭시와는 달리 아이폰의 위협에 충분히 대응할 수 없었던 것이다. 마지막 원인은 중간관리자들이 변화에 대한 필요성과 위험을 이미 인지하고 있었지만 자신의 안위를 생각해 경영층에 위기를 제대로 전달하지 않았고 이로 인해 회사가 정확한 의사결정과 시장 판단을 할 수 없었던 것이다.

반면 삼성전자는 애플이 석권하고 있었던 스마트폰 시장에 뒤늦게 뛰어들긴 했지만 2012년 3분기를 기점으로 전 세계 스마트폰 시장의 점유율을 35.2%까지 끌어올리며 짧은 시간에 세계 최고의 시장점유율을 기록하게 된다. 애플이 매출액이나 평균 판매가에서는 고가정책을 고수해 훨씬 우세했다. 하지만 당시 애플은 삼성의 절반 수준인 16.6%의 시장점유율을 기록하고 있었다.

미국의 경제 주간지 『블룸버그 비즈니스위크』에서는 삼성의 모바일 비즈니스 성공에 대해 네 가지 이유를 제시하고 있다. 첫 번째는 정확한 시장 흐름을 예측한 것이다. 노키아가 피처폰에 대한 미련을 버리지 못하고 있었을 때 삼성은 2010년 애니콜이라는 대표 브랜드를 포기하고 갤럭시S로 전환하면서 저가 피처폰 시장에서 과감하게 발을 뺏던 것이다. 그리고 애플은 하드웨어를 생산하지 않기 때문에 삼성에 부품을 주문해서 아이폰을 생산하고 있었다. 애플의 주문 정보는 삼성이 스마트폰의 미래 시장을 예측하고 준비하는 데 큰 도움을 주었다. 두 번째는 빠른 개발과 대량생산이 가능했다는 것이다. 삼성은 스마트폰 시장의 미래 성장성을 빠르게 인지하고 시장 초기에 애플 아이폰을 철저히 벤치마킹해 모방하는 전략을 선택했다. 다른 휴대폰 경쟁사들과 달리 삼성은 애플을 빠르게 쫓아갈 수 있었다. 세 번째는 막대한 마케팅에 대한 투자였다. 애플도 스티브 잡스가 모든 광고와 마케팅에 대한 기획과 연출을 직접 관여하고 관리할 정도로 마케팅에 많은 공을 들였지만 삼성 역시 갤럭시 출시 이후 삼성 스마트폰 광고를 언제 어디서나 접할 수 있었을 정도로 마케팅에 엄청난 투자를 하고 있었다. 네 번째는 통신사와의 성공적인 협력 모델을 만들었던 것이다. 지금은 소비자가 폰을 먼저 선택하지만 과거 모바일 시장에서는 통신사가 단말기 시장에 막대한 영향력을 행사하고 있었다. 애플은 통신사와의 협업 외에도 애플스토어라는 독특하고 애플스러운 자체 매장을 확장해가는 방식으로 판매망을 늘려갔다. 애플과 달리 자체 매장이 없었던 삼성이 선택한 방법은 이동통신업체들과의 긴밀한 협업이었다. 이를 통해 삼성 휴대폰은 날개 돋친 듯 팔려나갈 수 있었던 것이다.

그리고 삼성전자가 글로벌 기업으로 성장할 수 있게 한 핵심역량 중의 하나인 공급망 관리 능력은 스마트폰 시장에서도 그 힘을 여실히 보여주었다. 삼성전자는 스마트폰 시장의 흐름을 정확히 예측할 수 있었고 갤럭시폰에 필요한 대부분의 부품을 자체 수급했기 때문에 적기에 자재 공급이 가능했고 자체 생산으로 신속한 개발과 대량 생산을 가능하게 했던 것이다. 삼성은 세계 1위 기업이었던 노키아의 전략적 실패를 견제하면서도 고급 스마트폰과 플랫폼에 기반을 두고 있던 애플의 비즈니스 모델을 빠르게 쫓아가는 전략을 선택했다. 노키아가 심비안을 고집했던 것과는 달리 삼성은 애니콜과 자체 개발한 바다 플랫폼을 미련 없이 버리고 안드로이드 기반 오픈 플랫폼과 갤럭시 중심의 스마트폰 비즈니스로 전략을 빠르게 수정하게 된다. 피처폰 시장에서의 1등 기업 노키아에 대한 벤치마킹뿐만 아니라 스마트폰으로 무장하고 모바일 시장에 새롭게 진출한 보이지 않는 숨은 강자 애플도 견제하면서 삼성만의 시장과 경쟁력을 키워갔던 것이다. 이런 전략을 통해 삼성은 다른 휴대폰 기업들이 대부분 몰락했던 것과는 달리 스마트폰 시장에서 생존할 수 있었고 그들만의 성공 스토리를 만들어낼 수 있었다.

새로운 기술, 제품, 그리고 이를 통해 형성되는 새로운 시장은 엄청난 성공의 기회이자 동시에 변화에 적응하지 못하는 기업에게는 생존을 위협하는 위기가 된다. 디지털 시대에는 산업 간 경계가 빠르게 무너지고 있기 때문에 과거 함께 경쟁해왔던 동종 업계의 기업들만을 주시하는 것은 매우 위험한 접근이다. 업계 동향을 분석하기 위해 자주 사용되는 동종업계 분석, 이른바 벤치마킹 방식은 시장 변화에 대한 인식의 범위를 좁게 만들어 새롭게 떠오르는 디지털 시장의 위험요소를 간과하기 쉽게 한다.

매년 동종 업계의 선두 기업들을 추려내어 그들과 비교함으로써 항상 같은 결론을 도출하는 일을 반복할 가능성이 높은 것이다. 우리가 이런 조사결과를 믿고 만족하면서 안주하는 동안 인식하지 못한 디지털 시장의 새로운 강자가 출현해 기존 소비자와 시장을 순식간에 잠식해버린다. 시장을 바라보는 범위를 더욱 넓게 가져가야 하고 경쟁 기업들뿐만 아니라 우리의 고객과 소비자들의 동향을 예의 주시하고 지속적으로 관찰할 수 있어야 한다. 이를 통해 우리가 발견하지 못했던 숨은 디지털 요구를 찾아내고 그것을 해결함으로써 새로운 비즈니스 혁신을 만들어낼 수 있어야 한다. 새로운 비즈니스 혁신을 만들어내지 못한다면 최소한 삼성이 모바일 시장에서 그러했던 것처럼 새로운 디지털 시장이 열리는 것을 빠르게 인지하고 그런 변화에 따라갈 수 있어야 한다.

카메라 시장에서 디지털 카메라의 등장과 변성이 90% 이상의 시장 점유율을 차지하던 코닥이라는 공룡 기업을 파괴시킨 경우나 애플의 아이폰 출시가 과거 모바일 시장을 선점하던 노키아나 모토로라와 같은 초일류 기업들을 한순간에 몰락시켰던 것처럼 다양한 산업에서 디지털로 무장한 유니콘 기업들이 그들만의 네트워크를 형성하고 기존 시장을 위협하고 있다.

## 3장

# 디지털 혁신을 이끄는
# 핵심기술의 이해

고객 네트워크 기반의 광범위한 생태계와 디지털 플랫폼 기반의 혁신적인 서비스로 무장한 유니콘 기업들의 등장을 디지털 허리케인이라고 표현한다. 이는 인터넷, 사물인터넷, 클라우드 컴퓨팅, 빅데이터, 모바일, 인공지능, 블록체인 등과 같은 디지털 기술로 무장한 스타트업 기업들이 서비스 업종이나 전자상거래 업종을 포함한 거의 모든 산업에 허리케인처럼 나타나 기존 산업 생태계 구조를 파괴하고 있기 때문에 붙여진 이름이다.

금융 서비스, 엔터테인먼트, 스포츠, 유통, 하이테크 등의 산업에서는 유니콘 기업의 등장이 전통적인 기업의 생존을 위협할 정도의 허리케인급으로 간주된다. 생명과학, 헬스케어, 운송, 소비재 상품, 의류, 자동차, 유틸리티, 산업용 기계, 엔지니어링과 건설 등의 업종에서는 태풍 정도의 영향력으로 표현하고 철강, 광산, 석유, 화학 산업 등과 같은 전통적인 B2B 제조업은 고가의 인프라 투자 없이는 비즈니스 수행이 힘들기 때문에 강풍 정도의 영향력으로 표현한다. 산업에 따라 정도의 차이는 있겠지만 디지털 허리케인은 모든 산업과 모든 국가에 위험이자 동시에 기회로 인식되고 있다.

많은 선진국에서는 디지털 허리케인의 위험을 이미 인지하고 있고 범 정부 차원의 중장기 전략과 실행 계획을 수립해 정부 주도하에 디지털 혁신을 준비하며 이끌어가고 있다. 특히 국가 경제 성장률이 제조업의 성장에 기인한다는 사실을 인지한 이후 지난 10여 년간 선진국들을 중심으로 각국의 제조업 부흥을 위한 국가 차원의 많은 연구와 노력이 진행되고 있다. 인더스트리 4.0이 발표된 이후 산업 단체나 국제 표준화 기구, 국가별, 기업별로 다양한 단체와 영역에서 제조업을 중심으로 세계 경제의 주도권을 잡기 위한 헤게모니 전쟁이 진행 중이다.

많은 선진국들이 디지털 허리케인에 대비해 제조업을 포함한 자국의 산업을 보호하고 더 나아가 자국의 기업들이 디지털 기술을 활용해 비즈니스 혁신을 이루고 글로벌 경쟁력을 높일 수 있도록 부단히 노력하고 있다. 미국은 GE, IBM, AT&T, 시스코 등 제조와 IT 시장을 이끄는 미국의 대표적인 기업들을 포함해 27개국에서 220개 이상의 글로벌 기업들이 참여하는 '산업 인터넷 컨소시엄IIC, Industrial Internet Consortium'이 대표적이다. 산업 인터넷 컨소시엄은 산업용 인터넷 시장에서 주도권을 확보하고 제조업의 주요 이슈들을 해결하기 위한 실질적인 과제를 중심으로 활동하고 있다. 또한 정부 예산으로 만들어진 기관인 '스마트 제조 리더십 연합SMLC, Smart Manufacturing Leadership Coalition'은 스마트 제조 플랫폼에 대한 프로토타입을 개발해서 공급하는 역할을 한다.

중국은 '제조 2025'를 발표하고 정부 차원에서 중국의 미래 제조업 발전 계획을 수립해 추진하고 있다. 중국은 사회주의에 기반을 둔 국가이기 때문에 정부 주도의 이런 혁신 활동이 다른 모든 선진국에는 엄청난 위협이 아닐 수 없다. 일본은 최근 잃어버린 20년의 불황을 극복하고 제2의 전성기를 맞고 있다고 할 정도로 경기가 활황이다. 특히 일본 정부에서는 로봇 기술을 통해 지난 20년간의 경기 침체기를 극복하고 자국의 강점인 기계, 계측, 자동화 제품들의 스마트화를 통해 미래 로봇 시장에서의 입지를 강화하기 위한 '로봇 혁명 이니셔티브 RBI: Robot Revolution Initiative' 활동을 추진하고 있다. 유럽에서도 프랑스의 '미래 산업과의 제휴'나 이탈리아의 '산업국가 계획' 등 각 선진국들은 국가 차원에서의 다양한 활동들을 활발하게 진행하고 있다.

4차 산업혁명을 처음 주창한 독일은 2011년 '하이테크 전략 2020 High Tech Strategy 2020'이라는 국가 전체의 변화와 미래 제조업을 준비하기 위한 계획과 전략을 수립했다. 그중 정보통신기술을 활용해 독일 제조업의 경쟁력을 강화하기 위한 실행 전략으로 수립한 것이 인더스트리 4.0, 즉 4차 산업혁명이다. 4차 산업혁명이 대두되게 된 배경과 구체적인 발전 단계에 대해서는 다음의 여러 챕터에 걸쳐 자세히 다루고 있다.

# 1
# 인류의 역사와 4차 산업혁명의 도래

수세기 전부터 제조업은 끝없는 발전과 변화를 거듭해왔고 점점 더 빠른 속도로 변화는 계속되고 있다. 수세기 동안의 기술 발전과 가용성이 인간의 삶을 근본적으로 바꾸어왔고 혁신을 만들어왔다. 즉 기술의 혁신이 제조업의 혁명을 이끌었다. 우리가 잘 알고 있는 18세기 말 1차 산업혁명 외에도 이미 수차례의 산업혁명이 진행되어 왔다. 이런 산업혁명을 거치면서 최종 소비자에게는 훨씬 더 다양한 가치와 좋은 품질의 제품과 서비스 공급이 가능해지게 되었다. 1차 산업혁명에 대해서는 다들 잘 알고 있지만 2차, 3차 산업혁명에 대해서는 익숙하지 않은 사람들이 많다. 4차 산업혁명에 대해 알아보기 전에 과거의 기술 혁신과 산업혁명의 발전 과정을 간단히 살펴보자.

우리 모두에게 익숙한 1차 산업혁명은 18세기 말 수력과 증기기관의 개발 공급으로 인류 최초의 기계식 생산 설비가 사용되면서 시작되었다. 당시 의류, 직물, 철강 등이 주요 제품이었다. 이 시기가 농업

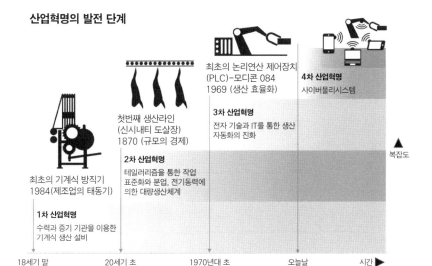

**산업혁명의 발전 단계**

최초의 논리연산 제어장치
(PLC)-모디콘 084
1969 (생산 효율화)

**4차 산업혁명**
사이버물리시스템

첫번째 생산라인
(신시내티 도살장)
1870 (규모의 경제)

**3차 산업혁명**
전자 기술과 IT를 통한 생산
자동화의 진화

**2차 산업혁명**
테일러리즘을 통한 작업
표준화와 분업, 전기동력에
의한 대량생산체계

최초의 기계식 방직기
1984(제조업의 태동기)

**1차 산업혁명**
수력과 증기 기관을 이용한
기계식 생산 설비

복잡도

18세기 말     20세기 초     1970년대 초     오늘날     시간 ▶

(출처: 독일인공지능연구소DFKI, 2011)

과 가내수공업 중심의 산업에서 제조업 중심으로 산업이 전환되는 시점이며 산업혁명의 태동기라고 볼 수 있다.

인류는 1차 산업혁명을 통해 모직이나 철강 등의 생필품에 대한 접근성을 확보할 수 있게 되었다. 그렇게 100여 년이 지나게 되고 20세기 초 테일러리즘을 통한 생산의 표준화가 강화되고 생산라인에서는 전기 동력을 사용하는 자동화 설비들을 조금 더 광범위하게 활용할 수 있게 되면서 대량생산이 가능해지게 되었다. 자동화를 통한 대량생산을 통해 규모의 경제가 시작되고 소비자 가격도 하락하게 된다. 이 시점이 2차 산업혁명으로 볼 수 있다.

3차 산업혁명은 1960년대 말에서 1970년대 초 컴퓨터가 등장하고 컴퓨터 기술과 전자 기술이 공장의 생산라인 자동화에 활용됨으로써 생산 효율성이 엄청나게 높아지는 시기이다. 이 당시 기업의 목표와 전략은 생산 효율성을 극대화하는 것이었고 컴퓨터를 통해 자동화된 공장을 운영함으로써 생산라인에서는 고용을 줄여가게 된다.

오늘날은 컴퓨터와 인터넷, 모바일, 통신 등 정보통신기술의 급격한 발전과 함께 컴퓨팅 파워가 좋아지면서 물리적인 사물과 사이버 공간에 존재하는 가상의 모델을 결합시키는 것이 가능하다. 이런 시스템을 사이버물리시스템CPS, Cyber Physical System이라고 하는데 4차 산업혁명의 근간이 되는 기술이다. 사이버물리시스템을 통해 생산의 패러다임이 진화하고 혁신적인 비즈니스 모델들이 나오기 시작하면서 3세대에서는 경험할 수 없었던 고차원의 서비스와 상품 개발도 가능하게 되었다.

사물인터넷과 빅데이터와 고급 분석을 포함하는 다양한 디지털 기술들을 활용하면 과거에는 추적하고 관리하고 활용하는 것이 불가능했던 정보들도 실시간으로 접근해서 다양한 제품과 서비스에서 바로 사용할 수 있게 된다. 공장 내 설비뿐만 아니라 공급망 전체에 엮여 있는 모든 사물과 사람들을 서로 연결함으로써 글로벌 차원의 프로세스나 현재 비즈니스의 상태와 성과를 모니터링하고 추적할 수 있는 가시성을 확보할 수 있다. 이는 프로세스 혁신을 넘어 새로운 비즈니스의 가능성을 만들어주고 있다. 또한 공급 업체, 서비스 업체, 고객 등을 포함하는 비즈니스 파트너와 내부 직원 간의 긴밀한 협업이 가능해지면서 이를 통한 상호 이익을 창출할 수 있는 새로운 비즈니스 기회가 만들어진다.

우리가 과거 산업혁명을 거치면서 경험했던 공통적인 교훈은 그 이전 혁명에서 성공했던 기업들의 대부분은 새로운 산업혁명 과정에서는 살아남지 못했다는 것이다. 그들은 증기, 전동기, 컴퓨터 등과 같은 새로운 기술을 기술 자체로만 보았고 그로 인한 시장 변화와 산업 변화의 큰 흐름을 인지하지 못했거나 아니면 인정하고 싶어하지 않았다. 시장은 변하고 있었지만 그들에게 익숙하고 과거 성공을 안겨주었던 방식을 계속 고집했던 것이다. 반면 산업혁명 과정에서 혜성처럼 새롭게 등장했던 성공 기업들은 이런 신기술들을 활용해 과거 기업들의 생산방식이나 판매방식과는 완전히 다른, 이전과는 비교되지 않는 높은 효율성, 유연성, 생산성, 확장성을 제공하는 지능적이고 똑똑한 비즈니스 모델을 만들어내면서 각 산업의 새로운 지배자로 군림할 수 있었다.

지금 수많은 기업들은 또 한 번의 산업혁명의 시기를 겪고 있다. 사물인터넷, 빅데이터, 클라우드 컴퓨팅, 머신러닝, 블록체인 등 수많은 디지털 기술들은 기술 자체로도 큰 의미가 있다. 하지만 과거 교훈을 되새기며 이런 기술들이 미래 산업과 미래 시장과 고객들을 어떻게 바꾸게 될지에 대해 위기감을 가지고 더욱 깊이 있게 고민해야 하고 그에 대한 비즈니스 모델 변화와 혁신적인 서비스를 만들어가야 한다.

## 1차 산업혁명 – 제조업의 태동

산업혁명 이전 인류는 수렵과 농경 중심의 사회에서 생활했고 필요한 물품은 기계를 사용한 생산방식이 아닌 간단한 도구를 사용하는 가내수공업 방식으로 직접 만들어 사용해왔다. 수만 년 동안 농업과 가내수공업 중심의 산업에서 생활했으며 부지런한 농부들은 힘든 노동을 하면서도 가난하게 생활했다. 노동과 생산의 결과물과 잉여식량들은 극소수의 지배자와 귀족들을 위한 것이었고 그들만의 물질문명을 만들어왔다. 근대 후기까지도 인류의 90% 이상은 농업에 종사하고 있었다. 그들의 노동으로 극소수의 엘리트 계층은 왕궁을 건설하

**기계식 방직기를 이용한 생산 현장**

(출처: 위키피디아)

고 사원을 짓고 호의호식하며 잘살아왔다.

그런 수렵과 농경 시대의 역사를 뒤로 하고 18세기 말 산업혁명을 거치면서 귀족과 노동자 사이의 중간 계층에 해당하는 중산층이 생겨나기 시작하면서 엄청난 사회적인 변화가 일어나게 되었다. 중산층을 통해 부의 분배가 시작되고 더 이상 극소수의 엘리트 계층이 부와 권력을 독차지할 수 없게 된 것이다. 그 시작이 바로 18세기 말 증기기관과 수력을 이용한 자동화된 기계가 개발되고 공급되면서 시작되었다. 가정이 아닌 전기를 사용하여 물건을 생산할 수 있는 특수 목적의 기계가 설치된 공장에서 물건을 만들어내기 시작하면서 자동화된 생산이 조금씩 시작된다. 나름의 대량생산을 하지만 제품은 의류, 직물, 철강과 같은 기본적인 생필품 중심의 제한된 종류의 물품 생산에 집중하고 있었다. 이런 1차 산업혁명을 거치면서 소비자들은 가내수공업 때와는 비교할 수 없을 정도의 훨씬 좋은 품질의 생필품들을 좀 더 쉽게 공급받을 수 있게 되었다.

섬유나 철강과 같은 제품의 공급뿐만 아니라 서비스 영역에서도 증기보트나 증기기관차와 같은 교통수단이 개발되기 시작하고 미주와 유럽 간의 대서양을 횡단하는 전신케이블이 개설되면서 통신 수단에서도 많은 발전을 거듭하게 되었다.

## 2차 산업혁명 – 규모의 경제

1차 산업혁명 이후 100년 정도 그 상태가 유지되고 전기에 대한 가용성이 점차 확대되면서 공장에서는 더 많은 정교한 기계들을 사용하는 것이 가능하게 되었다. 더불어 테일러리즘을 통해 작업 절차를 표준화해 분업화시키고 시스템화시킴으로써 공장의 생산성 향상을 높이는 데 집중하기 시작한다. 이런 활동을 통해 공장의 리소스 낭비를 최소화시키고 직원들의 업무능력을 향상시킴으로써 업무 표준화와 생산성 향상으로 이어지게 된다. 기업은 생산 효율화를 통해 지속적인 기업 성장이 가능함을 인지하게 되는 시기이다.

2차 산업혁명을 통해 대량생산 중심의 규모의 경제 체제로 산업 구조가 재편성되는데 대량생산의 시발점이자 가장 대표되는 기업은 포드이다. 포드는 모델T라는 자동차를 컨베이어벨트 위에 올려놓고 푸시 방식이라고 하는 대량생산 컨베이어 방식을 생산 공정에 적용하면서 엄청난 기업 성장을 이루어낼 수 있었다. 2차 산업혁명을 거치면서 포드 자동차와 같은 자동화된 생산라인을 갖춘 현대화 공장들이 점점 많이 등장하게 되었다. 이런 고도화된 공장들을 통해 더욱 정교한 제품과 물건들을 대량으로 생산해 공급함으로써 소비자들은 저렴한 가격으로 더 많은 물건들을 공급받을 수 있게 되었다.

**1920년대 포드 모델 T 조립 라인**

(출처: RTE, Raidió Teilifís Éireann)

### 3차 산업혁명 – 자동화 및 생산 최적화

2차 산업혁명 이후 생산기술과 생산 프로세스를 계속해서 발전시키고 개선해나가면서 1970년대 초반까지는 대부분의 기업들이 대량생산을 기업의 핵심 경쟁력으로 생각하고 생산성 향상에 집중하는 시기였다. 1970년대에 접어들면서 공장 기계에서도 컴퓨터 기술을 활용할 수 있는 수준으로 소프트웨어와 하드웨어 기술이 발전하게 되었다. 기존에 사람의 손으로 하던 단순 제조 작업들을 컴퓨터를 활용한 기계조작으로 자동화해가기 시작하던 시기이다.

대표적인 예가 나사를 깎거나 물건을 절단하는 선반과 같은 공작기계에 컴퓨터 기술을 접목해 자동화한 것이다. 기계는 점점 복잡해지고 자동화되며 결과적으로 제조 공정 전체에 컴퓨팅 기술이 적용되기 시작하면서 CAMComputer–Aided Manufacturing, 즉 컴퓨터를 이용해 제조 공정을 완벽하게 자동화시키고 제어 가능하게 되었다. 나아가 상

**컴퓨터를 이용한 생산 제어 및 자동화**

품 개발에서 생산에 이르는 전체 공정에서 CAM뿐만 아니라 상품 디자인, 엔지니어링, 생산 계획, 품질관리 등의 모든 영역에서 컴퓨터를 활용한 자동화 기술들이 통합되어 사용되게 된다. 당시 많은 기업들은 생산현장에서 인력을 최소화하고 자동화된 기계와 컴퓨터를 활용한 공장 자동화를 기업의 목표이자 전략으로 삼고 있었다. 그래서 실제로 생산현장의 많은 노동 인력들이 줄어들었던 시기이기도 하다.

3차 산업혁명을 통해 소비자들은 좀 더 복잡하고 개선된 기능을 가진 제품들을 제공받을 수 있게 되었고 제품의 가격도 지속적으로 하락하게 된다. 이 시기는 생산 최적화와 원가 절감이 기업 경영의 최대 관심사였다. 시장은 여전히 한정된 종류의 제품에 대한 대량생산, 즉 매스마켓 중심으로 발전하고 있었다.

# 2
# 제조업의 위기의식과
# 4차 산업혁명의 출현

 지금까지 세 차례의 산업혁명을 거치면서 1차 산업혁명은 증기기관을 발명한 영국을 중심으로 유럽이 주도권을 잡았다. 2차 산업혁명은 전기의 상용화와 포드와 같은 대량생산 체제를 만들어낸 미국이 주도권을 잡았다. 3차 산업혁명에서는 PC와 인터넷을 기반으로 하는 정보화 사회가 주류였다. 이 시기 역시 실리콘밸리의 거대 IT 기업들을 중심으로 미국이 주도권을 계속 유지하고 있었다. 우리나라도 3차 산업혁명 시기에 초고속 인터넷을 구축하고 스마트폰을 포함한 이동통신 서비스에 대한 과감한 투자를 통해 정보통신 강국이라는 이미지를 굳혔고, 경제적인 급성장을 이루어낼 수 있었다.

 재미있는 사실은 1990년대 말 구글에서 지멘스나 보쉬와 같은 유럽의 대기업들을 찾아가 앞으로 소프트웨어가 4세대 산업혁명의 기반이 될 것이고 제조업에서도 소프트웨어 기술을 적용하지 않는다면 미래 경쟁에서 도태될 수 있다고 제안했다. 하지만 1990년대 말까지만 하더라도 유럽의 대기업들은 전통적인 제조업에 익숙했기에 때문에 그런 것은 필요없다고 생각했고 구글의 제안을 귀담아듣지 않았다. 그때까지 유럽의 제조 기업들은 생산성과 효율성을 중심으로 산업을 이끌어가겠다고 하면서 구글의 제안을 받아들이지 않았던 것이다.

독일은 이후 2010년대 초반부터 디지털 기술이 자신들이 이끌어왔던 전통적인 제조 산업을 파괴할 수 있다는 위기감을 인지하고 제조업의 경쟁력을 유지하고 시장 지배력을 더욱 강화하기 위해 제조 산업에 디지털 혁신 기술을 적용해 디지털 변혁을 이루어야 한다고 주장하기 시작한다. 독일 공학한림원 아카텍Acatech의 회장으로 재임 중인 헤닝 카거만Henning Kagermann 박사는 유럽경제연합에서 "근본적인 경제구조의 변화가 일어나고 있지만 유럽의 기업들은 아직도 충분히 대비하고 있지 못하다."라고 이야기하면서 유럽 기업들에게 4차 산업혁명에 대한 경고의 메시지를 전달하고 독일 제조업을 위한 정부 차원에서의 지원과 준비를 시작하게 된다.

한국의 KT와 같은 독일 중심의 유럽 통신 회사인 도이치 텔레콤의 CEO인 디모데우스 호테스Timotheus Höttges는 "유럽이 산업의 네트워크화를 신속하게 추진하지 않는다면 향후 디지털 재해를 입게 될 것이다."라고 이야기하면서 유럽이 4차 산업혁명을 준비하지 않는다면 3차 산업혁명까지 이루어왔던 성과가 한순간에 무너지고 유럽 경제는 1차 산업혁명 이전의 경제 수준으로 돌아갈 것이라고 경고하고 있다.

2016년 1월 다보스 포럼에서 클라우스 슈밥 세계경제포럼 회장이 4차 산업혁명을 포럼의 주제로 제시하면서 세계적인 관심을 끌기 시작했다. 당시 클라우스 슈밥 회장은 4차 산업혁명을 물리, 디지털, 바이오 기술들이 디지털 혁명의 토대 위에서 상호 융합하면서 인공지능 로봇을 비롯한 다양한 분야에서 획기적인 기술 발전이 나타나고 있다고 해석했다. 그 이후 디지털 트랜스포메이션, 사이버물리시스템, 인공지능 등 여러 개념들이 추가되면서 4차 산업혁명의 실체와 미래 모델에 대한 논의와 연구가 활발하게 진행 중이다.

4차 산업혁명 시대에는 어떤 기업도 안전할 수 없고 미리 준비하지 않는다면 누구라도 제2의 코닥과 노키아가 될 수 있다는 것을 인지하기 시작한 것이다. 4차 산업혁명은 2012년 독일 정부가 발표한 국가 과학기술 육성 정책인 하이테크 전략 2020의 10대 미래 프로젝트 중 하나인 인더스트리 4.0을 기반으로 한다. 독일은 제조업 강국으로 지금까지 지켜왔던 제조업의 권위를 계속 유지하면서 한 단계 더 발전시키지 않으면 디지털 기술로 무장한 신생 기업에 위협받을 수 있다는 고민으로 시작하게 되었다. 4차 산업혁명의 핵심은 정보통신기술과 디지털 기술을 제조업에 융합함으로써 완전한 생산 자동화를 구축하고 생산 공정의 최적화를 이끌어내기 위한 제조업의 혁신 정책을 의미한다. 인더스트리 4.0은 기업용 소프트웨어의 글로벌 선두 기업인 SAP의 전임 회장이었고 독일 정부의 4차 산업혁명을 대표하면서 독일 공학한림원 회장으로 재임 중인 헤닝 카거만 박사에 의해 최초로 언급되고 고안되었다.

독일에서 인더스트리 4.0으로 시작된 '4차 산업혁명'은 중국의 저가 생산을 포함한 글로벌 경쟁의 심화, 저출산과 고령화로 인한 생산 인구의 감소, 고임금 산업 구조, 자원 사용과 에너지 효율의 한계, 도시와 공장의 공존 문제 등과 같은 어려운 산업 과제들을 해결하면서 독일 제조업의 경쟁력을 계속 유지하고 강화해나갈 수 있는 방법을 고민하면서 시작된 개념이다. 독일을 시작으로 유럽과 미국뿐 아니라 중국이나 일본에서도 4차 산업혁명 시대 세계 경제의 주도권을 잡기 위한 정부 차원의 엄청난 투자와 노력을 아끼지 않고 있고 국가별 활발한 연구가 진행되고 있다.

　대한민국 역시 자동차, 조선, 철강, 전자, 화학 등 제조업이 우리나라의 경제 성장을 이끌어왔다. 지금은 노동 인력의 고령화와 저출산이 심각한 사회문제로 대두되고 있고 글로벌 경기 침체와 중국의 매서운 추격과 저가 경쟁 등 사회 경제적 문제의 심각성은 독일보다 더 하면 더했지 덜하지는 않을 것이다. 저출산과 고령화로 인한 미래 노동 문제를 해결하기 위해서는 노동 인력의 업무 생산성을 높여야 하고 동시에 경제활동 가능 인구를 양적으로도 확보할 수 있어야 한다. 이를 위해 초기 인더스트리 4.0에서는 설비 자동화를 통한 생산 효율 최적화에 초점을 맞추고 있다.

　4차 산업혁명을 거치면 제조업의 패러다임이 또 한 번 바뀌게 될 것이다. 자동화된 공장에서는 현장 작업보다는 소프트웨어로 개발된 새로운 생산 시스템을 통해 원격지에서 작업을 감독하고 처리하게 된다. 이런 새로운 환경에서 업무 수행이 가능한 숙련된 인력을 확보하기 위해서는 미래 기술과 새로운 업무 방식에 대한 교육이 반드시 병행되어야 한다.

　독일은 제조업의 성공적인 디지털화를 이끌어내고 사회적 합의를 도출하기 위해 범정부 차원의 독일 정부 IT 정상회담을 결성하고 정부, 산업 전문가, 학계 대표 등이 한자리에 모여 독일 산업의 디지털화에 대한 방향과 이슈와 고민을 함께 논의해가고 있다. 이 행사는 메르켈 총리가 직접 디지털총책임자Digital Officer로 활동하고 있을 정도로 독일 정부 역시 적극적인 참여와 지원을 아끼지 않고 있다. SAP, 지멘스, 도이치 텔레콤, BMW 등 산업별 독일 대표 기업들도 함께 참여해 디지털화 이슈를 종일 논의하고 합의를 도출한다.

노조와 사측뿐만 아니라 학계, 산업 전문가 등 다양한 이해관계자들 간의 의견과 주장이 다를 수 있기 때문에 4차 산업혁명을 성공적으로 추진하기 위해서는 정부의 역할이 무엇보다 중요하다. 국가 차원의 전략수립과 지원계획이 반드시 선행되어야 한다. 이런 관점에서 중국은 사회주의 국가라 정보 활용, 공장 자동화, 산업 최적화 등에 필요한 정책 수립 시 노사 간의 갈등이나 어려움이 거의 없어 정부 주도의 빠른 변화와 혁신을 이끌어낼 수 있다. 이에 반해 정보 보호나 노조가 강한 독일이나 한국의 경우는 4차 산업혁명을 추진하기 위한 이해 당사자 간의 소통과 합의에 많은 시간을 필요로 한다. 이는 4차 산업혁명의 실행을 통한 제조업의 디지털 혁신을 더디게 할 수 있고, 결국 제조업의 국가경쟁력을 유지시키면서 고부가가치 산업으로 발전시키는 것을 방해할 수 있다.

일반적으로 근로자들을 포함한 제조업 관련자들은 4차 산업혁명을 통한 자동화와 생산 최적화로 인해 자신들의 일자리를 잃게 될지도 모른다는 두려움을 가지고 있다. 하지만 4차 산업혁명은 기업의 지속 성장뿐만 아니라 국가 경제의 성장과 발전을 위해서도 반드시 필요한 과정이다. 디지털화에 도태되거나 실패하면 중국을 포함한 저가 노동력을 기반으로 하는 제조 기업들과의 가격 경쟁이나 새롭게 등장하는 디지털 혁신 기업들과의 서비스 경쟁에서 점점 더 밀리게 된다는 것을 모든 이해관계자들이 같이 공감하고 위험을 인지하고 함께 준비해 나갈 수 있어야 한다.

독일은 매년 IT 정상회담을 통해 디지털 혁신과 변화의 중요성을 적극적으로 설득하고 있고 공학한림원인 아카텍을 중심으로 정부 차원에서 변화에 대한 준비를 꾸준히 추진해왔다. 이런 과정을 통해 독일은 장기적인 계획과 실행 전략을 수립하고 국가 전체의 나아가야 할 방향과 해결해나가야 할 과제들을 구체적으로 정의하여 실현해가고 있다. 초기 수많은 시행착오를 경험했고 지금도 노조를 포함한 다양한 이해관계자들과의 대화와 합의를 위해 지속적인 노력을 하면서 산업 전반의 변화를 순조롭게 진행해가고 있다. 기업은 생산 공정뿐만 아니라 제품과 서비스의 디지털화를 통해 스스로의 산업 경쟁력을 높여가야 하고 정부는 4차 산업혁명을 통해 변화하는 시대의 미래 인재 육성에 집중해야 한다. 4차 산업혁명은 기존 산업에 디지털 기술을 접목해 미래 비즈니스 기회를 창출하는 것이다. 4차 산업혁명 시대에 글로벌 경쟁력을 갖춘 소프트웨어 인재를 육성하고 확보하는 것이 정부의 중요한 역할이다. 이는 국가 미래 경쟁력의 초석이 될 것이다.

독일정부는 직업교육 4.0 위원회Berufsbildung 4.0를 구성하여 젊은 세대뿐만 아니라 기존 기성세대들도 미래 노동 구조 변화에 효과적으로 대응하고 미래 직업을 준비할 수 있도록 다양한 교육 프로그램을 만들어 지원하고 있다. 독일의 대표적인 글로벌 소프트웨어 기업인 SAP는 독일의 인더스트리 4.0 위원회에서 실행을 위한 기술 플랫폼 부문 테스트베드 역할을 담당하면서 4차 산업혁명과 소프트웨어 인재 육성을 위해 독일 정부와 긴밀히 협업해가고 있다. 또한 다양한 산업의 여러 선도 기업들과 디지털 혁신을 위한 수많은 파일럿 프로젝트들을 수행하면서 4차 산업혁명의 현실화를 위한 논의를 지속하고 있다.

예를 들어 독일에서는 SAP가 사물인터넷, 빅데이터, 클라우드 컴퓨팅, 머신러닝, 블록체인, 고급 분석 등으로 구성되는 디지털 기술 플랫폼을 제공하고 있고 지멘스는 SAP 플랫폼 기반에서 제조 기업들의 생산 설비 관리와 운영을 위한 산업 플랫폼을 제공하고 있다. SAP의 클라우드 플랫폼은 현장 데이터의 취합, 저장, 분류, 분석, 예측 및 가시화를 가능하게 하고 지멘스는 SAP 클라우드 플랫폼을 통해 생산 기계와 연동해 데이터를 취합해 분석하고 생산 시 발생하는 문제에 대한 솔루션과 지원 서비스를 제공하고 있다. 지멘스를 포함한 유럽의 수많은 선진 기업들이 SAP 플랫폼을 활용해 제품의 생산뿐만 아니라 구매, 인사, 재무와 같은 핵심 업무 프로세스의 효율화와 자동화를 진행하고 있고 산업별 고유 업무에 대해서도 디지털 기술을 접목한 스마트 제품과 스마트 서비스들을 만들어나가고 있다. 서비스와 제품 자동화의 구체적인 단계에 관한 다수의 실험과 파일럿 프로젝트

**4차 산업혁명을 넘어 서비스 세상으로**

| 생산 프로세스, 가치사슬, 현장에 대한 재고 | 비즈니스 모델, 산업 생태계에 대한 재고 |
|---|---|
| **패러다임 전환 1단계 : 인더스트리 4.0** | **패러다임 전환 2단계: 스마트 서비스 세상** |
| • 중앙 집중식 제어에서 자체 조직으로 제어 분산<br>• 스마트 팩토리, 연결되고 자동화된 생산 | • 소비자 개인별 역할을 고려한 사용자 중심<br>• 스마트 데이터 기반의 개인화된 온디맨드 서비스 |

(출처: 아카텍)

를 진행하고 있으며 SAP와 같은 글로벌 소프트웨어 기업을 통해 자체 기술 경쟁력을 확보하고 있다.

4차 산업혁명은 독일이 지금까지 지켜온 제조업의 경쟁력을 계속 유지하고 더욱 발전시키기 위한 국가 전체의 변화와 미래 전략을 수립하고 정보통신기술을 활용해 미래 전략을 실행 전략으로 만들어내는 과정에서 시작된 것이다. 2013년 4월 출간된 1차 백서에서는 과거 중앙에서 통제하던 조직 모델을 자체적으로 관리 가능한 분산된 조직 모델로 전환하는 것과 현장의 생산 환경을 스마트 팩토리화함으로써 서로 연결하고 자동화하는 것을 주요 내용으로 다루고 있다. 즉 관리의 효율성을 높이고 스마트 팩토리 형태의 현장 자동화와 스마트화에 초점을 맞추고 있다.

2015년 3월 출간된 2차 백서에서는 인더스트리 4.0으로 제조업의 4차 산업혁명을 완성했다면 다음 단계로 제조의 자동화와 최적화를 넘어 스마트 서비스 세상으로 비즈니스 모델을 혁신하고 확장해야 한다는 것이다. 제조업 역시 생산 현장과 고객과 공급사로부터의 다양한 디지털 데이터를 활용해 모든 것을 개인화하고 필요할 때 적시에 소비자 맞춤형 서비스로 제공할 수 있어야 한다는 것이 주요 요지이다. 2차 백서에서 권고하는 스마트 서비스 세상Smart Service Welt은 1차 백서에서 완성된 인더스트리 4.0을 기반으로 디지털 기술을 의료, 운송, 에너지, 건설, 서비스 등 산업 전반의 디지털 경제로 확산해서 이행해야 한다는 좀 더 폭넓은 계획을 담고 있다.

4차 산업혁명 추진을 위한 다른 선진국들의 노력과 성장 속도에 비해 한국은 아직도 제조업을 비롯한 대부분의 산업에서 이전 비즈니스 모델에 집착하고 있다. 중국에서 생산되는 저가 제품이나 애플과 같은 고급 제품에 이르기까지 여전히 가격이나 제품의 기능 중심 경쟁에 바빠 새로운 미래 산업을 제대로 찾아내지 못하고 있다. 정부에서도 4차 산업혁명 추진 위원회가 만들어졌지만 독일이나 중국 등 다른 나라와 같이 구체적인 중장기 전략이나 실행을 위한 이행 계획 등은 아직 준비되지 않고 있다.

미국 역시 실리콘밸리의 수많은 소프트웨어 공룡 기업들이 엄청난 고용 창출과 높은 부가가치를 만들어내고 있고 디지털 기술로 무장한 새로운 유니콘 기업들도 끝없이 배출되고 있다. 한국에도 개발자가 많다고는 하지만 막상 소프트웨어 전반을 끌고 갈 수 있는 인재는 여전히 부족하고 많은 핵심 인력들은 오히려 해외에서 충원해오는 수준이다.

# 3

# 4차 산업혁명 시대
# 생산 패러다임의 변화와 혁신

인더스트리 4.0은 물리적인 기계가 단순한 자동화나 생산 공정 제어의 수준을 넘어 컴퓨터와의 통신을 통한 사이버물리시스템 기반의 스마트 팩토리 운영을 가능하게 하겠다는 목표로 시작되었다. 인더스트리 4.0의 핵심인 사이버물리시스템은 소프트웨어를 이용해 만들어진 사이버 세계와 로봇, 제조 기계, 중장비 등과 같은 물리적 세계를 통합한 시스템으로 물리적 세계와 똑같은 가상의 사이버 세계를 통해 물리적 세계를 자동화해 지능적으로 제어하는 시스템을 의미한다. 제품의 기획부터 설계, 생산, 유통, 판매, 서비스에 이르는 모든 프로세스를 정보통신기술로 통합해 비용과 시간을 최소화할 뿐 아니라 고객 맞춤형 제품 생산을 가능하게 하는 미래형 스마트 팩토리 운영을 가능하게 한다. 그뿐만 아니라 현장의 설비와 자원을 지능화시키고 실시간으로 데이터를 수집해 분석함으로써 지속적인 프로세스 개선과 생산 효율성을 확보하게 된다.

**사이버물리시스템 작동 원리**

사이버물리시스템은 센서, 모바일, 컴퓨터 등의 기술을 이용해 물리적인 현장에서 진행되는 일들을 가상의 세계로 동일하게 복제함으로써 사전 검증, 실시간 관리, 사후 분석을 가능하게 하는 기술이다. 소위 디지털 트윈Digital Twin의 형태로 실제 사물을 가상의 사물로 구현하고 현장에서의 이벤트와 사건들을 원격지에 있는 실내 공간에서도 관리 감독하고 제어할 수 있게 된다. 이런 사이버물리시스템을 통해 과거에는 할 수 없었던 다양한 가능성들이 열리게 되고 소비자들은 개인화된 제품과 새로운 가치의 서비스들을 공급받을 수 있게 된다.

사이버물리시스템을 통해 복제된 디지털 트윈은 현실에 존재하는 물리적인 사물과 현장을 훨씬 더 정교하고 정확하게 제어할 수 있게 한다. 공장에서 흔히 볼 수 있는 하나의 작은 생산 설비나 기계와 같은 평범한 물리적인 시스템이 있다고 가정해보자. 이런 기계들은 기계 자체의 동작을 제어하는 기본 전자제어장치만으로 구성되어 있지는 않다. 기본 전자제어장치 외에도 현재의 공정과 기계의 상태에 대한 정보를 수집할 수 있는 엄청난 양의 센서가 함께 부착되어 있다. 기계 자체에 대한 정보와 함께 생산 프로세스나 상품 정보들이 끝없이 응용 시스템으로 전달된다. 최근에는 비용절감, 확장성, 민첩성을 고려하여 그런 정보들을 기업 내부 시스템이 아닌 클라우드 환경으로 전달하여 관리하고 처리하게 된다.

이것이 사이버물리시스템에서 이야기하는 사이버 부분의 시작이 된다. 이렇게 되면 물리적인 실제 기계장치뿐만 아니라 컴퓨터 시스템을 이용해 접근할 수 있는 온라인상에 존재하는 추가적인 가상의 구성 요소를 하나 더 가지게 된다. 이렇게 추가된 가상의 구성요소를 통해 실제 기계에서 발생하는 실시간 데이터들을 쉽고 빠른 방법으로 저장할 수 있고 저장된 데이터를 활용해 업무를 처리하거나 기계에 대한 관리와 원격 제어가 가능해지게 된다. 일반적으로 이런 설비의 수많은 센서에서 발생하는 실시간 데이터는 그 양이 엄청나기 때문에 이에 대한 수집과 집계, 관리, 분석 및 사용을 위한 빅데이터 플랫폼을 구비해야 한다. 그리고 이런 빅데이터 처리 기능은 다양한 다른 컴퓨팅 기술과 결합되어 과거에 할 수 없었던 수많은 부가서비스를 만들어낼 수 있는 근간이 된다.

먼저 물리적인 기계에 대한 가상의 모델을 가질 수 있게 된다. 이런 가상의 모델은 사용 목적에 따라 실제 기계의 핵심 부분만을 표현하여 간단하게 만들어질 수도 있고 현실의 사물보다 더욱 정교하고 더 많은 기능을 포함한 형태로 표현될 수도 있다. 그리고 이런 가상 모델의 핵심은 실제 기계장치의 핵심 기능들에 대한 시뮬레이션이 가능해야 한다는 것이다. 이를 통해 물리적인 기계가 현재 어떤 공정을 처리하는지에 대한 생산 정보뿐 아니라 그 기계가 생산해내는 제품 정보를 포함해 센서를 통한 기계나 설비의 현재 상태 값을 확인하고 제어할 수 있게 된다.

또 하나의 엄청나게 중요한 서비스는 생산 공정 동안 계속해서 축적되는 수많은 데이터들을 거의 실시간으로 분석해서 기계의 상태나 생산 프로세스 또는 생산되는 제품에 대한 분석 정보를 생성해서 제공해주는 강력한 분석 엔진이 포함된다는 것이다. 이는 과거 현장 경험이 많은 숙련된 전문 인력의 노하우에만 의존하던 작업들이 좀 더 정교하고 정확하게 처리되고 예측될 수 있음을 의미한다. 생산에 대한 모니터링과 상세 분석을 넘어 추가될 수 있는 또 하나의 중요한 서비스는 물리적인 기계의 성능과 생산량을 측정할 수 있게 되고 이런 정보들은 다시 생산 비용이나 향후 제품 가격과 같은 재무 정보와 연결해 분석될 수 있다.

정보통신기술의 엄청난 발전으로 실제의 물리적인 기계는 아니지만 필요한 모든 정보들이 결합되어 가상의 공간에서도 강력한 기능을 제공할 수 있는 디지털 트윈을 가질 수 있게 되었다. 그리고 이런 사이버물리시스템의 모든 기능들은 물리적인 기계 장치와 가상의 모델이 함께 동작할 때 더욱 의미가 있고 높은 부가가치를 만들어낼 수 있다. 물리적인 기계 장치에서 수집되는 정보들을 활용해 가상의 모델을 만들어내고 그럼으로써 물리적인 기계에서는 직접 처리하기 힘들었던 수많은 혁신적인 서비스와 기능들을 만드는 것이 가능해지게 된다. 이제 남은 것은 반대로 사이버 공간의 가상 모델에서 수행되는 기능들과 서비스들이 실제로 존재하는 물리적인 기계 장치에 반영될 수 있게 해야 한다.

빅데이터 플랫폼을 통해 이전의 생산 이력 정보들을 수집해 분석할 수 있게 되고 과거 기계 고장을 일으켰던 주요 원인들과 당시 기계의 고장 상태 정보들의 연결 정보를 찾아낼 수 있다. 그리고 분석과 예측 엔진을 활용해 진동, 온도, 압력 등에 대한 일정한 패턴들을 감지해냄으로써 기계가 고장 나기 전에 문제를 인지할 수 있게 된다. 이렇게 되면 예측 엔진을 활용해 문제 발생 위험에 대한 경보를 미리 받고 고장이 발생하기 전에 가상의 모델을 통해 실제 기계장치의 전원을 차단하거나 생산 속도를 늦추는 등의 신호를 보냄으로써 기계를 제어할 수 있게 된다. 또는 긴급 주문에 따라 생산 공정의 우선순위를 급하게 변경하여야 한다거나, 표준 제품에 다른 옵션을 적용하여 생산하게 해야 한다거나, 현재 생산 기계의 설정값을 조정하는 등의 신호를 보내 기계를 제어할 수 있게 된다.

기계로 보내는 신호는 다양하고 서로 다를 수 있지만 물리적인 기계와 가상의 모델 사이의 동작 원리와 패턴은 거의 동일하다. 이는 사이버 환경에 축적되는 실제 공정 데이터와 가상의 모델 두 가지를 기반으로 한다. 기계의 디지털 트윈인 가상의 모델을 통해 다양한 시나리오를 시뮬레이션하고 예측하여 실제 기계 장치가 제대로 동작할 수 있도록 제어할 수 있게 되는 것이다. 이런 아이디어는 하나의 기계에만 제한되는 것은 아니다. 공장 전체가 이런 방식으로 연결될 수 있다. 즉 공장에 있는 모든 설비와 기계에 대해 시뮬레이션과 예측 모델을 좀 더 폭넓게 적용함으로써 전체 생산공정상에 있는 서로 다른 다양한 기계 장치와 설비들이 어떻게 서로 맞물려서 작업되는지에 대한 정보를 확보해 예측하고 제어할 수 있게 된다. 또한 생산이나 제조뿐만 아니라 물류나 서비스 산업에서도 동일한 기술과 모델이 적용될 수 있다. 업종에 특화된 모델을 적용함으로써 물류와 서비스에 대한 글로벌 오퍼레이션을 가능하게 하고 비즈니스적인 요구사항이나 교통 등의 환경 정보들을 활용해 최적의 라우팅 경로를 찾아 제안하고 선택할 수 있는 방법을 제공할 수도 있다.

결국 사이버물리시스템은 물리적인, 즉 실제 존재하는 컴포넌트들과 사이버 공간에 존재하는 가상의 복제된 모델들을 다양한 기능과 서비스로 연결함으로써 시간과 리소스에 대한 낭비는 최소화시킨다. 거기에 빅데이터를 기반으로 하는 사전 예측과 시뮬레이션을 통해 물리적인 기계와 작업 공정에 대한 제어를 가능하게 함으로써 업무의 효율은 극대화하고 발생할 수 있는 문제는 사전에 방지할 수 있게 돕는다.

# 4

# 4차 산업혁명의 주요 특징

4차 산업혁명은 빠르게 진행되고 있고 우리 생활 속에 이미 깊숙하게 전파되고 있다. 다양한 산업에서 새롭게 등장하는 디지털 서비스들을 알아봄으로써 고객과 공급자 관점에서 4차 산업혁명의 주요 특징들을 이해할 수 있다. 이런 이해를 기반으로 각 산업의 디지털 소비자들이 필요로 하는 숨은 니즈를 찾아내고 현재의 비즈니스 모델을 혁신할 수 있는 새로운 서비스와 비즈니스 기회를 만들어낼 수 있다.

## 개인맞춤형 대량생산

소비자 관점에서 4차 산업혁명의 가장 큰 변화와 특징은 개인맞춤형 대량생산과 다양성의 증가이다. 3차 산업혁명까지는 소품종 대량생산 중심의 '규모의 경제'였다면 4차 산업혁명으로 발전하면서 개인화된 서비스나 상품에 대한 대량 공급이 가능해지게 된다. 즉 생산자나 공급자 관점이 아닌 고객 관점에서의 서비스와 상품이 개발되어 공급되게 된다. 개인화된 상품과 서비스는 고객 개개인의 취향과 요구도 수용할 수 있는 수준의 고객 만족을 목표로 한다. 그리고 궁극적으로는 그런 고객 만족의 결과는 고스란히 공급자와 생산자에게 다시 돌아가게 된다.

개인화에 대한 몇 가지 사례를 살펴보자. 코카콜라의 프리스타일은 한국에서는 보기 힘든 셀프 서비스 디스펜스dispenser, 소위 음료 자판기이다. 프리스타일은 코카콜라의 탄산음료를 고객이 선택한 옵션에 따라 그 자리에서 바로 제조해주는 일종의 칵테일 기계와 비슷하다. 생과일 주스 가게에서 원하는 종류의 과일들을 선택하고 꿀, 소다, 얼음 등 함께 넣을 첨가물을 선택하면 그 자리에서 나만의 과일 주스를 만들어주는 것과 흡사하다. 자판기 앞에서 코카콜라, 코크라이트, 코크제로, 스프라이트, 환타 등 다양한 코카콜라 음료 중 원하는 종류를 선택하고 향료와 소다수 등을 추가하면 170여 가지의 탄산음료, 주스, 차 등이 즉석에서 만들어져 제공된다. 디자인만 화려한 자판기가 아니라 소비자의 취향과 선택에 따라 소비자 개개인의 입맛에 맞는 음료를 자판기에서 직접 만들어 제공한다.

프리스타일의 개인화된 고객 서비스는 고객의 서비스 사용에 대한 만족과 선택권을 높여줄 뿐 아니라 프리스타일에 탑재된 기술을 활용해 소비자들이 선택하는 음료 정보들을 실시간으로 코카콜라 본사로 보내 비즈니스 개선에 활용한다. 프리스타일에 탑재된 새로운 소프트웨어 기술을 활용하면 과거와 같은 복잡하고 시간이 많이 걸리는 시음회나 음료 취향에 대한 설문을 할 필요 없이 새로운 음료에 대한 취향과 콘셉트를 미리 테스트해볼 수 있다. 사물인터넷 센서를 통해 고객들이 어떤 음료를 주로 선택하고 얼마나 많은 양을 마시는지 등에

**코카콜라의 프리스타일 음료 자판기**

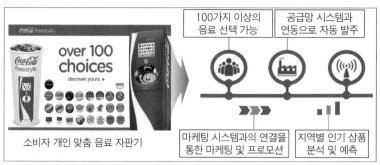

100가지 이상의 음료 선택 가능

공급망 시스템과 연동으로 자동 발주

소비자 개인 맞춤 음료 자판기

마케팅 시스템과의 연결을 통한 마케팅 및 프로모션

지역별 인기 상품 분석 및 예측

(출처: 코카콜라)

대한 정보가 실시간으로 수집되어 본사의 데이터 웨어하우스DW, Data Warehouse 시스템으로 전송되고 실시간 고객 데이터를 기반으로 새로운 음료의 고객 반응을 포함해 지역별, 시기별 소비자 취향을 분석할 수 있게 된다. 이런 생생한 고객 데이터를 활용하면 어떤 음료의 공급을 늘리고 어떤 음료는 줄여야 할지에 대한 예측과 함께 효과적인 마케팅 활동까지 기획하고 진행할 수 있다.

이런 활동은 설문이나 현장 시음회와 같은 과거 방식과는 비교할 수 없을 정도로 빠르고 정확하고 저렴하며 효과적이다. 프리스타일을 임대하여 사용하는 매장은 음료수의 판매 현황과 자판기 내 다양한 원료의 재고 상태를 실시간으로 확인할 수 있게 된다. 즉 패스트푸드점과 같은 코카콜라 자판기 공급사의 입장에서도 고객들에게 보다 정확하고 예측 가능한 음료 서비스를 제공할 수 있게 된다. 자판기 내부에 부착된 센서를 통해 재고에 대한 관리를 직접 하면서 재고가 부족한 경우 주변 공급사로 신호를 보내 재고가 바닥나기 전 적시에 보충 요청을 할 수 있다.

프리스타일은 각 매장에 어떤 음료를 제공하고 어떤 음료를 프로모

션할지 판단할 수 있으며 언제 어디에서 신제품을 출시하는 것이 좋을지도 판단할 수 있게 돕는다. 수집된 운영 데이터를 분석해 자판기의 고장이나 문제점을 미리 찾아내는 것도 가능해지게 되었다. 이는 코카콜라가 기존의 단순 자판기에 디지털 기술을 접목함으로써 제품 혁신과 서비스 혁신을 이끌어낸 좋은 사례라고 할 수 있다. 북미 지역을 중심으로 3만 개 이상의 프리스타일 자판기가 설치되어 사용되고 있다. 궁극적으로는 전 세계 고객들을 대상으로 프리스타일을 제공하여 각 지역에서 수집되는 고객의 음료 선택 정보를 바탕으로 지역별, 시기별 음료 상품 개발과 마케팅 프로그램에 고객 취향 정보들을 활용할 계획이다.

콘프레이크는 아이들 간식이나 바쁜 아침 식사대용으로 많은 사람들에게 애용되는 음식이다. 과거 콘프레이크는 한두 종류로 정해져 있었고 맛을 풍부하게 하거나 다른 맛을 내기 위해서는 아몬드나 말린 과일, 딸기, 바나나 등을 직접 준비해서 섞어 먹고는 했다. 하지만 요즘은 수십 종의 콘프레이크가 있다. '마이뮤즐리My Muesli'라는 제품은 100% 유기농 인증을 획득한 80가지 재료를 선택할 수 있고 그런 재료들을 조합함으로써 소비자들의 취향에 따라 어떤 맛이든 만들어 즐길 수 있다. 맛은 다양해졌지만 가격도 과거보다 더 저렴해졌고 주문 후 4일 이내에 배송받을 수 있다.

생산라인을 가지는 전통적인 제조업에서는 제품의 다양화는 시간, 비용, 생산 효율성 측면에서 대량생산과 상호 상반되는 요소이기 때문에 개인화된 다품종의 대량생산은 더욱 복잡한 문제이다. 제조업의 개인화된 제품 생산에 대해서는 뒤에서 설명할 '디지털 트랜스포메이션 4단계 발전 과정'에서 좀 더 자세히 설명하고 있다.

## 공유경제

4차 산업혁명의 또 다른 특징의 하나는 소유가 아닌 공유의 경제이다. 최근 소비자들의 성향은 사용은 원하지만 구매해서 소유하기를 원하지는 않는다. 앞에서 설명했던 에어비앤비와 같은 숙소 공유와 더불어 1948년 스위스 취리히에서 처음 등장했던 차량공유car sharing 서비스 역시 공유 서비스의 대표적인 비즈니스 모델이다.

차량공유는 한 대의 자동차를 여러 명의 회원이 함께 사용하는 대표적인 자동차 공유 모델의 하나이다. 차량을 예약하고 자신의 위치와 가까운 곳의 무인 터미널이나 차량 기지에서 차를 빌린 후 목적지에 도착한 후 반납하는 방식이다. 차량공유는 쉽게 접근할 수 있는 주택가 주변에서 시간 단위로 대여가 가능하다는 점에서 기존 렌터카 서비스와는 차이가 있다. 또한 서비스 유형에 따라 편도 서비스와 왕복 서비스가 있고 서비스 모델에 따라서는 개인 간 차량공유 방식, 자동차 반납 장소가 지정되어 있지 않은 유동식 차량공유 방식, 지정된 곳으로 차량을 반납해야 하는 역 기반 차량공유 방식 세 가지 유형으로 분류된다. 최근 서로 다른 다양한 비즈니스 모델의 수많은 차량공유 기업들이 등장하고 있다. 특히 도시 지역의 대기 오염, 주차난, 교통 혼잡 등은 카쉐어링 시장의 빠른 성장을 이끄는 견인 동력으로 작용하고 있다.

『블룸버그 비즈니스위크』는 프랑스 파리와 인근 유럽 53개 도시의 차량공유 서비스가 교통 체증과 주차난 해법을 필요로 하는 전 세계 다른 도시의 좋은 본보기가 되고 있다고 보도하고 있다. 차량공유 자체만으로도 10% 정도의 연료 절약효과가 있다. 최근에는 많은 차량공유 기업들이 화석 연료를 사용하는 가솔린이나 디젤 자동차 대신 전기자동차나 하이브리드 자동차로 차량을 전환하면서 환경오염과 탄소배출을 줄이기 위해 노력하고 있다. 사용자들은 차량공유 서비스를 이용하기 위해 걷거나 자전거를 타고 차량 위치까지 이동하기 때문에 경제와 환경적인 효과뿐 아니라 시민 건강에도 도움이 되고 있다.

독일을 중심으로 유럽의 차량공유 시장은 택시요금 인상과 함께 차량 소유에 필요한 비용 상승으로 향후 크게 증가 할 것으로 예상된다. 독일에만 현재 약 140개의 차량공유 서비스 제공 업체가 있다. 차량공유를 통해 차량 구매, 보험, 수리와 같은 차량 유지비용을 줄일 수 있고 모바일을 통해 멀지 않은 곳에 있는 차량을 쉽게 이용할 수 있다. 그러다 보니 젊은 층을 중심으로 점점 더 많은 사람들이 차량공유 서비스를 이용하고 있다. 자동차에 대한 개인 소유 욕구는 점점 줄어들고 차량공유 서비스가 활성화되면서 자동차 제조사들은 미래 성장에 대한 위기감과 지속적인 압박을 받고 있다. 자동차 제조사들은 공유 시장의 빠른 성장과 소비자들의 변화를 제대로 인지해 겸허히 받아들여야 하고 차량공유 회사들과 협업하거나 자체 카쉐어링 서비스를 만들어 제공함으로써 자동차 산업에서 빠르게 형성되는 카쉐어링 시장에 준비해야 할 것이다.

일례로 2016년 10월 도요타는 개인 간 카쉐어링 서비스와 모바일 서비스를 제공하기 위해 겟어라운드Getaround사의 기술 플랫폼을 활용하는 파트너십을 체결했다. BMW는 세계적인 렌트카 회사인 식스트Sixt와의 합작회사를 설립하고 자사의 고효율 소형차 브랜드인 BMW-i와 MINI 시리즈에 대해 자동차 공유 서비스를 제공하는 드라이브 나우DriveNow를 출시했다. 폭스바겐 역시 역 기반 차량공유 서비스 업체인 그린휠스GreenWheels사에 투자해 그린휠스 지분의 60%를 획득했다. 최근 글로벌 완성차 업체들은 자체 차량공유 서비스를 출시하며 차량공유 시장에 더욱 빠르고 적극적으로 뛰어들고 있다. 메르세데스 – 벤츠는 독일에서 '크루브Croove'를, GM은 '메이븐Maven'을 폭스바겐은 '모이아MOIA' 등을 잇달아 출시하고 있다.

차량공유가 전 세계적인 트렌드이긴 하지만 국내에서는 여전히 높은 규제로 제대로 활성화되지 못하고 있다. 해외 선진 업체들의 국내 진출을 막을 수는 있지만 국내 대표적인 차량공유 업체들조차도 정부 규제로 인해 현재의 비즈니스와 서비스를 유지하는 것조차 힘든 실정이다. 현대자동차는 2017년 국내 대표 차량공유 업체인 럭시에 투자해 국내 차량공유 비즈니스에 진출하려고 했다. 하지만 택시 업계를 비롯한 관련 업계의 반발과 정부 규제로 국내 차량공유 비즈니스를 접고 자사 지분 100%를 카카오의 자회사인 카카오모빌리티로 넘겼다. 카카오모빌리티는 2018년 252억 원을 투자해 현대자동차의 럭시 지분을 포함한 럭시 지분 전체를 인수했다. 이를 통해 소비자는 카카오 택시와 카카오 차량공유 중 원하는 서비스를 선택할 수 있고 카카오 서비스 입장에서도 택시 서비스와 차량공유 서비스 간의 시너지를 만들어낼 수 있을 것으로 예상된다.

국내 완성차 업체들은 국내보다는 해외 쪽으로 선회하는 분위기이다. 현대자동차는 싱가포르, 인도네시아, 태국, 필리핀, 베트남 등 동남아 8개 국가 186개 도시에서 서비스를 제공하고 있는 동남아 최대 차량공유 서비스회사인 '그랩Grab'에 투자했고 기아자동차 역시 차량공유 서비스 '위블WiBLE'을 유럽에 출시하고 스페인 에너지 기업 '렙솔Repsol'과 합작사를 설립했다. 차량공유 비즈니스의 주요 이해 관계자로는 차량공유 업체, 하드웨어 솔루션 제공 업체, 모바일 플랫폼 공급 업체, 개인 자동차 소유자 및 최종 사용자가 포함된다.

이런 이해 관계자들이 모여 더욱 편리하고 저렴하고 혁신적인 차량 공유 서비스를 위한 아이디어를 만들어내고 디지털 기술로 실현시킨다. 자가 차량을 통해 제공되는 편의성과는 또 다른 유형의 서비스와 사용자경험을 제공함으로써 차량을 필요로 하는 많은 소비자들의 출퇴근 방식과 이동수단을 변화시키고 있다. 기술의 발전을 통해 소비자들은 스마트폰만으로도 필요한 시간과 위치에서 원하는 차량을 검색해서 요청할 수 있고 사용 후에는 비용이 자동으로 정산된다.

앞의 이해관계자들을 중심으로 한 차량공유의 비즈니스 네트워크가 견고해질수록 차량에 대한 개인 소유는 점점 더 줄어들 것이다. 자가 차량이 아닌 공유 차량도 쉽고 저렴하게 이용할 수 있는 다양한 서비스들이 보편화되면서 차량공유 시장의 성장을 가속화시킬 것이다. 궁극적으로는 자율주행차량을 통해 운전자가 필요없는 이헤일링이나 라이드쉐어링 서비스가 제공될 것이다. 결국 훨씬 더 편리한 차량 서비스의 사용이 가능해지면서 기존 자동차 산업의 기득권을 가지고 있던 자동차 제조사들에게는 엄청난 위협으로 다가올 것이다. 이동수단이 필요한 미래의 자동차 소비자들은 자동차 브랜드가 아닌 차량공유나 우버와 같은 라이드헤일링Ride Hailing의 서비스 품질을 보고 탈 것을 선택하는 시대가 도래할 것이다. 이는 자동차 산업의 생태계 구조를 재편하는 계기가 될 것이다.

## 차량공유 시장 동향과 주요 기업

글로벌 마켓 인사이트의 조사에 따르면 2017년 차량공유 시장 규모는 15억 달러를 넘었고 2024년까지 110억 달러를 넘어설 것으로 전망하고 있다. 현재 전 세계 공유 차량은 10만 대를 넘었으며 공유 차량과 이용자 수도 매년 연평균 약 20% 이상 증가할 것으로 예상하고 있다.

2000년 세계 최초로 차량공유 서비스의 상용화에 성공한 집카Zipcar는 저렴하고 간편하게 이용할 수 있다는 장점을 내세워 비즈니스를 시작했다. 사업 초창기에는 대여점이 많지 않았고 차고가 멀리 있었기 때문에 소비자들의 관심을 이끌어내지 못했다. 넓은 지역에 적은 수의 대여점을 설치하던 구조에서 주택가를 중심으로 이용자가 밀집된 좁은 지역에 공유 차량을 집중 배치하면서 이 문제를 해결할 수 있었다.

2013년에는 미국의 44개 주, 캐나다 및 유럽의 170개 도시, 미국의 300개 대학에서 서비스를 제공하면서 전통적인 자동차 시장에서 미국의 차량공유 시장을 장악하고 있었다. 이런 집카의 성장 가치를 인지하고 있던 렌탈 전문 기업인 에이비스 버짓 그룹Avis Budget Group은 2013년 5억 달러에 집카를 인수하고 기존의 렌트카 비지니스에 집카의 플랫폼과 서비스를 결합하여 서비스를 확장해가고 있다. 당시 렌탈 산업에서의 경쟁사였던 허츠Hertz와 엔터프라이즈Enterprise가 이미 차량공유 서비스를 하고 있었기 때문에 에이비스 입장에서는 집카 인수가 카쉐어링 산업에 진출하기 위한 최선의 선택이었을 것이다. 현재 집카는 1만 2,000대 이상의 차량을 보유하고 있고 500개 이상의 도시와 600개 이상의 대학 캠퍼스에서 100만 명 이상의 회원들에게 온디맨드 방식의 서비스를 제공하고 있다.

모든 차량공유 서비스가 성공하는 것은 아니다. 또 다른 대표적인

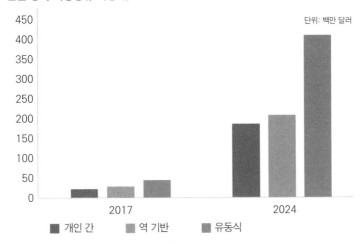

**모델별 영국 차량공유 시장 규모**

단위: 백만 달러

■ 개인 간　■ 역 기반　■ 유동식

(2017년·2024년) (출처: 클로벌 마켓 인사이트)

카쉐어링 기업으로는 프랑스의 공공 서비스로 시작된 파리의 전기자동차 차량공유 업체인 오토리브Autolib가 꼽힌다. 오토리브는 2020년까지 파리의 탄소 배출 20%를 줄이겠다는 목표와 파리를 보다 환경친화적인 도시로 만들기 위한 노력으로 시작되었다.

2017년까지 블루카Bluecar라는 자체 공급 전기자동차 4,000여 대와 함께 파리 전 지역에 1,000개 이상의 대여점과 6,000개 이상의 충전소를 운영하고 있었다. 당시 매일 평균 1만 7,000번의 블루카 대여가 있었고 각 차량은 하루 평균 여섯 번씩이나 대여될 정도로 많은 인기를 누렸다. 2011년 10월 첫 서비스 출시 이후 2015년까지 50만 명이 넘는 사람들이 서비스 사용에 가입했고 2018년에는 15만 명이 넘는 프리미엄 회원을 확보할 정도로 성공적인 서비스로 평가받고 있었다.

오토리브 회원은 연회비 144유로 외에 차량을 30분씩 이용할 때마다 5유로(약 7,400원)를 낸다. 연간 평균 오토리브 이용료는 대략 500유로(약 73만 6,400원)로 동급 소형차를 소유하는 경우의 예상 평균 유지비인 5,000유로의 10분의 1 수준에 불과하다. 프랑스 국민이 개인 소유 차량을 사용하는 평균 시간은 하루 시간의 5% 정도에 불과한 것으로 조사된다. 오토리브는 대여한 시간만큼만 비용을 지불하기 때문에 파리 시민들은 훨씬 저렴한 비용으로 차량을 이용할 수 있었다.

하지만 세계 최초의 선구적 차량공유라는 찬사와 함께 친환경과 차량공유라는 시대적 흐름에 부합한다는 긍정적인 평가를 받아왔던 것과는 달리 유지 보수 문제나 차량 청결 문제와 더불어 이용자가 파리 도심에서 차를 빌린 뒤 수요가 거의 없는 교외에서 차를 반납하는 경우가 많아 수요와 공급의 심각한 불균형으로 낮은 효율성에 대한 문제를 항상 지적받아왔다. 결국 오토리브의 운영을 맡고 있던 볼로레는 막대한 적자를 메우기 위해 파리시에 2억 3,300만 유로(약 3,021억 원)의 예산지원을 요구했지만 파리시가 이런 요구를 거부하면서 오토리브 서비스는 2018년 중단되고 말았다.

이미 자동차를 보유한 사람도 차량공유를 활용해 유지비를 줄일 수 있다. 파리의 또 다른 차량공유 서비스 업체인 '드리비Drivy'는 집카나 오토리브보다 훨씬 많은 6개 국가에서 5만 5,000대의 자동차를 확보하고 있고 회원 수도 250만 명에 이르는 유럽 최대의 차량공유 서비스 중의 하나이다. 드리비의 차량은 모두 회원 개인이 소유한 자가용으로 같은 지역 내에서 개인 간 P2P 방식으로 차량을 대여할 수 있도록 중개해주고 수수료를 받는 비즈니스 모델이다.

'블라블라카Blablacar'는 목적지가 같거나 비슷한 사람들이 동승할 수 있도록 카풀을 주선해주고 수수료로 기존 교통비의 10%를 받는 서비스이다. 현재 22개 국가에서 7,000만 명의 회원을 확보하고 있고 분기마다 2,500만 명이 이용하고 있다. 파리에는 드리비나 블라블라카와 유사한 차량공유 업체들이 많이 있다. 드리비의 창립자이자 대표인 폴랑 데먼톤Paulin Dementhon은 차량공유가 미국에서는 일부 업체를 제외하고는 고전을 면치 못하지만 파리와 유럽에서는 성공하는 이유를 공유경제와 공동소비에 익숙한 유럽 문화 때문으로 보고 있다. 반면 미국인들은 낯선 사람과 동승하는 것을 불편해하고 다른 사람이 사용한 물건을 쓰지 않으려고 하며 자동차 구매, 유지비용, 통행료가 유럽보다 상대적으로 저렴하기 때문에 굳이 타인과 자동차를 공유할 필요성을 느끼지 못한다.

최근에는 자동차뿐만 아니라 자전거, 전동 스쿠트, 전동 킥보드 등에 대한 공유 서비스를 제공하는 스타트업들도 빠른 속도로 늘어나고 있다. 스마트폰 앱을 이용해 가장 가까이에 있는 전동스쿠터를 찾아 간편하게 이용할 수 있고 30분 이내의 짧은 시간에 가까운 거리를 빠르게 이동하기 위한 최적의 수단으로 활용되면서 시장도 빠르게 성장하고 있다. 국내에서도 지방자치 단체에서 운영하는 소규모부터 서울 시내 전역에서 서비스를 제공하는 업체에 이르기까지 국내 차량공유 시장 규모도 수년 사이 크게 증가했다. 한국의 차량공유 서비스의 대표 기업인 쏘카는 2012년 서비스를 시작한 이후 2018년 6월 기준으로 보유한 공유 차량이 1만 대를 넘어섰고 회원 수도 400만 명에 이른다고 발표했다. 미국 최초의 차량공유 기업인 집카의 경우 1만 대 돌파에 10년이 걸린 것에 비하면 쏘카는 엄청나게 빠른 속도로 성장했다. 이는 한국의 차량공유 시장이 얼마나 빠르게 성장하는지 잘 알 수 있다.

2014년 서울연구원에서 발표한 자료에 따르면 공유 차량 한 대는 개인 차량 8.5대를 대체하는 효과를 낸다는 조사결과를 발표했다. 이는 쏘카의 공유 차량 1만 대로 일반 차량 7만 5,000대의 감축 효과를 낼 수 있음을 의미한다. 더불어 공유 차량 1만 대를 이용하면 약 86만 제곱미터(26만 평)의 주차 면적을 절약하는 효과도 있다고 설명하고 있다. 하지만 국내에서는 아직 다양한 서비스 모델의 공유 사업은 어려운 실정이며 쏘카나 그린카와 같이 공유차량을 보유한 기업이 모바일을 통해 일반 소비자들에게 차량을 대여하는 B2C 거래만이 가능하고 개인 간 차량을 공유하고 사용료를 받는 P2P 서비스는 허용되지 않고 있다. 다른 차량공유 선진국에서는 B2C 공유뿐 아니라 P2P 공유도 허용되면서 차량공유가 빠른 속도로 대중화되는 것과는 대조적이다.

공유 모델이 다양한 사회 경제적 장점을 제공하는 것은 분명하지만 법적인 규제와 통제의 사각지대에 놓일 수 있다는 위험도 함께 안고 있다. 공유경제가 범죄에 악용되거나 일반 대중을 상대로 경제적인 사기 피해가 발생할 수 있다는 문제를 내포하고 있다. 정부는 공유경제를 활성화하기 위해 과거 전통적인 규제는 낮추면서 동시에 사용자들의 안전과 재산을 보호할 수 있도록 디지털 경제에 필요한 규제와 기준은 새롭게 만들고 정비해가야 할 것이다.

### 총체적 서비스의 제공

공급자 관점에서 4차 산업혁명의 특징은 소비자가 원하는 형태의 서비스, 즉 총체적인 서비스와 함께 서비스에 대한 선택권도 제공하는 것이다. 전통적인 제조 기업은 생산 효율성이 떨어지기 때문에 제품의 종류가 많아지는 것을 감당하기 어렵다. 반면 애플은 주력 제품에 대한 생산라인을 바꾸지 않으면서도 비즈니스 모델의 혁신을 통해 극적으로 개인 맞춤형 제조를 가능하게 만들었다.

애플은 모든 제품의 디자인은 직접 기획하지만 제품 생산은 중국의 폭스콘Foxcon을 통해 OEM 방식으로 엄청난 대량생산을 한다. 제품의 종류도 많지 않으며 생산될 당시 모두 똑같은 디자인과 기능의 제품으로 생산된다. 하지만 애플 구매자들이 아이폰이나 아이패드를 손에 쥐는 순간 단 며칠 만에 자신만의 개인화된 제품으로 바뀌게 된다. 마치 애플의 최종 소비자가 폭스콘 공장 생산라인의 제일 마지막에 앉아 있는 것처럼 개인의 취향에 따라 기능과 디자인을 각자의 개성이 반영된 자신만의 물건으로 바꾸는 것이다. 어떤 앱을 다운로드하고 사용하는지에 따라 1만 명이 1만 가지의 스마트폰을 완성시키게 된다. 아이폰뿐 아니라 다른 스마트폰에서도 구글 스토어나 자체 앱 스토어를 통해 개인 취향에 따라 원하는 앱을 다운로드받아 자기만의 폰으로 만드는 것이 너무도 당연하고 일반화되었지만 아이폰 이전의 휴대폰이나 스마트폰에서는 제공되는 모바일 앱이 몇 개밖에 없었고 소비자의 앱에 대한 선택권도 없었다.

당시 노키아, 모토로라, 삼성전자와 같은 단말기 제조 회사들은 자사 개발팀이나 개발 협력사를 통해 몇 개의 기본 앱들을 개발해 폰에 내장된 형태로 제공했고 소비자가 내장된 앱을 업그레이드하거나 새로운 앱을 추가하는 것은 극히 제한적이었다. 즉 당시 휴대폰은 하드웨어 성능과 폰에 탑재된 기본 기능의 경쟁이었지 소프트웨어가 모바일 시장의 경쟁 요소는 아니었다. 애플 역시 2007년 아이폰을 처음 출시했을 당시에는 다른 경쟁사들과 마찬가지로 애플이 사전에 설치해서 제공하던 몇 개의 기본 앱들이 전부였다. 하지만 애플이 플랫폼 비즈니스를 통해 소비자들에게 앱의 선택권을 제공하기 시작하면서부터 과거와는 완전히 다른 새로운 모바일 시장을 만들어내게 된 것이다. 앞에서 이야기했듯이 2008년 7월 500여 개의 앱으로 시작했던 앱스토어에는 현재 200만 개 이상의 앱이 등록되어 있다.

결국 소비자들은 아이폰이나 아이패드를 손에 쥐는 순간, 마치 생산 공정의 마지막에 앉아 있는 것처럼 자기만의 앱을 다운로드받아 마지막 퍼즐을 맞추고 자기만의 스마트폰을 완성할 수 있게 되었다. 과거 소비자의 선택권 없이 정해진 기능과 서비스의 제품을 만들어 판매하던 생산 공급 방식과는 완전히 다른 비즈니스 모델이 만들어지게 되는 것이다.

애플은 앱스토어의 앱 판매 수익금 중 30%를 플랫폼 사용료로 받는 방식으로 엄청난 비즈니스 성장을 만들어내게 되고 개발자들 역시 70%의 수익금을 가지게 됨으로써 모바일앱 개발자라는 과거에 없었던 새로운 직업까지 만들어지게 되었다. 애플 CEO 팀 쿡은 2018년 6월 세계개발자회의WWDC에서 "10년 동안 개발자가 앱스토어에서 벌어들인 수익은 1,000억 달러(112조 1,000억 원)에 달한다."며 "앱스토어는 우리가 살아가는 방식을 근본적으로 바꾸었고 수천만 개의 새로운 일자리가 만들어졌다."라고 말했다. 애플은 모바일앱을 개발하고 판매할 수 있는 플랫폼을 제공하고 앱 개발자들은 소비자들이 원하는 수백만 개의 앱을 만들어 제공한다. 이것이 우리의 모바일 생활을 포함한 모바일 산업의 전체 생태계 구조를 완전히 바꾸어놓은 것이다.

## 예지 정비 서비스

공급자 관점에서의 또 다른 특징은 제품이나 서비스에 문제가 생기기 전에 미리 인지하고 서비스함으로써 고객의 서비스 만족도를 높이면서 서비스의 품질과 고객 로열티를 높이는 것이다. 세계적인 대형 농기계 제조회사로 잘 알려진 존디어JOHN DEERE는 어떻게 하면 품질 보증에 대한 고객 요청을 최소화할 수 있을지 항상 고민하고 있었고 제품의 장기적인 보증 비용을 낮추기 위해 주기적인 리콜도 시행하고 있었다. 품질 보증 비용은 제조기업의 가치사슬에 있어 기업의 핵심 부분을 차지하기 때문에 어떻게 개선하느냐에 따라 잠재적으로는 엄청난 비용 절감을 이끌어낼 수 있다.

존디어의 목표는 품질 보증 요청에 영향을 미칠 수 있는 중요한 고장 등에 대해서는 문제가 발생하기 전에 미리 문제를 찾아 해결하는 것이었다. 그들은 텔레매틱스를 이용해 농기계의 센서 데이터를 분석해 잠재적인 문제점을 찾아내고 각 농기계 데이터를 서비스나 품질보증 데이터와 연결시킨다. 그런 후 궁극적으로는 문제 인지부터 해결까지의 주기를 단축함으로써 고객의 품질 보증 요청을 줄일 수 있게 되었다.

미국에서 농업은 하나의 산업 영역이고 도심에서 아주 멀리 떨어진 곳에서 대규모로 운영되는 경우가 많다. 농기계가 고장 나면 정비기사를 요청해 기기의 상태를 확인하고 수리에 필요한 부품을 확보하고 다시 수리를 진행하기까지 며칠에서 몇 주가 걸린다. 농업의 특성상 날씨와 절기에 맞게 농업 활동을 하는 것은 매우 중요하다. 파종이나 수확과 같은 주요 절기에 농기계가 고장나면 그 해 농사는 망치게 되고 그 피해액도 엄청나다. 존디어는 농기계 주인들의 고충을 해결하기 위해 농기계 센서에서 기기의 실시간 정보를 수집해 고객에게 농기계의 적절한 사용법을 알려주고 기기의 상태도 관리해주고 있다. 또한 드론과 토양센서를 활용해 토질, 수분 등의 토양정보와 온도, 습도, 바람 등의 기상정보와 날씨정보를 실시간으로 수집하고 분석해 농업에 활용하고 있다. 현재의 필요한 작업을 안내하고 앞으로의 날씨나 토양 상태 등을 분석해 어떤 모종을 심어야 할지 또는 어떤 비료나 영양분을 공급해야 할지 등의 정보를 알려주는 종합적인 농업 컨설팅 서비스까지 제공하고 있다.

제품의 품질과 신뢰성이 향상되면서 존디어의 브랜드 이미지가 좋아지게 되었고 농업에 대한 컨설팅 서비스를 통해 고객의 로열티도 높아지게 되었다. 결과적으로 보증에 대한 비용 절감과 추가적인 서비스 수익 향상은 물론 비즈니스의 지속 성장도 가능하게 되었다.

## 4장

# 디지털 트랜스포메이션의
# 4단계 발전 과정

앞에서 4차 산업혁명을 통한 소비자와 공급자 관점의 주요 변화와 특징들을 알아보았다. 그 외에도 4차 산업혁명을 통해 기업들은 제조, 금융, 유통 등 현재 집중하고 있는 전통적인 비즈니스 영역을 플랫폼 기반 서비스와 같은 다른 산업으로 확장해가는 특징을 보이고 있다. 또한 과거와 같이 정해진 규모의 시장을 두고 동종 업계의 경쟁사와 제품의 기능이나 가격으로 경쟁하는 방식이 아니라 네트워크와 생태계 규모의 경쟁으로 경쟁 방식이 바뀌어가고 있다. 그리고 현재의 서비스와 제품에 디지털 기술을 접목함으로써 과거에는 없었던 디지털 시대 소비자들이 원하는 더욱 혁신적이고 스마트한 제품과 서비스를 만들어 시장에 공급한다는 것도 하나의 특징이다.

이번 장에서는 독일 공학한림원의 헤닝 카커만 박사가 제안하고 있는 제조업의 디지털 혁신 4단계 발전 과정을 이해함으로써 4차 산업혁명이 어떤 단계를 거쳐 발전하는지와 단계별 주요 특징 및 산업 동향을 살펴보자. 디지털 혁신의 첫 번째 단계는 스마트 제조 시스템을 통해 현장과 제조 시스템 간을 수직 통합하는 단계이다. 기기와 기기 간, 사람과 기기 간의 통신이 가능해지고 현장의 설비와 로봇이 지능화되면서 자율화된 생산 시스템이 만들어진다. 1단계의 완성을 통해

디지털 트랜스포메이션 4단계 발전 과정

| | 실시간 연결 및 자동화 | 공급망 최적화 및 효율화 | 서비스 확장 및 수익 증대 | 비즈니스 혁신 및 산업 생태계 성장 |
|---|---|---|---|---|
| 비즈니스 모델 | 제품과 판매 서비스 | 제품과 AS 서비스 | 제품을 서비스로 공급·추가 서비스 | 디지털 데이터 기반 디지털 비즈니스 |
| 추진 동인 | 제품 판매 | 공급망 최적화 | 서비스 매출 성장 | 네트워크 생태계 확장 |
| 적용 기술 | 임베디드 시스템, 증강현실 | 고급 분석, 머신러닝, 최적화 | 서비스 및 제품 포트폴리오 관리 | 새로운 생태계의 비즈니스 모델 개발 |
| 통합 및 기술 범위 | OT와 IT 간의 수직통합, 설비 간 연결 | 디자인부터 납품까지 전체 공급망 수평 통합 | 서비스 플랫폼, 서비스 기반 과금, SLA 관리 | 공개된 데이터 플랫폼, 비즈니스 네트워크 |
| 표준화 | 물리적 연결성 (e.g. OPC-UA) | 의미론적 표준 | 서비스 간 상호 운용성 | 다양한 산업 간 표준 |
| | 생산 최적화 | | 스마트 서비스 | 비즈니스 혁신 |

(출처: 헤닝 카거만, 「인더스트리 4.0으로부터 데이터 드리븐 비즈니스까지」, 2017)

공장의 생산 정보에 대한 실시간 가시성을 확보할 수 있다. 이는 고품질, 저비용 구조의 생산과 함께 유연하고 효율적인 생산 및 유지관리를 가능하게 한다.

두 번째는 제품의 설계에서부터 개발, 생산, 판매, 유통, 서비스에 이르는 전체 공급망과 비즈니스 가치사슬을 최적화하는 수평 통합 단계이다. 내부 프로세스 간 통합, 공장과 공장 간 통합, 국내외 공급 협력 업체와의 통합, 고객과의 통합을 통해 전체 프로세스의 수평 통합을 만들어낸다. 이는 시장과 고객의 변화에 빠르게 대응할 수 있는 민첩한 제조를 가능하게 한다. 이것이 헤닝 카거만 박사가 주장하는 독일 인더스트리 4.0의 지향점인 개인화된 상품 생산을 가능하게 하는 제조 혁신이다.

세 번째는 첨단기술을 이용해 기존 제품과 서비스를 고도화하는 단계이다. 기존 제품과 서비스에 사물인터넷, 클라우드 컴퓨팅, 빅데이터, 머신러닝 등의 디지털 기술을 접목해 새로운 부가가치를 창출할 수 있도록 기업의 제품과 서비스 포토폴리오를 개선하고 매출 증대를 이끌어내는 단계이다.

네 번째는 디지털 데이터를 활용해 새로운 네트워크와 비즈니스 생태계를 만들어내고 제조라는 산업의 경계를 넘어 다른 산업으로 비즈니스를 혁신하고 확장하는 단계이다.

# 1
## 디지털 트랜스포메이션 1단계
### - 수직 통합

디지털 트렌스포메이션 각 단계에 대해 조금 더 자세히 살펴보자. 1단계의 핵심은 공장 자동화에 초점이 맞추어진 설비 투자 중심의 전형적인 스마트 팩토리를 완성하는 단계이다. 생산라인의 공정과 설비가 서로 연결되어 실시간으로 통합되고 통제됨으로써 운영 데이터와 ERP나 MES 등과 같은 응용 데이터 간의 수직 통합을 이끌어내는 것이다. 1단계의 주요 특징은 생산 공정의 작업이 자동화되는 것이다. 2017년 국제로봇공학연맹IFR, International Federation of Robotics의 세계 로봇 통계 자료에 따르면 한국 제조업의 경우 산업용 로봇의 활용 측도인 로봇 밀집도가 공장 직원 1만 명당 631대로 전 세계에서 가장 높다. 이는 1만 명당 74대인 세계 평균보다 8배나 높은 숫자이다.

보스턴컨설팅그룹은 향후 제조 공정의 25%를 로봇이 대체할 것으로 내다보고 있으며 로봇 도입에 따른 제조원가 경쟁력이 6% 향상될 것으로 전망하고 있다. 시장조사업체 IDC에서도 공장 자동화를 위한

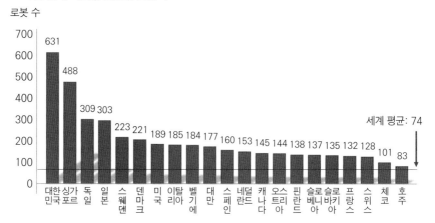

### 1만 명의 직원당 산업용 로봇 수

로봇 수

(출처: 월드 로보틱스 2017)

로봇 도입은 빠르게 확산될 것으로 예상하고 있고 2020년까지 글로벌 로봇 시장이 1,880억 달러 규모까지 성장할 것으로 내다보고 있다.

많은 국가에서 4차 산업혁명의 기초가 될 미래 로봇산업에 대한 많은 연구와 투자를 아끼지 않고 있다. 특히 일본은 총리 주재로 2014년 '로봇혁명 실현회의'를 출범하고 2015년 '로봇 신전략' 5개년 계획을 수립했다. 2015년 160억 2,000만 엔의 예산으로 시작해서 2017년 414억 4,000만 엔으로 투자 예산을 두 배 이상 늘리는 등 미래 로봇에 대한 지원과 투자를 아끼지 않고 있다.

이탈리아 기술연구원IIT을 주축으로 프랑스 국립 연구기관인 인리아NRIA, 독일 항공우주센터DLR, IMK 오토모티브 GmbH, 엑스센스Xsence, 오토복Ottobock 등 유럽연합의 주요 국가 연구기관들과 업체들도 인간의 행동을 예측해 보다 안전하게 인간과 로봇 간 협업을 가능하게 하기 위한 앤디An.Dy, Advancing Anticipatory Behaviors in Dynamic Human–Robot Collaboration라는 프로젝트를 진행 중이다.

미국 역시 '국가로봇계획NRI, National Robotics Initiative'을 추진하면서 관련 예산을 2014년 3,800만 달러에서 시작해 매년 80%씩 예산을 확대하고 2017년에는 2억 2,100만 달러까지 높였다. 중국도 로봇을 10대 산업육성계획의 핵심 분야로 선정하고 로봇 산업 육성에 온 힘을 쏟고 있다. 우리나라 제조업 현장의 로봇 밀집도Density는 세계 1위로 가장 높지만 안타깝게도 로봇 기술력은 선진국보다 많이 뒤처져 있다. 미국 대비 기술격차가 한국은 4.2년, 일본과 유럽연합은 각각 1.4년, 중국은 7.1년이다. 2016년 기준 세계 산업용 로봇 수출액의 국가별 비중은 일본이 39.2%로 압도적이고 독일 15.4%, 미국 4.7%에 이어 한국은 4.3%이다. 세계 로봇 제조기업 상위 10곳 중 6곳이 일본기업일 정도로 일본의 로봇 산업은 우리보다 많이 앞서 있다.

인공지능과 로봇 기술이 발전할수록 인간과 로봇이 함께 생활하거나 작업해야 하는 시간은 많아지게 된다. 사람과 로봇이 같은 공간에서 생활하고 협업하기 위해서는 사람과 로봇 간의 커뮤니케이션 기술과 안전의 확보가 무엇보다 중요하다. 미래 성장 가능 산업 영역으로 각광받고 있는 HRCHuman-Robot Collaboration와 HRIHuman-Robot Interaction는 사람과 로봇의 상호작용을 연구하는 분야이다. 로봇과 인간 간의 소통이나 상호작용이 활발해지면 로봇과 인간 간의 보다 안전한 협동이 가능해진다. 산업 현장에서 로봇은 사람이 하기 힘든, 위험하거나 지저분하거나 반복적이고 따분한 작업을 수행하는 도구나 설비 역할을 수행해왔다. 하지만 미래 산업현장에서는 로봇과 사람이 생산현장에서 함께 작업하고 서로 협업하는 방식으로 발전하게 될 것이다.

1단계의 또 다른 특징은 설비의 센서 정보를 통해 설비 고장이나 생산 품질 불량을 미리 예측할 수 있다는 것이다. 전 세계에서 발생하

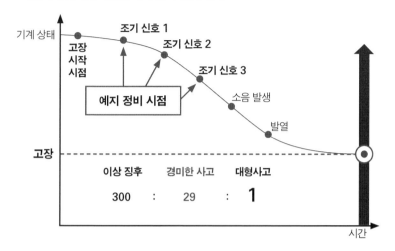

하인리히 법칙을 적용한 예지 정비 모델 예시

기계 상태

조기 신호 1

고장
시작
시점

조기 신호 2

조기 신호 3

예지 정비 시점

소음 발생

발열

고장

이상 징후 : 경미한 사고 : 대형사고

300 : 29 : 1

시간

는 연간 유지 보수비용은 4,470억 달러(약 560조 원)에 달하는 것으로 추정된다. 하인리히Heinrich의 법칙을 통해 고장을 미리 예측하고 정비할 수 있다면 상당한 금액의 비효율적인 낭비요소를 절약할 수 있다. 하인리히가 밝혀낸 산업재해의 법칙은 설비에 적용해도 똑같은 패턴을 찾아 정의할 수 있다. 각종 생산 설비의 센서 정보를 활용함으로써 계획된 정비가 아닌 설비의 이상 징후를 사전에 감지해 고장을 예측하고 정비할 수 있게 된다.

예지 정비Predictive maintenance는 설비나 기계가 고장 나기 전에 고장 가능성이 있는 시점을 미리 예측해 유지 보수를 수행하는 방식이다. 시간이 지나면서 기기에서는 소음, 진동, 발열 등과 같은 고장이 나기 전에 여러 가지 신호를 보내는데 점점 더 상태가 심각해지다가 결국 고장이 나게 된다. 고장 시점에 가까워질수록 기기 수리비용은 더욱 증가하게 된다. 실제로 고장까지 이어지면 보수비용뿐만 아니라 기계의 사용이 불가능해짐으로써 제품 생산이나 서비스 제공이 어려워지는 등 연쇄적인 피해 비용까지 더해 심각한 상황에 다다를 수 있다. 그렇기 때문에 정비 비용을 절약하고 고장을 사전에 방지할 수 있도록 초기에 고장을 잡아내는 것이 무엇보다 중요하다. 이것이 바로 예지 정비 방식이다. 설비의 고장 유형과 발생 시점은 각 기기의 상태에 따라 달라지기 때문에 예지 정비를 위해서는 설비의 실시간 상태를 모니터링할 수 있어야 하고 좀 더 정확한 예측 모델과 통계 분석을 필요로 한다.

예지 정비와 달리 예방 정비Preventive maintenance는 제품 교체나 정비를 일정한 주기를 두고 규칙적으로 수행하는 정비 방식이다. 예방 정비는 실시간으로 설비의 상태를 모니터링할 필요가 없고 부품이나 기계의 고장이나 상태에 상관없이 정해진 주기와 프로세스에 따라 정기적으로 정비를 수행하면 된다. 예방 정비는 정말 필요한 순간에 정비하는 방식이 아니기 때문에 그만큼 설비의 잔존 수명이 낭비될 수 있고 불필요한 정비로 인해 설비 가동의 효율을 떨어뜨릴 수 있다. 반면 예지 정비는 정비를 필요로 하는 장비에 대해 필요한 순간에 정비를 하는 방식이기 때문에 기계의 잔존 수명을 늘릴 수 있고 정비로 인한 유휴 시간도 최소화함으로써 유지보수 비용은 절감하면서 동시에 생산 효율은 극대화할 수 있다.

두 정비 전략은 자산의 중요성과 고장 패턴에 따라 적절하게 혼용하여 사용되어야 한다. 예지 정비의 경우에는 자산 가치가 높고 생산에 중요한 영향을 미치는 설비나 장비일수록 높은 효과를 기대해볼 수 있다. 다음 그림의 첫 번째 이미지인 예방 정비와 같이 원격 서비스가 지원되기 전에는 예상하지 못한 상황에서 기계가 작동을 멈추곤 한다. 문제가 발생하면 현장 운영자나 기술자는 두꺼운 책자로 된 매

**예방 정비와 예지 정비의 프로세스 비교**

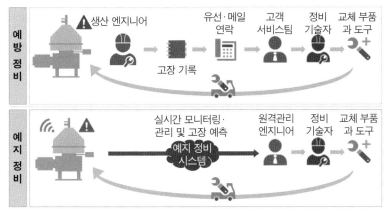

뉴얼을 참고해서 문제의 원인을 찾아내려고 할 것이다. 원인을 찾지 못하거나 문제가 해결되지 않으면 외부 서비스 업체의 전문 엔지니어에게 전화를 하게 되고 외부 엔지니어는 LED에 불은 켜져 있는지, 기계 디스플레이에 어떤 메시지가 나오는지 등 수많은 질문을 하면서 문제의 원인을 식별하려고 노력할 것이다. 문제 식별 이후 외주 서비스 회사는 필요한 예비 부품들과 함께 기계를 수리할 수 있는 전문 엔지니어를 찾아 파견하게 된다.

같은 그림의 아래쪽 이미지와 같이 예지 정비를 통해 원격 서비스를 사용하는 경우를 보면 이 프로세스는 훨씬 개선될 수 있다. 기계가 고장 나기 전 클라우드 환경에 있는 예지 정비 시스템으로 기계의 이상 상태를 전송하게 된다. 외부의 서비스 엔지니어는 기계 이상에 대한 통보를 받고 어플리케이션을 이용해 문제를 분석하게 되고 엔지니어의 현장 파견 없이 원격지에서 일반적인 고장의 상당 부분을 해결할 수 있게 된다.

현장 작업자의 현재 진행 중인 작업을 방해하지 않기 위해 원격지에서 엔지니어가 수리를 진행할 것임을 미리 통보하게 되고 외부의 전문 기술자는 전문 어플리케이션을 사용해 기계의 원격제어, 환경 구성, 수리 등의 작업을 수행할 수 있다. 현장으로 엔지니어 파견이 필요한 경우에도 외부 지원 엔지니어가 ERP나 CRM 등과 같은 서비스 프로세스를 관리하는 시스템을 이용해 전문 엔지니어의 서비스 요청을 직접 생성하게 된다.

예지 정비를 구성하기 위해서는 크게는 데이터 수집Sense, 분석Analyze, 분석 결과 기반 비즈니스 실행Act 3단계를 거치게 된다. 데이터 수집 단계는 수많은 센서에서 들어오는 현장의 운영 데이터를 수집해 저장하고 관리하는 영역이다. 예지 정비를 위해서는 현장에서의 운영 데이터와 기업의 어플리케이션 데이터를 필요로 한다. 현장 데이터인 OTOperational Technology 데이터는 설비나 제품에 부착된 센서에서 발생하는 데이터이다. OT 데이터를 수집하기 위해서는 센서가 부착된 설비와의 인터페이스 기술과 실시간으로 수집되는 센서 데이터에 대한 저장 기준(저장 시간 단위, 집계 기준 등)을 설계하는 것과 OT 데이터를 저장하고 관리하기 위한 빅데이터 플랫폼을 필요로 한다. 과거에는 쓸모없는 데이터로 치부되고 흘려보냈던 현장의 센서 데이터들이 예지 정비의 고급 분석을 위해서는 중요한 데이터 원천이 된다.

IT 데이터는 ERP나 CRM과 같은 기업의 비즈니스 어플리케이션에 의해 처리되고 생성되는 데이터를 의미한다. 예지 정비를 위해 과거 설비 고장이나 정비 이력, 품질 검사 기록, 고객 정보나 서비스 업체 정보 등의 IT 데이터가 사용될 수 있다. 즉 예지 정비를 위해서는 OT 데이터의 수집과 함께 어플리케이션에서 생성되는 IT 데이터가 수집되어야 하고 이런 데이터들은 설비의 실시간 모니터링이나 고장 유형별 예측 분석을 위한 입력값으로 활용된다.

다음 단계인 분석 단계에서는 수집된 OT 데이터와 IT 데이터를 결합하여 의미 있는 데이터 모델로 정제하는 작업, 비즈니스에서 필요로 하는 지표를 정의하고 예측 모델을 만드는 부분, 예측 모델의 분석 결과와 모니터링 결과를 대시보드와 앱 등을 통해 가시화하는 부분 등의 영역이다. 분석 단계에서는 현재 데이터에 대한 실시간 모니터링, 과거 이력 데이터에 대한 분석, 그리고 미래에 대한 예측 분석이 모두 포함된다. 특히 미래에 대한 예측 분석은 통계학적 알고리즘을 통해 보다 정교한 패턴 분석이 가능해진다. 과거 데이터와 수집되는 실시간 설비 데이터를 기반으로 고장 유형, 고장 확률, 기계의 미래 수명 등을 분석하고 예측해 고장에 대한 예지 정비나 유지 보수 계획에 반영하게 된다. 고장 예측을 위한 알고리즘, 분석 기법, 예측 모델은 각 산업, 설비, 비즈니스 시나리오에 따라 다르기 때문에 데이터 사이언티스트와 현장의 업무 전문가들의 협력이 필수적이다

마지막으로 실행 단계는 예측 모델과 데이터 분석을 통해 이루어진 의사결정에 따라 정비 오더 발급, 고객 주문 확인, 반송 내역 확인 등과 같은 후행 업무 프로세스와 연결시키는 작업 영역이다. 즉 수집된 빅데이터를 실시간으로 모니터링하고 분석한 결과가 의사결정에 도움을 주고 업무 프로세스와 바로 연결됨으로써 문제해결 시간을 단축할 수 있게 한다. 만약에 설비에 대한 고장이 예측되면 고장의 유형과 고장 발생 확률을 확인한 후 이에 맞춰 정비 스케줄을 잡거나 수리에 필요한 부품을 확인하고 미리 주문하는 것도 가능하다. 이와 같이 예지 정비가 제대로 효과를 보기 위해서는 빅데이터의 수집과 분석뿐 아니라 비즈니스 프로세스를 관리하는 ERP, CRM 등과 같은 업무 어

플리케이션과도 유기적으로 연계되어야 한다.

트렌이탈리아TRENITALIA는 이탈리아의 국영 철도 업체로 3만 2,000명의 임직원이 중장거리 노선에 대해 1년에 6억 명의 승객을 수송하고 하루 400대의 화물열차를 운행한다. 이런 운송 서비스를 위해 트렌이탈리아는 전기열차 2,000량과 기관차 2,000량, 그리고 객차 3만량의 열차 자산을 보유하고 있다. 한국의 코레일이나 수서레일과 마찬가지로 대중교통 서비스이고 시민의 안전과 직결되다 보니 열차의 안전한 운행과 이를 위한 유지보수 업무가 가장 중요한 업무라고 할 수 있다. 많은 대중교통이 그러하듯이 트렌이탈리아 역시 열차의 운행거리, 운행시간, 동작횟수 등에 대해 정해진 규칙 기반으로 계획된 정비활동을 수행했고 엔지니어의 경험으로 부품의 고장을 진단하고 분석해왔다.

시민 안전을 위해 고장 리스크를 낮출 수 있는 보수적인 계획 정비를 할 수밖에 없었다. 이는 반대로 잦은 정비와 부품 교체로 인한 높은 유지보수 비용을 유발하게 된다. 그렇다고 비용 절감을 위해 부품 교체시기를 늘리면 고장 위험이 높아지기 때문에 그렇게 할 수도 없다. 이런 상황에서 트렌이탈리아는 정비가 필요한 부품만 찾아내 적시에 효율적으로 부품을 교체하거나 수리함으로써 시민의 안전은 지키고 열차의 가동률은 극대화하면서 동시에 유지보수와 운영비용은 최소화할 수 있는 방법을 강구하게 된다.

각 차량의 주요 부품별 상태와 고장 원인 사이의 상관관계를 분석해 예측 모델을 만들어냄으로써 실시간 상태 데이터에 기반을 둔 최적의 정비 스케줄을 만들어내고 싶었던 것이다. 즉 계획된 정비가 아닌 주요 부품의 상태에 따라 고장을 미리 예측해 수리할 수 있는 예지 정비를 가능하게 하고자 했다. 하지만 이를 위해 해결해야 하는 과제들이 있었다. 우선 전기열차 2,000량과 기관차 2,000량 등 너무 많은 관리 대상 설비가 있었고 여기에는 600만 개에 달하는 센서가 있었다. 이로 인해 처리해야 하는 데이터의 볼륨이 너무 방대하다는 것과 수집되는 설비 빅데이터와 기간계 시스템의 데이터를 통합하고 분석하기 위한 기술적인 어려움이 첫 번째 해결해야 하는 과제였다. 이 문제를 해결하기 위해 기관차나 전동차 전체를 한 번에 적용하기보다는 주요 부품부터 시작해 차례로 확장해가는 애자일Agile 방법론을 적용해 해결했다.

또 하나는 복잡한 정비 비즈니스 요건을 반영할 수 있는 정교하고 정확도가 높은 분석 모델을 구현해야 했고 그러면서 과거 방식과는 다른 혁신적인 데이터 처리 및 분석 알고리즘이 필요했다. 이를 해결하기 위해 트랜이탈리아는 인메모리 기반의 빅데이터 플랫폼을 기반으로 DMMSDynamic Maintenance Management System라는 최적의 정비 시스템을 만들었다. DMMS의 핵심 구성요소는 네 가지이다. 첫 번째는 '열차에 대한 실시간 모니터링'이다. 열차 주요부품의 각 센서에서 수집되는 데이터에 대해 빠른 처리 성능을 보장할 수 있도록 인메모리 기반의 데이터 관리 플랫폼으로 상태 정보를 전송하고 주요 장비의 실시간 센서 데이터와 ERP 등 기간계 시스템의 데이터를 통합해 분석이 가능하게 했다. 두 번째는 단기 이상 진단이다. 이전부터 가지고 있던 정비에 대한 전문 경험과 설계 정보를 기반으로 정비 규칙을 만들어 단기 고장에 대한 진단을 수행하고 엔지니어들이 사용하는 정비 시스템과의 연동을 통해 정비 오더를 알려주게 설계했다. 세 번째는 알고리즘을 활용한 고장 예측이다. 센서 데이터 패턴에 대한 통계

**예지 정비를 통한 장비 운영의 혁신**

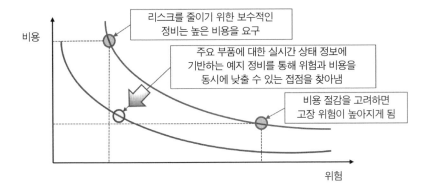

적 예측 분석을 통해 부품별 잠재 고장 확률을 예측하고 고장에 대한 경고 알림을 통해 부품별 상태에 따라 사전 점검을 가능하게 했다. 마지막으로 분석에 기반한 정비 스케줄링이다. 부품별 잔여 수명 및 상태에 따라 중기 정비 전략 수립이 가능해졌고 최적의 정비 수행으로 평균 수리 시간을 단축하고 열차의 가동률은 극대화할 수 있게 되었다.

기존 시스템에서는 열차 고장 위험을 줄이기 위해 정비 횟수를 늘리면 높은 비용 부담이 발생했고 반대로 비용 절감을 위해 정비 빈도를 낮추면 열차 고장 가능성이 높아져 안전에 대한 위험을 부담해야만 했다. DMMS의 성공적인 구축으로 예지 정비가 가능해짐으로써 불필요한 정비를 최소화하고 최적화된 정비 스케줄링이 가능해졌으며 전체 유지보수 비용도 10% 이상 절감할 수 있게 되었다. 또한 운행 중에도 고장 위험 요소를 찾아 사전에 제거하거나 잠재된 수리 지연 요소를 제거할 수 있게 되면서 열차 운행의 다운타임을 감소시키고 시민의 안전도 높일 수 있게 되었다. 결과적으로 빅데이터 기반 예

**생산 설비의 예측 모델 상관 관계**

| ID | IND 1 | IND 1 | IND 1 | ... | IND n |
|----|-------|-------|-------|-----|-------|
| 1 | 45℃ | 20 Hz | 5 rpm | | 60 000 |
| 2 | 50℃ | 70 Hz | 6 rpm | | 45 000 |
| : | : | : | : | : | : |
| n | 47℃ | 50 Hz | 6 rpm | | 55 000 |

입력과 출력
간 예측모델

| ID | Defect 1 | Defect 2 | ... | Defect n |
|----|----------|----------|-----|----------|
| 1 | Yes | Yes | ... | No |
| 2 | No | No | ... | No |
| n | No | No | ... | Yes |

생산라인 《블랙박스》

지 정비 시스템을 통해 유지보수 비용 절감과 고장에 대한 위험 감소 라는 두 가지 목표를 동시에 달성할 수 있게 되었다.

설비의 센서 정보를 품질 검사에 적용하는 경우를 살펴보자. 각 생산 설비의 센서 정보, 생산품의 불량 여부, 불량 유형에 대한 결과 값들 간의 상관관계를 찾아 예측 모델을 만들어냄으로써 품질의 불량 여부를 미리 예측해낼 수 있다. 이를 통해 품질 검사 비용을 절감하고 검사의 리드타임을 줄일 수 있으며 불량률을 낮추고 설비에 대한 전체적인 효율도 개선할 수 있다.

포스코에 이어 세계 2위의 기술경쟁력을 가진 러시아의 국영 철 강회사인 세베르스탈Severstal 연주 공장에서는 생산되는 철강 제품에 대해 계획된 품질관리를 수행하고 있었다. 생산되는 철강 슬라브의 25%에 대해 품질검사를 수행했다. 그러다 보니 품질관리 비용이 높아졌고 동시에 세로축 결함, 가로축 결함, 가장자리 또는 표면 박편 결함 등의 결함이 끝없이 발생했다. 품질관리 비용은 줄이면서 동시에 품질 결함은 최소화 할 수 있는 방안을 고민하던 세베르스탈은 결함 확률이 높은 제품만을 찾아 선택적으로 검사할 수 있는 방법을 연구하게 된다. 1년 동안 공장 설비에서 발생된 데이터를 수집하여 분석하고 설비의 센서 정보와 불량 결과값 간의 예측 모델을 만들어내게 되었다.

이를 통해 생산되는 각 슬라브에 대한 화학성분 데이터, 센서 데이터, 기계 튜닝, 생산 데이터, 측정값 등의 300여 개의 관련 변수를 분석해 결함 확률이 높은 슬라브를 파악하고 불량 가능성이 높은 슬라브에 대해서만 품질검사를 위한 측정 오더를 발행하게 했다. 불량 가능 정확도를 조정하면서 품질 측정을 75%까지 감소시켰을 때 95%의 결함 슬라브에 대한 파악이 가능했고 30%까지 감소시켰을 때는 100%의 불량 슬라브의 파악이 가능하게 되었다. 이를 통해 과거에는 생산되는 모든 제품의 25% 제품에 대해 수행하던 물리적 품질 검사를 5~13% 수준으로 낮출 수 있게 되었다. 이는 세베르스탈 연주 공장의 2016년도 총 스크랩 목표인 1.35%를 달성 가능하게 했고 이전 대비 0.25%의 스크랩 감소 효과로 연 2만 5,000톤의 슬라브 추가 생산을 가능하게 했다.

# 2

# 디지털 트랜스포메이션 2단계
## – 공급망 최적화

2단계는 생산라인의 자동화를 넘어 가치사슬상의 공급망 전체를 최적화하는 단계이다. 즉 개발부터 구매, 생산, 마케팅, 판매, 서비스에 이르는 전체 공급망을 하나로 연결하고 통합하는 단계이다. 2단계의 발전 과정을 거치면서 나타나는 주요 특징의 첫 번째는 '마이크로 팩토리Micro Factory' 개념이다.

마이크로 팩토리는 의미 그대로 초소형 공장을 의미한다. 일반적으로 공장이라고 하면 거대한 조립라인에서 소품종을 대량생산하는 것으로 생각한다. 하지만 종래의 공장과는 달리 넓지 않은 사무실 같은 공간에서 첨단 제조 장비를 통해 다품종을 소량으로 생산하는 새로운 개념의 공장을 의미한다. 초소형 공작기계나 3D 프린터 등을 사무실에 갖추어두고 고객의 요구에 맞추어 필요할 때 필요한 만큼 원하는 제품을 생산하는 방식이다. 주로 소형 정밀부품 분야, 의료기술 분야, 통신 분야의 제품을 생산하고 심지어 최근에는 고객의 사양에 맞춘 자동차 생산까지 가능하게 하는 수준으로 발전하고 있다. 마이크로 팩토리 생산을 통해 지역 시장의 요구에 대한 신속한 대응과 공급이 가능해지고 무역 규제 준수도 쉬워지며 일자리 확보와 신규 비즈니스 창출도 가능해지게 된다. 이는 최근 개발도상국의 임금 상승에 대한 기업 부담과 자동화 기술의 발전 두 가지 요인으로 더욱 빠르게 확산되고 있다.

2단계의 두 번째 특징은 온디맨드 제조방식이다. 3D 프린팅 기술의 발전을 통해 프린팅의 목적에 따른 소재의 종류도 다양해졌고 필요할 때 적시에 만들어낼 수 있기 때문에 시간 절약도 가능해진다. 현지에서 직접 생산이 가능해지면서 이전처럼 재고관리나 운송을 위한 높은 비용을 필요로 하지도 않는다. 이전까지 3D 프린팅은 플라스틱 소재로 만들어지는 예비부품 생산이나 신제품의 프로토타입이나 특수 부품의 시제품 등을 만들 때 주로 사용되었다. 지금은 분말 금속과 레이저 기술을 활용하는 금속 3D 프린팅 기술이 빠르게 발전하고 있고 실제 생산품의 제작에도 활용되기 시작하고 있다.

2단계의 또 다른 특징은 소품종의 대량생산이 아닌, 개인화된 맞춤형 제품 생산이 가능해지는 것이다. SCM 월드의 조사에 따르면 90%의 고객이 자신의 취향에 맞춰진 개인화된 제품을 선호하고 50%의 제조 기업이 개인화된 생산 공장을 검토하거나 파일럿 사업을 고려하고 있다고 한다. 개인화된 생산을 가능하게 하기 위해서는 제품의 설계부터 납품까지의 전체 리드타임을 획기적으로 줄일 수 있어야 한다.

전통적인 공장에서는 생산되는 제품을 바꾸기 위해 많은 시간의 리드타임을 필요로 한다. 즉 같은 공장에서 여러 종류의 다양한 제품을 생산하는 것은 그만큼 많은 시간과 비용을 필요로 할 수밖에 없었다. 대부분의 제조기업들은 여전히 원가절감이나 생산 효율화를 최고의 목표로 하고 있고 공장의 생산라인은 소품종 대량생산에 최적화되어 있다. 이런 구조의 공장 라인에서 다품종을 생산하기 위해서는 너무나 많은 시간과 비용이 소요되고 기술적인 한계도 가지게 된다.

하지만 최근 새롭게 지어지는 스마트 팩토리 공장들은 과거와 같은 긴 컨베이어 라인에서 소품종을 대량으로 생산하던 방식이 아닌, 고객 한 명 한 명이 선택한 제품 사양에 따라 개인화된 제품 생산을 가능하게 하는 셀Cell 생산방식을 적용하고 있다. 이는 생산 최적화뿐 아니라 고객 채널에서부터 생산과 구매에 이르는 전체 공급망 최적화를 가능하게 하면서 개인의 주문에 따른 개인화된 제품 생산도 가능하게 한다. 과거의 컨베이어 방식은 최적의 생산 효율을 만들어내기 위해 하나의 긴 생산라인에 여러 개의 작업대를 구성하고 각 작업대에 업무를 균등하게 배분하는 라인 밸런싱Line Balancing을 핵심 이론으로 한다. 컨베이어 방식은 업무를 과학적으로 분류해 분업화시키고 컨베이어벨트를 이용해 작업 시간과 작업 양을 조절할 수 있게 한다. 또한 물류 작업에서 작업자의 이동을 제거하고 작업대의 높이를 조절하여 작업자의 허리 굽힘도 최소화함으로써 업무를 더욱 효율화할 수 있게 만들었다.

작업자가 직접 이동해야 했던 고정식 작업대에서 작업자의 이동을 제거한 이동식 작업대로 바꾼 컨베이어 방식은 생산의 표준화를 통한 생산성 향상과 진정한 대량생산을 가능하게 이끈 생산의 혁신이자 새롭고 근대적인 경영 방식이었다. 특히 소품종 대량생산에 집중하던 과거 제조업에서 컨베이어 시스템은 생산성 향상뿐만 아니라 단위당 생산 원가도 낮출 수 있는 최적의 생산방식이었다. 하지만 컨베이어 시스템은 작업자들에게 전달하는 작업량과 작업속도를 강제화해야 했고 하나의 공정에 문제가 생기면 전체 공정에 영향을 미치는 등의 문제점을 안고 있었다. 작업대 사이의 업무 전달에서 필요없는 추가 작업들도 생겨나게 된다. 컨베이어 벨트 위에서 모든 작업들이 완벽하게 균형을 이루어 처리되는 것처럼 보이지만 사실은 모든 작업대가 가장 느린 공정에 맞추어져 생산 공정이 진행되고 있는 것이다. 무엇보다 더욱 큰 문제는 제품과 생산에 대한 설계 변경이나 신제품 투입 등에 유연하게 대응할 수 없다는 것이다. 이것은 최근 개인화와 디지털 기술의 접목과 같은 다양한 수요와 시장 구조의 변화에 대한 비즈니스 민첩성과 시장 대응력에 치명적인 영향을 미치게 된다.

반면 셀 생산방식은 컨베이어 방식과 달리 비교적 작은 공간인 셀에 제품의 각 서비스에 맞추어진 부품들과 작은 작업대를 배치하고 한 사람 또는 여러 명이 완성품 혹은 부품들을 조립해가는 방식이다. 이러한 셀 생산방식은 컨베이어 시스템의 세분화된 분업의 낭비를 제거하고 사람을 활용해 변화에 대한 유연성을 높이기 위해 고안된 생산방식이다. 셀 생산방식은 작업자들의 업무 전문성을 인정하면서 업무에 대한 성취도를 높여줄 수 있고 하나의 작업대에 문제가 발생하는 경우 전체 라인이 영향을 받는 컨베이어 방식과 달리 해당 셀만 영향을 받기 때문에 오히려 높은 생산성과 유연성 확보가 가능해진다.

또한 하나의 거대한 컨베이어 라인에서 100개의 동일 제품을 생산하는 것보다는 10개의 셀에서 10가지 제품을 생산하는 방식이 생산라인의 변경도 적게 한다. 또한 다품종 소량생산을 요구하는 최근 고객들의 요구를 만족시키면서 제품에 대한 재고관리 능력도 높일 수 있게 한다.

더이상 남들과 똑같은 제품이나 서비스를 원하는 고객은 없다. 작게는 시리얼이나 음료부터 의류, 가전, 자동차에 이르기까지 모든 제품과 서비스들이 개인화된 형태로 제공되기를 원하는 것이 디지털 시대 고객과 시장의 요구이다. 이런 개인화에 대한 요구는 더욱 복잡하고 다양해지고 있다. 이를 수용하기 위해 제품의 라이프사이클이 점점 짧아지고 제품 사양에 대한 요구와 변경도 잦아지면서 유연한 생산방식은 제조업의 필수요소가 되었다. 고객이 개인별로 원하는 취향의 제품 사양과 서비스를 주문하면 그에 맞춰 1 대 1 맞춤형으로 생산할 수 있는 생산방식이 필요한데 그것을 가능하게 하는 것이 셀 생산방식이다. 생산설비와 작업자 등 제한된 자원을 갖고 있는 기업들이 고객과 시장의 이런 무한한 요구를 만족시키기 위해서는 조직을 세분화하고 생산방식을 바꾸는 것이 필요할 것이다.

물론 고객의 세그먼트가 어느 정도 규모 이상의 큰 군집이라면 과거 생산방식으로도 대응 가능하겠지만 최근 고객의 세그먼트는 아주 작은 그룹들이다. 컨베이어 방식과 같은 과거의 소품종 대량생산 방식으로는 이런 작은 집단의 고객과 시장 요구에 대응하는 것이 쉽지 않다. 미래의 시장 요구를 수용하기 위해서는 생산 공정의 처음부터 최종 공정까지를 한 사람의 작업자나 소규모의 한 팀이 담당해 완제품을 만들어낼 수 있는 자기완결형Order-Fulfillment Process 생산방식인 셀 생산방식을 따라야 한다. 궁극적으로는 한 명의 숙련자가 수천 가지의 옵션으로 구성되는 고객의 주문을 받아 각 셀에서 하나씩 생산해서 납품하는 완전한 의미의 주문형생산Build to Order을 확립하는 것이다.

최근 회자되는 맞춤형 주문 제작을 가능하게 하는 선진 기업들의 스마트 팩토리들은 이미 로봇과 센서와 같은 디지털 기술을 활용한 현장의 설비 자동화와 함께 생산방식도 라인방식이 아닌 셀 방식의 생산방식을 적용하고 있다. 고객의 주문과 함께 주문한 사양의 제품을 생산하기 위해 필요한 부품들의 리스트가 구성되어 특정 셀로 필요한 부품들이 전달된 후 각 생산 공정에 따라 하나의 주문에 대한 하나의 제품이 생산되게 된다. 이는 곧 개인의 취향에 따른 개인화된 제품 생산을 가능하게 한다.

바이크를 좋아하는 많은 중장년 남성들의 로망인 할리데이비슨 바이크는 북미나 캐나다 등에서 경제적인 여유가 있는 남성들의 고급 취미활동이다. 국내에서도 양평 등에 가면 할리데이비슨으로 드라이브를 즐기는 바이커들을 자주 볼 수 있다. 할리데이비슨은 워낙에 고가의 바이크이다 보니 심사숙고하여 모델을 선택하고 구매를 결정한다. 일반적으로는 정해진 모델 중에서 선택하고 주문해야 한다. 그러다 보니 바이크를 받으면 지역 대리점에 맡기고 또 다시 많은 시간과 비용을 들여 바디, 휠, 핸들 등을 원하는 형태로 튜닝한 후 나만의 바이크로 만들어 타게 된다. 할리데이비슨은 2009년 펜실베이니아 요크에 있던 과거 소품종 대량생산 방식의 공장을 허물고 2011년 완전히 자동화된 새로운 스마트 팩토리로 개조해 바이크를 생산하고 있다. 이 공장은 2013년 인더스트리 위크가 선정한 베스트 플랜트Best Plant에 선정되기도 했다. 요크 공장은 41개의 빌딩에 흩어져 있던 생산 공정을 하나의 빌딩에서 수행되도록 설계했고 수작업에 의존하던 단순 반복 작업들은 로봇과 무인 운반 자동차로 대체해 생산성을 높일 수 있게 했다. 요크 공장의 면적과 작업자는 기존 공장의 반 이하

**할리데이비슨 스마트 팩토리 도입 전과 후**

(출처: 할리데이비슨)

로 줄었고 제조 설비, 공작기계, 이동 설비 등에 부착된 센서에 의해 공장의 모든 가동 상황과 이동 설비의 위치가 실시간으로 모니터링되고 있다.

2011년부터 '당신만의 바이크를 만드세요BYOB: Build your own bike'라는 웹 사이트를 개설하고 소비자들이 바디, 바퀴, 휠, 머플러, 시트, 핸들 등 원하는 종류의 부품을 선택해 나만의 바이크를 주문할 수 있도록 했다. 모델별로 다르긴 하지만 구매자의 기호나 취향에 따라 1,300종류의 옵션이 제공되고 있고 소비자들이 원하는 사양의 바이크를 주문해 맞춤형 바이크를 인도받을 수 있도록 로트Lot 사이즈 1의 주문 생산방식을 제공하고 있다. 이렇듯 새로운 공장에서는 생산 라인의 자동화뿐 아니라 정보통신기술을 활용해 고객의 주문 정보, 생산 정보, 부품 공급사 정보를 모두 통합해 전체 공급망을 최적화하고 있다. 웹이나 대리점에서 고객 발주가 확정되면 주문한 바이크를 생산하는 데 필요한 부품 리스트, 생산 BOMBill of Material이 바로 입력되어 생산 계획에 반영되게 된다. 필요한 부품의 재고를 확인해 부품 수배가 이루어진 후 제품 생산이 진행된다. 개인화된 바이크의 주문

**'당신만의 바이크를 만드세요' 웹 사이트 화면**

(출처: 할리데이비슨)

과 생산을 위해서는 영업점이나 웹 채널의 판매부터 구매와 생산에 이르기까지 전체 프로세스에서 개인화된 제품 사양에 대한 모든 정보들이 투명하게 공유되고 관리될 수 있어야 한다.

고객이 요구한 기본 정보를 바탕으로 전체 또는 일부 사양에 대해 가장 적합한 구성을 찾아 유사하거나 대응되는 제품 사양을 제안할 수 있어야 한다. 복잡한 주문의 경우에도 공정 시뮬레이션을 통해 제품의 사양 구성을 검증할 수 있어야 하고 제품 변경에 대한 품질도 보장할 수 있어야 한다. 또한 엔진, 연료, 타이어, 전조등 등의 제품 사양 변경을 필요로 하는 외부 규제나 내부 전략의 변화에 대해서도 그런 변화가 비즈니스에 미칠 영향을 분석해 영향을 받는 제품 모델에 대한 각 부품이나 제품별 사양 정보들이 영업과 구매 프로세스에 바로 반영되어 생산 가능 여부가 검증될 수 있어야 한다.

이전 공장에서는 생산 리드타임이 길어 21일 전에는 생산 계획을 확정해야 했지만 지금은 생산 6시간 전에만 확정하면 된다. 즉 고객이 선택하는 옵션의 바이크 생산을 위한 부품조달에 6시간의 시간만 주어진다면 생산을 진행할 수 있게 되었다. 또한 생산 공정의 실시간

가시성을 높임으로써 과거에는 10일 분량의 재고관리가 필요했지만 지금은 3시간 분량의 재고관리만을 필요로 한다. 할리데이비슨은 스마트 팩토리 도입을 통해 한 공장에서만 2억 달러(약 2,400억 원)의 운영비용을 절감했고 생산라인에서도 엄청난 효율성을 확보할 수 있었다. 더구나 생산방식도 과거 표준 모델만 만들어내던 방식에서 지금은 고객이 선택한 옵션에 따라 전혀 다른 모델의 개인화된 바이크를 86초에 한 대씩 생산할 수 있게 되었다.

4차 산업혁명은 로봇과 설비의 자동화를 통한 현장 데이터의 센싱 및 활용이 가능해지는 것과 3D 프린터를 갖춘 스마트 팩토리가 핵심이다. 스마트 팩토리에서는 생산 공정을 진행하면서 생산 기계와 부품의 센서 데이터를 활용해 서로 교신하면서 생산 계획된 제품을 자동으로 생산하는 자율 네트워킹이 가능해진다. 앞의 할리데이비슨과 함께 최근 독일에서 생산을 재개한 아디다스의 스피드 팩토리 역시 스마트 팩토리의 대표적인 사례로 꼽힌다. 아디다스는 독일 생산 공장의 높은 인건비 문제로 1993년을 마지막으로 독일 공장을 폐쇄하고 임금이 낮은 동남아로 생산 공장을 이전했다. 독일의 생산 공장을 폐쇄한 지 23년이 지난 2016년 리쇼어링Reshoring 형태로 독일 본국의 안스바흐Ansbach로 생산 공장을 다시 가져왔고 2017년 10월에는 스피드 팩토리에서 생산할 첫 번째 제품 시리즈인 AM4Adidas Made For를 발표했다.

아디다스는 독일 정부의 인스터스트리 4.0 프로그램의 일환으로 스피드 팩토리 프로젝트를 시작하게 되었고 이를 통해 스포츠 의류 산업에서의 공급망 혁신 모델을 만들어가고 있다. 지난 몇 년 동안 신발과 같은 소비재 상품 시장은 전자상거래 중심으로 빠르게 이동했고 고객들의 서비스 요구 수준도 높아지면서 신속한 배송이 더욱 중요하게 되었다. 고객이 요구하는 높은 기대 수준을 맞추기 위해서는 배송뿐만 아니라 생산 속도도 빨라져야 하고 고객 수요 변화에도 신속하게 대응할 수 있어야 한다. 그리고 빠르게 변화하는 패션 시장에서 맞춤형 제품 공급을 통한 차별화 역시 시장 경쟁력을 높이기 위한 중요한 전략으로 인식되고 있다.

스피드 팩토리에서는 속도, 정확도, 변화 대응력을 높일 수 있도록 모든 생산과정을 사람이 아닌 로봇과 3D 프린터로 대체했다. 사람은 새로운 기술을 익히는 데 최소 몇 달이 소요되지만 로봇은 단 수분 만에 새로운 기술을 적용할 수 있다. 스피드 팩토리는 여러 가지 특징을 가진다. 우선, 설계 변경 시 기존 방식에서 필요로 했던 설비 교체 작업과 작업자의 매뉴얼 한 업무 지시를 제거하여 설치 시간을 대폭 줄여준다. 다음으로 스피드 팩토리를 수요가 많은 현지 시장에 건설함으로써 배송 시간을 단축시켜줘 매장에서 보관해야 하는 재고의 수를 크게 줄여준다. 일반적으로 시장에서 가장 인기 있는 디자인의 제품조차도 매장의 모든 재고를 소진하기 위해서는 2~3개월의 시간이 소요된다.

또 하나의 특징은 생산 준비 시간을 절약하기 위해 신발의 생산을 시뮬레이션하는 디지털 가상 컴퓨터 모델이 포함되어 있다는 것이다. 이는 신속하고 작은 단위의 맞춤화된 제품 생산을 가능하게 함으로써 고객에게 더 넓은 범위의 다양한 제품 선택을 가능하게 한다. 예를 들어 아디다스의 맞춤형 제품 서비스를 제공하는 온라인 판매 채널인 '미 아디다스Mi Adidas'에서는 주문부터 배송까지 4주에서 6주가 소요된다. 하지만 스피드 팩토리에서는 영업일 기준으로 4일에서 5일 이내 배송을 목표로 하고 있다.

베트남 생산 공장에서는 새로운 제품을 출시하기 위해 3주의 생산 리드타임을 필요로 했기 때문에 기성품을 대량생산하는 전통적인 생산방식으로 운영되고 있었고 연간 50만 켤레의 신발을 생산하기 위해 600여 명의 현장 인력이 근무하고 있었다. 반면 로봇과 자동화 공정을 갖춘 스피드 팩토리에서는 연간 50만 켤레의 운동화 생산을 위한 상주 인력이 10여 명에 불과하다. 더욱 혁신적인 것은 단순 생산 자동화를 넘어 개인 맞춤형 생산체제를 갖춘 공장이라는 사실이다. 과거 생산방식에서는 개인 맞춤형 신발을 제작하고 배송하는 데 6주 이상의 시간이 소요되었지만 스피드 팩토리에서는 신체적 특징, 운동 방식, 취향에 따라 원하는 형태의 고객 맞춤형 신발을 단 몇 시간 만에 생산해서 배송할 수 있게 된다.

아직까지는 스피드 팩토리가 3D 프린터와 자동화된 제조 기술을 사용하여 독일, 런던, 파리, 뉴욕과 같은 특정 지역 소비자들의 요구를 반영하는 한정판 신발을 생산하는 데 사용되고 있다. 하지만 궁극적으로는 공장 자동화를 통한 생산 효율화뿐 아니라 아라미스ARAMIS라고 불리는 기술을 통해 피부, 근육, 뼈 등의 개인 데이터를 분석해 개인에게 최적화된 운동화를 설계하고 생산하는 것을 목표로 하고 있다. 지금은 세계 최고 수준의 운동선수들만이 개인 맞춤형 신발을 신을 수 있지만 가까운 미래에는 누구라도 나에게 꼭 맞는 신발을 들고 매장에서 나오는 모습이 자연스러워질 것이다.

앞에서 이야기했듯이 개인화된 제품 생산을 위해서는 공장의 스마트 팩토리화를 넘어 제품 설계부터 고객 주문, 부품 조달, 납품에 이르는 전체 가치사슬상의 공급망이 통합되어 있어야 하고 모든 작업들이 디지털 네트워크로 연결되어 있어야 한다. 할리데이비슨 펜실베니아 공장이나 아디다스 스피드 팩토리 사례는 4차 산업혁명을 통해 개인 맞춤형 온디맨드 방식의 생산이 가능함을 잘 보여주고 있다. 이런 온디맨드 생산은 생산 리드타임을 획기적으로 줄일 수 있기 때문에 유행이나 시장 변화에도 신속하게 대처할 수 있다.

과거 생산 공장에서는 새로운 제품이 디자인되어 실제로 제작되고 판매되기까지 1년에서 2년의 시간이 소요되었지만 스마트 팩토리에서는 생산 리드타임을 몇 시간에서 며칠 정도로 단축시킬 수 있다. 과거에는 본국에서 인건비가 저렴한 지역으로 생산기지를 옮겨 갔다. 하지만 최근에는 리쇼어링을 통해 인건비보다는 고객과 시장에서 가까운 도시 지역으로 공장을 다시 옮겨가고 있다. 이는 자동화된 스마트 팩토리를 통해 적은 인력으로도 더 많은 종류의 제품 생산이 가능하기 때문이다. 아디다스 역시 독일 스피드 팩토리를 시작으로 2017년에는 미국 애틀랜타의 스피드 팩토리가 가동을 시작했고 일본 도쿄와 중국 상하이에도 스피드 팩토리를 진행하고 있다. 할리데이비슨과 아디다스 사례에서와 같이 스마트 제조는 아래 5개의 연결 시나리오를 가진다.

첫 번째 단계는 기업의 비즈니스 시스템과 현장 시스템 간의 수직 통합이다. 생산 계획, 생산 실행, 배송 추적을 위한 분리된 시스템이 아닌 배송, 품질, 비용과 같은 주요 지표를 향상시킬 수 있도록 생산 프로세스를 기업의 비즈니스 시스템과 연결하고 통합하는 단계이다.

두 번째 단계는 지능형 기계들이 자가진단하고 스스로 문제를 해결하는 기계 대 기계M2M: Machine-to-Machine 연결이다. 스마트 팩토리에서는 내장된 센서 또는 무선인식 칩을 사용해 기계가 서로 이야기하고

**스마트 제조의 5가지 연결 시나리오**

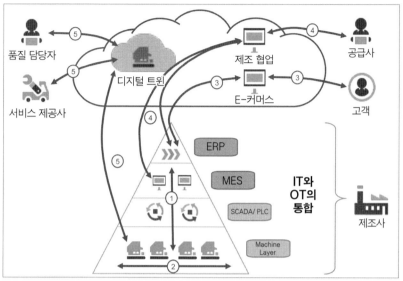

(출처: TM 포럼)

1. 업무 시스템과 현장 시스템 간의 수직 통합
2. 자동화된 설비들 간의 수평적 상호 연결
3. 고객 주문 정보가 ERP 시스템을 통해 생산라인까지 연결
4. 생산 품목과 부품 리스트 정보가 협력사와 연결되는 실시간 제조 협업
5. 현장 설비의 실시간 상태 정보가 클라우드상의 디지털 트윈으로 연결

워크플로를 조정할 수 있게 된다.

세 번째 단계는 전자상거래와 통합되거나 온라인 몰을 통해 고객 채널과 직접 통합되는 단계이다. 스마트 팩토리는 소비자 취향에 따른 개인화되고 세부적인 구성이 가능한 제품 주문을 고객 주문 입력부터 생산 현장까지 연결해 관리될 수 있게 한다.

네 번째 단계는 공급 업체, 위탁 생산, 디자인 파트너, OEM 및 고객과의 협업을 지원하는 단계이다. 디자인 파트너는 프로토타입이나 설계 테스트를 작업 현장 시스템에 실시간으로 연계해 수행할 수 있게 되고 3D 프린터의 출현으로 디자인 파트너는 빠른 프로토타입을 수행할 수 있게 되었다.

마지막 단계는 생산 현장의 기계와 클라우드상에 복제된 디지털 트윈이 연결되고 디지털 트윈을 통해 원격지에서도 설비를 모니터링하고 예지 정비와 품질관리를 수행할 수 있게 하는 단계이다. 운영자 및 기계 제조업체는 원격지에서 설비 자산을 관리하면서 설비의 상태, 성능, 사용성에 대한 실시간 가시성을 확보하고 오류를 미리 예측해 자산을 관리하고 사고를 방지할 수 있게 된다.

# 3

# 디지털 트랜스포메이션 3단계
## – 새로운 부가가치의 창출

현장 자동화를 통한 생산 최적화, 효율화, 그리고 생산뿐만 아니라 고객 채널부터 구매와 제품 공급에 이르는 전체 공급망 최적화를 통해 2단계까지의 인더스트리 4.0을 완성하게 되면 다음 단계부터는 제조 프로세스의 최적화를 넘어 새로운 비즈니스 모델로의 혁신이 시작되는 단계이다. 3단계에서는 기업이 현재 제공하고 있는 제품이나 서비스에서 추가적인 수익을 창출할 수 있는 부가서비스나 상품을 개발해 공급하는 단계이다. 3단계에서 나타나는 서비스 모델은 제품 중심에서 사용 중심으로 좀 더 나아가 결과 중심으로 진화하게 된다.

제품 중심 모델은 사용자가 제품을 소유하는 모델로 제품판매에 중점을 두고 부가적인 서비스를 제공하는 모델이다. 제품 중심 서비스 모델은 AS나 제품에 대한 주기적인 관리와 컨설팅 서비스와 같이 제품에 관련된 부가적인 서비스를 함께 제공함으로써 기존 제품 판매 수익뿐 아니라 서비스에 대한 추가 수익을 만들어내게 된다.

**테넌트 산업용 청소기 예지 정비**

(출처: 테넌트)

테넌트TENNANT는 미국 미니애폴리스에 본사를 둔 100년 이상의 역사와 전통을 가진 청소 산업의 선두 기업으로 다양한 산업용 청소기를 제조하는 회사이다. 서울 코엑스나 부산 벡스코와 같은 대형 몰이나 컨벤션 센터를 지나가다 보면 구석진 곳에서 테넌트와 비슷한 산업용 청소기를 자주 볼 수 있다. 얼핏 보면 고장 난 것처럼 보이기도 하고 분실된 것처럼 보이기도 한다. 테넌트는 2015년부터 청소기에 센서와 컨트롤러로 구성된 아이리스iris, Intelligent Remote Information System라는 시스템을 장착한 스마트 청소기 공급을 시작했다. 스마트 청소기로부터 센서 데이터를 수집해 클라우드로 전송받아 청소기의 사용률을 분석해 효율적인 인력 배치를 가능하게 한다. 청소기의 정확한 위치 추적을 통해 청소기 관리를 쉽게 하고 도난도 방지할 수 있다. 또한 청소기의 사용량과 사용된 시간을 알 수 있게 되면서 직접 판매뿐 아니라 사용량에 따라 비용을 받는 대여 형태의 비즈니스도 제공할 수 있게 되었다.

## 테넌트사의 부가서비스 제공 모델

빅데이터 기반 시간 통찰

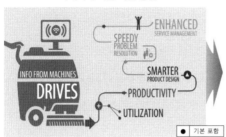

청소기 상태에 따른 유연한 서비스 공급

| | 예방 정비 | | 전체 서비스 | |
|---|---|---|---|---|
| | 변동 가격 | 고정 가격 | Pro 48 | Pro 24 |
| 가동시간 보장 | X | X | X | ● |
| 주말 서비스 | X | X | X | ● |
| 24시간 이내 응답 | X | X | X | ● |
| 관리 보고서 | X | X | ○ | ○ |
| 브리칭 기계 | X | X | ● | ● |
| 수리 부품 | X | X | ● | ● |
| 배터리 및 충전기 | X | X | ○ | ○ |
| 소모품 | X | X | ○ | ○ |
| PAT 테스트 | X | ○ | ○ | ○ |
| 고장 수리 | X | X | ● | ● |
| 운영자 교육 (설치 후) | X | X | ● | ● |
| 계약 기간내 고정 가격 | X | ○ | ○ | ○ |
| 월별 과금 | X | ○ | ● | ● |
| 유지보수 부품 | X | ○ | ○ | ○ |
| 안전 증서 | ○ | ○ | ○ | ○ |
| 48시간 이내 응답 | ● | ● | ● | X |
| 호출 및 작업 할인 | ● | ○ | ● | ○ |

● 기본 포함
○ 선택 항목
X 미포함

(출처: 테넌트)

청소기에서 수집되는 실시간 사용 정보와 청소기의 상태 정보를 기반으로 청소기 관리의 주요 지표별 성능을 확인할 수 있다. 또한 예지 정비를 통해 청소기의 가동률을 높이고 소모품의 교체 주기를 관리하는 등 유지보수 비용을 절감할 수 있는 고객 서비스를 함께 제공하고 있다. 테넌트 사는 산업용 청소기를 생산해서 판매하던 모델에서 제품을 지능화시킴으로써 대여 서비스를 포함한 다양한 부가서비스를 만들어 제품과 함께 판매하고 있다.

사용 중심의 서비스 모델은 공급업체가 제품을 소유하고 단일 또는 다수의 사용자가 공유하는 모델이다. 다임러의 카투고car2go나 BMW의 드라이브나우와 같은 차량공유 서비스는 자동차 제조기업이 서비스 기업으로 전환하는 계기가 된다. 이러한 서비스를 통해 기존 자동차 구매 고객을 잃을 수도 있지만 다른 한편으로는 새로운 비즈니스 모델을 통한 신규고객 확보가 가능하다.

번들스Bundles는 2014년 크라우드 펀딩으로 탄생한 네덜란드의 스타트업 기업으로 가정용 세탁기 렌탈 서비스 회사이다. 이 회사는 고객에게 세탁기를 대여하고 인터넷에 연결해 고객이 세탁한 양만큼 과금하는 방식의 서비스를 제공한다. 우리나라의 빨래방과 비슷한 모델이지만 특정 장소에 가서 세탁을 하는 것이 아니라 정수기처럼 가정집에 세탁기를 대여해주고 세탁한 만큼 매월 과금하는 방식이다. 이를 통해 고객은 고가의 세탁기를 구매하는 것이 아니라 저렴한 비용으로 필요한 만큼의 세탁만 함으로써 전체 세탁 비용을 절감할 수 있게 된다.

3단계의 마지막 결과 중심 서비스 모델은 공급업체가 제품을 소유하고 사용자와 공급업체 간의 상호 합의된 서비스의 품질 수준과 과금 방식에 따라 제품의 사용량 또는 부가가치의 창출에 따라 과금하는 방식이다. 독일의 캐저KAESER는 BMW, 포르쉐Porsche, 지멘스Siemens, 바스프BASF 등과 같은 글로벌 제조기업에 공업용 공기 압축 펌프를 생산해서 판매하는 공기압축기 분야 글로벌 선두 기업이다. 공기압축기 시장은 기술이 성숙하고 보편화되면서 제품과 기술 경쟁력이 평준화되었다. 캐저 역시 저가 제품을 내세우는 경쟁사 대비 차별성의 부족으로 기술과 시장에서의 경쟁력을 잃어가고 있었다. 또한 높은 서비스 가용성을 보장받기 위해서는 그만큼 높은 서비스 비용이 요구되었지만 TCOTotal Cost of Ownership 절감 전략의 일환으로 점점 더 많은 고객들이 자체 정비를 수행하고 있었다. 이로 인해 서비스 매출은 계속해서 하락하고 있었고 추가적인 서비스 매출의 향상도 어려운 상황이었다.

캐저는 이런 상황에서 '장비를 생산해서 판매하는 비즈니스를 넘어 압축 공기를 서비스하는 비즈니스로 차세대 기업 변혁'을 이끌어내겠다는 목표를 수립하게 된다. 판매가 아닌 사용량 기반 과금 서비스를

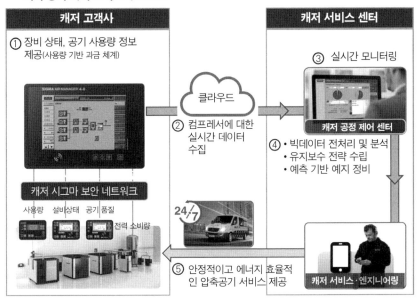

캐저 공기 서비스 비즈니스 모델

**캐저 고객사**

① 장비 상태, 공기 사용량 정보 제공(사용량 기반 과금 체계)

SIGMA AIR MANAGER 4.0

캐저 시그마 보안 네트워크

사용량   설비상태   공기 품질

전력 소비량

클라우드

② 컴프레서에 대한 실시간 데이터 수집

24/7

⑤ 안정적이고 에너지 효율적인 압축공기 서비스 제공

**캐저 서비스 센터**

③ 실시간 모니터링

**캐저 공정 제어 센터**

④ • 빅데이터 전처리 및 분석
• 유지보수 전략 수립
• 예측 기반 예지 정비

**캐저 서비스·엔지니어링**

(출처: 캐저컴프레서)

통해 고객의 장비 구매에 대한 비용 부담을 크게 줄였다. 동시에 사물인터넷을 활용해 제품과 서비스의 혁신을 이끌어내고 서비스 품질과 운영 효율을 높임으로써 고객에게 더욱 안정적이고 비용 효율적인 제품과 서비스를 제공할 수 있게 되었다.

캐저의 공기 압축기를 사용하는 고객은 정비 서비스와 사용량 기반 과금을 위해 공기 압축기의 장비 상태와 압축 공기 사용량에 대한 정보를 캐저의 서비스 센터로 제공한다. 캐저 서비스 센터에서는 고객의 공기 압축기에 대한 실시간 사용 데이터를 수집해 모니터링하고 수집된 빅데이터의 분석을 통해 장비의 최적 수명 확보를 위한 유지보수 전략을 수립할 수 있게 되었다.

캐저는 실시간 모니터링을 통해 공기압축기를 사용하지 않는 시간에 발생하던 에너지 손실을 차단하고 필요한 압축 공기의 양에 따라 압축기의 성능을 조절함으로써 에너지 효율도 크게 개선할 수 있게 되었다. 또한 장비 고장의 사전 감지를 통한 예지 정비 서비스를 포함해 안정적이고 에너지 효율적인 압축 공기의 공급이 가능해지면서 고객들은 더 이상 압축기의 상태에 대해 직접 신경 쓸 필요가 없게 되었다. 원격 진단과 에너지 관리와 예지 정비를 결합해 에너지 활용의 최대 가용성이 보장되면서 고객들의 서비스 비용도 최대 30%까지 절감할 수 있게 되었다. 이런 활동을 통해 캐저는 제품과 서비스 시장에서의 경쟁력을 다시 확보하고 기업의 비즈니스 혁신도 함께 이끌어낼 수 있었다.

# 4
# 디지털 트랜스포메이션 4단계
## – 비즈니스 모델 혁신

디지털 트랜스포메이션의 마지막 4단계는 제조업을 넘어 서비스 산업으로 기업의 비즈니스 모델을 발전시키는 것이다. 마지막 4단계인 스마트 서비스 세상은 데이터 기반의 디지털 비즈니스를 통해 비즈니스 혁신과 디지털 생태계를 구성하는 단계이다.

모든 산업에서 데이터는 비즈니스 성공의 가장 중요한 요소 중의 하나이다. 과거에도 시장분석 데이터 등 일부 외부 데이터가 분석에 활용되긴 했지만 대부분은 기업의 업무 어플리케이션에서 만들어지는 내부 데이터가 중심이었다. 데이터의 사용 목적 또한 기업의 프로세스 현황이나 비즈니스 지표 분석 및 의사결정을 위한 내부적인 목적이었다. 하지만 스마트 서비스 세상에서 이야기하는 데이터는 기계, 소비자의 행동 이력, 수많은 소셜 데이터 등 외부 데이터를 포함해 데이터 소스가 엄청나게 다양하고 복잡해졌고 사용할 수 있는 데이터의 양도 과거와는 비교가 되지 않을 정도로 방대해졌다. 데이터의 사용과 활용 목적도 기업 내부의 프로세스 개선이나 비즈니스 의 사결정뿐만 아니라 소비자를 위한 새로운 스마트 서비스를 만들기 위한 목적으로 활용된다.

스마트 서비스 세상에서는 제품 제조사나 서비스 공급자가 더 이상 시장의 중심이 아니다. 매장 고객, 내부 직원, 시민, 환자, 관광객, 택시 승객 등 개인의 역할에 따라 원하는 서비스들을 필요할 때 선택해서 사용하는 소비자가 중심이 되는 세상이다. 스마트 서비스란 고객들이 현재의 문제해결을 위해 또는 필요한 니즈를 만족시키기 위해 다양한 제품과 서비스들을 언제 어디서든 적절히 조합해서 원하는 결과를 만들어낼 수 있게 한다는 특징을 가진다. 즉 스마트 서비스 제공자는 소비자가 어떤 것을 선호하고 어떤 시장 요구가 있는지에 대한 깊이 있는 통찰과 이해를 반드시 선행해야 한다. 고객에 대한 깊이 있는 이해를 위해서는 방대한 양의 다양한 데이터를 지능적으로 서로 연결시킬 수 있어야 하고 그런 스마트 데이터를 기반으로 만들어진 스마트 서비스를 제공함으로써 과거에 없었던 새로운 비즈니스 기회가 만들어지게 된다.

새로운 비즈니스 모델을 만들어내기 위해 서비스 제공자는 소비자의 생태계와 시장 상황을 잘 이해해야 한다. 이것이 바로 4단계에서 이야기하는 데이터 기반의 디지털 비즈니스 모델이다. 센싱이 가능한 스마트 제품을 통해 소비자, 공급자, 제품을 포함하는 공급망상의 모든 사람과 사물의 행동 데이터들이 수집되고 그런 엄청난 양의 데이터를 실시간으로 서로 연결시켜 소비자들의 요구에 최적화된 맞춤형 서비스가 만들어지게 된다. 이런 스마트 서비스의 제공은 공급자 중심의 전통적인 비즈니스 모델에 익숙한 제조 기업들에게는 엄청난 혼란을 불러온다.

또한 스마트 서비스를 기반으로 하는 디지털 비즈니스 모델은 과거 전통적인 유통 방식의 비즈니스 모델에 비해 네트워크를 확장하는 데 필요한 한계 비용을 훨씬 낮출 수 있다. 이는 과거 비즈니스 모델이 모든 인프라와 모든 고객을 직접 소유하고 관리하는 모델이었다면 스마트 서비스 기반의 디지털 비즈니스는 소유가 아닌 네트워크를 통해 서비스가 공유되고 비즈니스가 자연스럽게 확장되는 모델이기 때문이다.

스마트 서비스 세상에서는 스마트 데이터를 이용해 실시간 예측 분석이 가능하고 제품의 상태를 직접 제어하는 등 과거에는 할 수 없었던 고품질의 서비스를 만들어 제공하는 것이 가능해진다. 예를 들어 생산 설비의 현재 상태에 따라 생산 프로세스나 생산 속도를 조절할 수 있게 되고 사람의 움직임을 예측해 교통시설이나 운송 장비 등의 운행을 최적화할 수도 있다. 향후 이런 스마트 서비스를 장착한 스마트 제품과 과거 전통적인 제품과의 미래 시장 경쟁의 결과는 누구라도 쉽게 예측해볼 수 있다. 디지털 세상의 소비자들은 시장 선택의 기준을 제품 공급자 중심에서 스마트 제품과 스마트 서비스 중심으로 빠르게 바꾸어가고 있다. 디지털에 익숙하고 정통한 디지털 사용자들은 나에게 맞지 않는 한정된 기능의 제품과 서비스에 더 이상 만족하지 않는다. 그들은 언제 어디서든 자신이 필요로 하는 요구를 그때그때 충족시킬 수 있도록 다양한 스마트 제품과 스마트 서비스들을 적당히 조합해서 사용하고 싶어한다.

과거 제품 공급으로 성공했던 제조 기업 입장에서는 제품 중심의 시상에서 서비스 중심의 시장으로 바뀌어가는 비즈니스 패러다임의

**디지털 인프라 스트럭처의 레이어 모델**

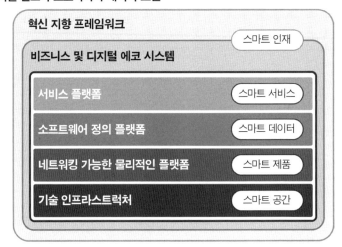

(출처: DFKI, 아카텍, 액센추어)

변화가 달갑지만은 않을 것이다.

선도 제조 기업들은 이런 시장의 패러다임 변화에 준비해야 한다는 것을 인지하기 시작했지만 자체적으로 모든 것을 준비하기에는 시간, 인력, 기술의 한계가 있다. 그러다 보니 자사의 스마트 제품과 결합해 새로운 스마트 서비스를 빠르게 만들어낼 수 있는 디지털 플랫폼 전문 소프트웨어 회사와 협업하는 모델을 선택하고 있다. 즉 디지털 시장에서의 경쟁력을 확보하기 위해서는 새로운 디지털 인프라와 디지털 플랫폼을 반드시 구비하여야 한다.

스마트 서비스 세상은 크게 위의 4가지 계층으로 구성되게 된다. 제조 기업이 디지털 플랫폼 기업과 협업하기 위해서는 새로운 형태의 디지털 인프라 환경을 필요로 한다. 첫 번째 계층인 스마트 공간은 인터넷이 가능한 사물, 장비, 기계 등의 스마트 제품들이 서로 연결되는 기술적인 인프라 환경이다. 스마트 환경은 실시간으로 데이터를 분석하고 처리할 수 있는 고성능의 기술 인프라를 기반으로 하며 다양한 스마트 서비스를 소비자에게 빠르게 공급할 수 있는 광대역 네트워크 역시 스마트 환경의 핵심 요소 중 하나이다. 미래 스마트 세상에서는 시스템적인 기술 인프라의 중요성이 훨씬 더 높아지게 될 것이다.

두 번째는 스마트 제품으로 일반적으로 '스마트 제품'이란 용어는 센싱 가능한 생산 기계와 같이 물리적인 제품을 표현할 때 사용되었다. 하지만 최근에는 디지털 트윈 형태로 복제된 가상의 모델도 스마트 제품에 함께 포함해 정의한다. 스마트 제품은 현재 생산하는 생산 정보와 과거 사용되었던 운영 정보의 이력 등을 자체적으로 알고 있고 그런 정보에 따라 운영 조건이나 동작 상태 등을 자율적으로 제어할 수 있다. 이런 스마트 제품들은 스마트 공간에서 제공되는 광대역 네트워크와 기술 인프라를 활용해 서로 연결되고 이를 통해 스마트 제품들로 구성되는 물리적인 플랫폼 환경이 만들어진다.

네트워크로 연결된 물리적인 플랫폼을 통해 스마트 제품으로부터 데이터 생성이 가능해지며 그런 데이터를 활용할 수 있는 다양한 소프트웨어를 탑재하는 소프트웨어 플랫폼에서 스마트 데이터들을 통합하고 처리하게 된다. 데이터를 수집하고 결합하고 분석하기 위한 복잡한 알고리즘들이 사용되기 시작하고 스마트 서비스 공급자는 소프트웨어 플랫폼을 통해 정제된 스마트 데이터를 활용할 수 있다. 최근 소프트웨어 플랫폼은 가상화 기술이나 클라우드상에서 제공되기 때문에 다양한 이기종 환경이나 물리적인 시스템과도 기술적으로 쉽게 통합할 수 있게 되었다.

마지막으로 수집된 스마트 데이터는 서비스 플랫폼에서 정제되어 새로운 스마트 서비스로 만들어진다. 서비스 공급자들은 서비스 플랫폼을 통해 서로 연결됨으로써 새로운 디지털 생태계를 형성한다. 즉 서비스 플랫폼은 서로 다른 이해관계자들이 지식과 정보를 공유하고 상품이나 서비스를 거래할 수 있는 자동화되고 합법적인 협업 환경을 제공하는 비즈니스 통합 계층 역할을 수행한다.

앞에서 살펴본 성공한 유니콘 기업들처럼 자체 생태계를 형성할 수 있는 소프트웨어 플랫폼, 서비스 플랫폼, 그리고 이를 기반으로 온라인 마켓플레이스나 앱스토어를 구축한다면 미래 글로벌 시장에서도 경쟁 우위를 차지할 수 있을 것이다. 소프트웨어 플랫폼과 서비스 플랫폼은 스마트 서비스의 개발과 운영을 위한 개방된 환경을 제공할 수 있어야 한다. 디지털 생태계의 시스템 통합, 데이터 분석, 협업, 서비스 개발을 위한 기본 기능들이 포함되어 있어야 하고 이런 플랫폼의 최근 추세는 클라우드 환경에서 제공되는 것이다. 스마트 서비스 세상에서 클라우드 플랫폼의 역할은 과거 제품 중심 세상에서의 공장과 동일한 역할을 수행하며 클라우드 플랫폼은 스마트 서비스의 제조 시설에 해당한다.

서비스 플랫폼 위에서 수행되는 미래 비즈니스 모델의 성공 여부는 잘 교육받은 직원이나 훌륭한 인재가 새롭고 복잡한 스마트 제품과 스마트 서비스들을 얼마나 잘 조합하고 조율할 수 있는지에 달려 있다. 스마트 서비스는 이미 많은 산업 분야를 휩쓸고 다니면서 파괴적인 비즈니스 혁신 모델을 만들어가고 있다. 디지털 생태계를 구성하고 그런 생태계를 통해 구성된 스마트 서비스는 미래 모든 산업에서 기업의 생존을 좌우하게 될 것이다. 서비스 플랫폼을 제어할 수 있는 사람이나 기업이 해당 산업 전체의 비즈니스 가치사슬을 통제할 수 있게 된다. 스마트 서비스 세상에서는 중립적이고 신뢰할 수 있는 중개 회사가 서비스 공급자와 서비스 소비자 사이의 이익을 균형 있게 조정하는 역할을 수행한다. 과거 중개 회사는 제품이나 서비스 공급자에게 종속적인 비즈니스 모델, 소위 갑을관계의 모델이었다면 스마트 서비스 세상에서는 서비스 중개자가 데이터에 대한 통제권을 확보함으로써 소비자의 가치 생성을 위한 중요한 위치를 점유하게 되고 소비자 입장에서는 서비스 중개자가 기존 제조업체나 서비스 공급자의 역할을 대신하게 된다.

데이터와 플랫폼에 대한 통제권을 확보하기 위한 세계적인 경쟁은 이미 진행되고 있고 이런 변화의 흐름은 수많은 유니콘 기업들의 비즈니스 모델과 성공을 통해서도 충분히 검증되고 있다. 우버는 인프라에 대한 대규모 투자나 자체 차량 없이 차량 중개 플랫폼만으로도 새로운 온라인 고객과 우버 운전자들을 쉽게 추가하고 연결해줌으로써 그들의 비즈니스를 끝없이 확장해가고 있다. 자동차가 필요한 소비자는 자동차 제조회사가 아닌 자동차 중개 회사인 우버의 서비스 사용자가 되고 미래 자동차 공유 시장은 자동차 제조회사가 아닌 우버나 차량공유와 같은 서비스 중개 회사에 의해 장악될 것이다.

호텔 산업에서도 호텔 체인보다는 소비자 네트워크와 데이터를 가진 에어비앤비가 장악하고 금융에서도 전통적인 리테일 은행이 아닌 선진화된 핀테크 서비스 회사들이 시장을 장악해나갈 것이다. 이베이, 아마존, 알리바바 등 도소매업이나 에어비앤비나 우버와 같은 서비스 산업에서 플랫폼의 효과는 이미 검증되었고 새로울 것이 없다. 사물인터넷, 빅데이터, 소셜 네트워크, 클라우드 컴퓨팅, 머신러닝 등과 같은 디지털 기술의 급격한 발전으로 유통이나 서비스 업종뿐만 아니라 전통적인 제조업을 포함한 모든 산업 영역에서 플랫폼 비즈니스의 중요성이 점점 더 강조되고 있다.

하지만 대부분의 스마트 제품 제조기업들은 아직까지 플랫폼 비즈니스에 참여하고 있지는 않다. 스마트 제품들을 연결해 빅데이터를 수집해 분석하고 활용함으로써 그들만의 차별화된 스마트 서비스를 만들어 제공할 수 있는 전문 지식을 갖추고 있음에도 불구하고 제품 중심의 사고에 익숙하다 보니 스마트 제품을 기술 개발에 의한 제품의 기능 개선 정도로만 생각하고 있기 때문이다.

플랫폼 비즈니스를 위한 새로운 디지털 생태계가 구성되기 위해서는 스마트 제품 제조사와 스마트 서비스 공급자들이 서로 경계를 허물고 동일한 디지털 서비스 플랫폼에서 상호 협업할 준비가 되어 있어야 한다. 수많은 제조 기업들이 스마트 제품을 생산하고 있고, 수만 명에 이르는 고객들의 제품 사용 정보를 기반으로 언제라도 스마트 서비스를 만들어낼 수 있다. 이를 통해 결함이나 중단 시간을 최소화하고 제품의 위치, 운영 시간, 사용량, 환경 변수, 전력 소비량 등의 정보를 수집하고 분석해 사용 효율을 최적화할 수도 있다.

수만 명의 사용자가 사용하는 실제 운영 데이터를 축적해 제품 기능 개선에 활용할 수 있고 스마트 플랫폼을 통해 운영 매뉴얼이나 최신 튜토리얼 등의 제품 정보들은 엔지니어를 포함한 모든 소비자들과 공유될 수도 있다. 이는 스마트 서비스를 통해 필요한 정보들을 소비자를 포함한 모든 이해관계자들이 함께 공유하고 활용함으로써 제품의 가치뿐만 아니라 플랫폼의 가치도 함께 높여가게 된다.

# 5
## 금융 산업의 디지털 트랜스포메이션

금융 산업의 4차 산업혁명은 금융Finance과 기술Technology의 두 단어가 합쳐져 만들어진 핀테크FinTech로 불린다. 모바일, 사물인터넷, 빅데이터, 블록체인 등과 같은 최신 IT 기술을 송금, 결제, 자산관리, 대출 등의 금융 업무에 접목함으로써 전통적인 금융 회사들이 제공할 수 없었던 새로운 가치의 금융 서비스들을 제공하고 있다.

지금까지 금융 산업은 정부의 규제와 보호 아래 시장 요구와 환경 변화의 바람을 피해 편안하고 안전한 비즈니스를 영위해왔다. 하지만 최근 금융 회사가 아닌 기술 회사들이 핀테크를 통해 금융 산업의 발전과 변화를 주도하기 시작했다. 이는 은행을 비롯한 금융 산업의 기득권을 가지고 있던 전통적인 금융 회사들에게 큰 위협으로 다가오고 있다.

대중에게 익숙하고 평소에 자주 사용되는 금융 업무인 결제 대행 서비스가 가장 잘 알려진 대표적인 핀테크 서비스이지만 핀테크의 적

**핀테크로 대체 가능한 금융 서비스**

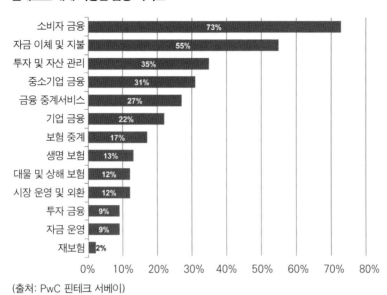

(출처: PwC 핀테크 서베이)

용 영역은 결제대행뿐만 아니라 송금, 대출, 보험, 자산관리 등 금융의 거의 모든 분야를 아우를 정도로 방대하다.

위의 표는 PwC에서 '향후 5년간 핀테크로 인해 가장 큰 타격을 입게 될 금융 서비스는 어떤 부문일까?'라는 설문에 대한 답변으로 실제 시장 조사에서도 거의 모든 금융 비즈니스 영역이 핀테크로 대체 가능하다는 것을 잘 알 수 있다. 다음 그림의 벤처스캐너Venture Scanner에서 조사한 2019년 1분기 금융 산업의 각 분야별 글로벌 핀테크 기업 현황에서도 PwC의 설문 결과가 현실로 나타나고 있음을 보여주고 있다. 결제 대행과 소비자 대출을 필두로 16개의 금융 서비스 범주에 대해 2,665개의 핀테크 회사들이 기존 금융 시장을 디지털 시장으로 빠르게 바꾸어가고 있다. 이들 핀테크 회사들은 투자자로부터 무려 1,420억 달러(한화 약 170조 원)의 투자금을 모금해 금융 비즈니

**핀테크 관련 글로벌 시장 현황**

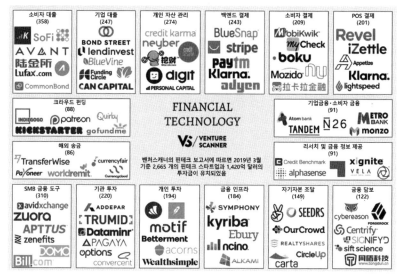

(출처: 벤처 스캐너. 2019. 5)

스를 빠르게 잠식해가고 있다.

페이팔과 알리바바의 금융 자회사 앤트파이낸셜의 알리페이가 결제 대행 서비스를 통해 글로벌 핀테크 시장을 이끌어가고 있다. 알리페이나 페이팔이 금융 산업에서 차지하는 비중은 점점 더 높아지고 있다. 그 이유는 알리페이나 페이팔이 금융 고객들을 장악하고 있고 결제 서비스뿐만 아니라 다른 금융 서비스들도 알리페이를 통해 바로 사용 가능하기 때문이다. 알리페이를 사용하기 위해서는 신용카드, 직불카드, 은행계좌, 스마트폰 등을 이용해 알리페이 계좌로 여유 자금을 먼저 충전해야 한다. 그런 후 결제 계좌의 여유자금을 이용해 상품 구매에 대한 결제 대행을 포함한 다른 금융 업무들도 처리할 수 있게 된다. 알리페이 사용자들은 알리바바 그룹이 운영하고 있는 타오바오나 티몰을 포함한 다양한 온오프라인 마켓과 온라인 게임 등에서도 알리페이를 사용할 수 있다.

알리페이는 결제를 위한 예금을 보유하고 있거나 자금을 필요로 하는 고객들을 확보할 수 있게 되었다. 이들을 통해 결제 대행뿐 아니라 대출이나 인터넷 뱅킹 등의 다른 금융 서비스 영역으로 비즈니스를 확장할 수 있게 되었다. 즉 알리페이가 금융 고객을 장악하게 된 것이다. 알리페이는 고객들이 저렴한 비용으로 기존 금융 서비스를 이용할 수 있도록 제휴 은행들에게 막강한 영향력까지 행사할 수 있게 되었다. 과거 금융 산업에서는 상상할 수 없었던 생태계의 파괴가 이루어지고 있다. 알리페이는 여기서 멈추지 않고 알리페이 계정의 잔액을 위어바오라는 단기채권펀드MMF에 투자할 수 있도록 알리페이와 연동된 온라인 금융상품까지 제공하고 있다.

중국 시중 은행 정기예금의 평균 수익률이 3%인 데 비해 위어바오는 두 배 수준인 6%에 달하는 수익률을 보이면서 일반 은행의 예금 고객들이 알리페이의 위어바오로 옮겨가고 있다. 더구나 간단한 모바일 절차만으로도 구매나 환매가 자유롭게 이루어지고 적은 금액으로도 투자해 수익을 낼 수 있도록 일반인들의 금융상품 투자에 대한 문턱을 크게 낮추어주고 있다. 위어바오는 출시 1년 만에 중국에서 최대이자 세계에서 네 번째로 큰 단기채권펀드로 성장했고 2018년 말 기준 위어바오의 이용자 수는 3억 명에 이르고 운용 자산도 무려 1.8조 위안(한화로 약 300조 원)에 달한다. 이는 중국에서 하나의 성省의 국내총생산GDP에 상응하는 규모라고 분석하고 있다.

알리바바는 타오바오나 티몰을 통해 아마존을 위협할 수 있을 정도의 세계 최대 전자상거래 기업으로 성장했고 알리페이를 통해 페이팔을 누르고 세계 최대의 핀테크 기업으로 성장했다. 다른 선진국들과는 다르게 중국 금융 시장에서는 핀테크가 단기간에 성공적으로 안착할 수 있었다. 이는 금융 당국뿐만 아니라 금융 기업과 소비자 모두가 변화를 빠르게 수용하면서 혁신을 시도했고 금융 당국이 핀테크 육성을 위해 금융업 진입에 필요한 규제를 상당 부분 제거하거나 낮추었기에 가능했다.

국내에서는 카카오뱅크나 케이뱅크와 같은 은행 서비스를 위한 인터넷 뱅킹과 카카오 페이, 네이버 페이 등 간편 결제 서비스, 토스와 같은 소액 송금 서비스들이 일반인들에게 잘 알려진 대표적인 핀테크 서비스들이다. 이런 핀테크 회사들은 일반 은행 대비 10% 수준의 낮은 해외 송금 수수료, 모바일을 통한 비대면 거래, 문자전송 수준의 간편한 소액 송금, 지점 방문 없는 손쉬운 모바일 대출, 은행 중개 없는 개인 간 P2P 금융 거래 등의 서비스를 제공함으로써 순식간에 엄청난 금융 고객들을 확보할 수 있게 되었다. 하지만 국내 핀테크의 현실은 여전히 걸음마 수준이고 기존 금융 산업을 보호하기 위한 금융 규제는 핀테크 스타트업 기업들에게는 높은 진입장벽이 되고 있다. 이는 일시적인 방어막은 되겠지만 궁극적으로는 대한민국 금융 산업의 경쟁력을 떨어뜨리는 부작용으로 작용할 수 있을 것이다.

2017년 8월 7일 「카뱅 폭탄 맞고 서야 서비스 손질' 은행 고객들 분통」이라는 언론 기사에서 "그동안 금융권은 잔잔한 저수지와 같았다. 은행 등 각종 거대 금융 산업은 정부가 지정해준 울타리 안에서 '경쟁 없는 경쟁' 속에 안정적 수익을 누렸다. 그러나 23년 만에 새로 인가를 받은 은행(인터넷전문은행)인 케이뱅크와 카카오뱅크가 저수지에 뛰어들면서 '변하지 않으면 살아남기 어렵다'는 긴장감이 돌고 있다."라고 하면서 과거 전통적인 리테일 은행들이 직면한 위기와 당면 과제를 잘 설명해주고 있다.

전통적인 리테일 은행들을 필두로 한 과거 대한민국 금융 기업들은 대한민국 국민 5,000만 명의 정해진 고객을 두고 큰 노력 없이 서로 사이좋게 시장을 나누어 가지는 쉬운 게임을 하고 있었다. 하지만 기존 고객들이 과거 전통적인 금융 서비스를 떠나 디지털 금융 시장으로 빠르게 옮겨가고 있음을 알아야 하고 그에 대한 대비를 해야 할 것이다.

카카오뱅크가 금융 시장에 허리케인급의 바람을 불러일으킨 후 기존 리테일 은행들은 너나 할 것 없이 카카오뱅크에 대응하기 위한 새로운 앱이나 서비스들을 만들어내고 있다. 해외송금 수수료를 포함해 절대 낮출 수 없다고 했던 서비스 수수료들도 카카오뱅크와 비슷한 수준으로 낮추었고 기존의 금융 서비스들도 이전보다 훨씬 사용하기 쉽고 편리한 앱으로 개선해가고 있다. 기존 은행들의 이런 노력들이 시장 변화와 디지털 소비자의 니즈를 제대로 이해하고 그에 따른 비즈니스와 서비스 혁신의 필요성에 따른 변화인지, 카카오뱅크에게 고객을 뺏기지 않기 위한 일시적인 몸부림인지는 조금 더 지켜봐야 할 듯하다.

기존 금융 시장에서 기득권을 가지고 있던 선도 금융 기업들은 금융 산업에서의 코닥 사례가 되지 않기 위해서라도 디지털 혁신을 주도할지, 디지털 유니콘에게 지배당할지를 심각하게 고민해봐야 할 것이다. 금융 산업에서 디지털 혁신에 성공하기 위해서는 금융 당국과 금융 기업들이 핀테크 스타트업이나 IT 기업들의 성장을 규제로 가로막거나 갑을관계의 일회성 외주 업체로 대우할 것이 아니라 협력을 통해 디지털 시대에 맞는 혁신적인 서비스들을 만들어내야 한다. 알리바바의 앤트파이낸셜이나 골드만삭스가 그랬던 것처럼 우리만의 글로벌 금융 플랫폼을 만들어나가야 한다.

현재의 디지털 기술뿐 아니라 블록체인, 머신러닝, 생체 인식 등 또 다른 새로운 기술들이 나올 때마다 현재보다 훨씬 다양하고 더욱 넓은 핀테크 시장이 열리게 될 것이다. 제조업과 마찬가지로 대한민국 금융 산업의 미래 지속성장을 위해서는 내수뿐 아니라 글로벌 경쟁력이 있는 핀테크 사업을 육성하는 데 조금 더 노력해야 할 것이다.

# 6

# 핀테크를 통한 금융 산업
# 변화의 주요 특징

디지털 혁신으로 인해 금융 산업은 어떻게 변화하고 있을까? 고객 변화 관점에서는 다른 산업에서와 마찬가지로 금융 고객들 역시 디지털로 서로 연결되고 투자와 구매에 대해 개인 소비자의 시장 영향력이 크게 증대되었다. 과거 전통적인 금융 시장에서의 소비자는 제한된 금융 서비스를 수동적으로 사용해야 하는 입장이었다면 디지털 시대에는 좀 더 편리하고 혜택이 많고 유연한 대체 금융 서비스들을 소비자가 직접 찾아 선택하게 된다.

시장 경쟁 구도 관점에서는 과거 금융 비즈니스는 유통이나 물류와 마찬가지로 얼마나 많은 지점이나 점포를 보유하고 있는지가 그 기업의 영업력과 네트워크 파워로 대변되었다. 하지만 디지털 시대에는 점포와 지점이 오히려 성장의 걸림돌이 되고 있다. 지점 없이 금융 서비스를 제공하는 핀테크 스타트업 기업들은 과거 금융기업들보다 훨씬 혁신적인 기업 문화와 유연한 조직을 갖추고 있다. 디지털 시대 금융 고객들이 원하는 숨은 니즈를 찾아내고 혁신 서비스로 빠르게 만들어 제공함으로써 과거 금융 고객들을 디지털 서비스 고객으로 빠르게 바꾸어가고 있다. 이러한 디지털 서비스의 제공을 통해 디지털 금융 고객들은 과거에는 누릴 수 없었던 쉽고 편리하고 저렴한 서비스를 제공받게 된다. 하지만 기존 금융 기업들은 핀테크 회사들의 출현이 안정적이었던 금융 시장의 분열을 야기하고 기업 간의 경쟁 심화로 기업의 수익성을 떨어뜨린다는 불만과 함께 금융 규제를 더욱 강화하기를 바라고 있다.

서비스 관점에서는 블록체인과 같은 디지털 기술을 활용해 가상화폐나 분산 원장과 같이 현금 없는 금융 시장을 이끌 수 있는 파괴적인 솔루션과 서비스들의 개발이 가능해진다. 현재의 금융 산업에서는 기득권을 가진 회사들이 화폐와 통화를 통해 금융 시장을 장악하고 있지만 비화폐 금융 시장이 만들어지게 되면 기존 금융 기업들은 엄청난 혼란에 빠지게 될 것이다. 과거 금융 시장에서는 금융 기업이 고객을 직접 관리하면서 필요한 서비스를 제공하는 구조였지만 디지털 시대 금융 고객들은 특정 금융 기업에 얽매이지 않는다. 상황에 따라 자기에게 필요한 디지털화된 금융 서비스를 선택해 사용한다. 핀테크에 기반한 대출, 결제, 보험, 투자, 이체 등 새로운 형태의 디지털 금융 시장이 만들어지게 되고 고객들의 금융 생활은 새롭게 형성된 핀테크 시장으로 빠르게 이동하게 될 것이다.

디지털 금융 환경에서는 전통적인 금융 기업의 고객에 대한 영향력은 점점 약해질 것이고 고객을 확보하는 핀테크 서비스 회사에 인프라를 제공하는 역할로 전락할 수도 있다. 알리바바가 알리페이를 통해 중국의 금융 시장을 장악하고 세계 최고의 금융 핀테크 기업으로 성장한 배경을 이해한다면 이런 변화가 멀지 않은 미래에 수많은 금융 서비스에서 발생할 수 있다는 것을 짐작해볼 수 있다.

다른 산업에서 성공하는 유니콘 기업들과 마찬가지로 금융 산업에서 성공하는 유니콘 기업들 역시 금융 고객, 서비스 공급 업체, 협력사 간의 네트워크 기반 강력한 비즈니스 생태계를 형성하면서 기존 금융 서비스를 디지털 서비스로 혁신하고 있다. 우버나 에어비앤비가 그러했던 것처럼 공유경제라는 세계 경제의 흐름에 맞게 금융에서도 공동 창업, P2P 대출, 크라우드 펀딩과 같은 새로운 공유경제에 기반하는 금융 비즈니스 모델들도 만들어지고 있다.

## 5장

# 기술혁신과 제품혁신을 넘어 비즈니스 모델 혁신으로

모든 기업은 기술과 제품에 대한 지속적인 혁신을 만들어내기 위해 연구개발에 매년 수많은 인력과 예산을 투자하고 있다. 하지만 다른 경쟁 회사들 역시 제품과 기술에서 뒤처지지 않기 위한 투자를 아끼지 않고 있다. 이런 투자를 통해 새로운 제품과 신기술들이 쏟아져 나오지만 일반적으로는 전통적인 비즈니스 모델과 전통적인 시장에서 과거와 같은 방식의 경쟁을 반복하게 된다. 매년 신제품의 혁신 정도에 따라 시장점유율과 기업 매출이 달라지기도 하고 시장에서의 순위가 약간씩 바뀌기는 하지만 하나의 업종 내에서 기존 선도 기업들 간의 지배 구조에는 큰 변화가 없다. 기존 시장을 유지하는 것도 중요하지만 최근 디지털 경제에서는 소비자들의 숨은 니즈와 요구를 분석해 빠르게 대응하고 만족스러운 서비스를 제공할 수 있어야 한다.

소비자들은 과거 공급자 중심의 시장 지배 구조가 아닌, 소비자 중심의 새로운 디지털 세상을 요구하고 있다. 이런 시장 변화와 소비자들의 요구를 먼저 읽고 대응함으로써 기존 산업의 지배구조와 틀을 깨고 새로운 시장을 만들어내게 된다. 디지털 혁신이나 유니콘 기업으로 성공하는 회사들의 공통된 특징은 전통적인 시장으로 들어가 과거 선도기업들과 힘겹게 경쟁하는 것이 아니라 그들만의 새로운 디지

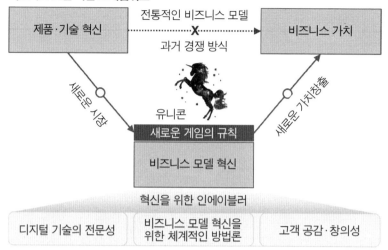

**비즈니스 모델 혁신 프레임워크**

| | 전통적인 비즈니스 모델 | |
| --- | --- | --- |
| 제품·기술 혁신 | X | 비즈니스 가치 |
| | 과거 경쟁 방식 | |

새로운 시장

유니콘

새로운 가치창출

새로운 게임의 규칙

비즈니스 모델 혁신

혁신을 위한 인에이블러

| 디지털 기술의 전문성 | 비즈니스 모델 혁신을 위한 체계적인 방법론 | 고객 공감·창의성 |
| --- | --- | --- |

털 시장을 만들고 소비자들을 새로운 시장으로 이동시키는 것이다.

제품 혁신과 기술 혁신을 만들어냈다면, 더 이상의 새로운 부가가치를 만들어내기 어려운 과거의 제품 중심 시장으로 들어가 경쟁하는 것이 아니라 새로운 제품과 새로운 기술을 이용해 숨겨진 고객 니즈를 해결할 수 있는 새로운 서비스를 만들어내고 이를 통해 새로운 시장을 열어갈 수 있게 된다. 즉 고객 공감을 통해 숨겨져 있던 고객 니즈와 요구를 파악하고 현재 제품과 서비스에 디지털 기술을 접목해 이런 니즈를 해결함으로써 제품 혁신을 넘어 비즈니스 혁신을 가능하게 한다. 이는 전통적인 시장 지배구조의 틀을 깨고 과거에 없었던 새로운 디지털 시장을 형성하게 된다.

에디슨은 1,000개 이상의 특허와 발명품을 보유하고 있고 그런 발명품들을 기반으로 세계적인 기업인 GE를 창업해 성공한 세계적인 발명가이자 사업가로 잘 알려져 있다.

그가 수많은 특허와 다양한 발명품으로 인간의 생활을 편리하게 했고 산업 발전에도 큰 공헌을 한 것은 틀림없는 사실이다. 하지만 그의 대부분의 발명품들은 세상에 없던 완전히 새로운 발명이 아닌 기존에 있던 것들을 조금 더 나은 기능으로 개선시킨 발명품이 훨씬 더 많았다. 그 대표적인 예가 전구이다. 전구의 발명가가 누구냐고 물으면 많은 사람들은 에디슨이라고 답한다. 재미있는 사실은 에디슨이 자신의 백열전구를 세상에 알리기 훨씬 이전부터 이미 수많은 과학자와 발명가들이 전구를 발명한 상태였다.

1808년에는 영국의 화학자 험프리 데비Humphry Davy가 아크등을 발명했고 그 이후에도 수많은 과학자들이 에디슨보다 먼저 전구를 발명했다. 백열전구는 1835년 스코틀랜드의 발명가 제임스 보우먼 린제이James Bowman Lindsay가 처음 발명했는데 지금의 필라멘트 전구는 영국의 물리학자 조셉 윌슨 스완 경Sir Joseph Wilson Swan이 최초로 발명했다. 조셉 스완은 탄소 필라멘트를 발명하고 이를 전구에 적용하면 기존 전구보다 훨씬 오래 빛을 발할 수 있다는 연구 내용을 발표했다. 1860년까지 작동 장치를 개발해 영국에서 특허권을 신청하지만 필라멘트의 재료 문제와 전력 공급의 부족 등으로 당시의 전구는 아주 불안정하고 실용적이지 못했다.

이후 1870년대 중반에 구리철사와 같은 재료를 사용해 처음 개발했던 전구를 개선하고 믿을 만한 전력 공급도 가능해지면서 전구에 들어 있는 필라멘트가 백열 상태에서 빛을 발할 수 있게 만들었다. 1875년 백열전구를 개량해 백열등에 대한 아이디어를 만들고 1878년 영국에서 또 다른 특허권을 신청해 그다음 해에 그의 발명품을 입증했다. 반면 미국에서는 에디슨이 조셉 스완의 연구 내용을 직접 따라해보았고 빛의 지속시간이 짧다는 단점을 보완하기 위해 새로운 필라멘트를 만들어내는 연구를 했다.

에디슨은 조셉 스완의 아이디어를 도용해 수명이 조금 더 긴 백열등으로 발전시킨 후 미국에서 특허를 내고 판매에 나서면서 부와 명성을 얻게 되었다. 조셉 스완이 개인 가정집을 돌며 백열전구를 설치하는 동안 에디슨은 백열전구가 자신의 발명품인 것처럼 주장하는 광고를 시작했고 그때부터 아무것도 모르고 전구를 구입해서 사용하기 시작한 일반 대중들에게는 에디슨이 전구를 발명한 것으로 알려지게 되었다. 에디슨은 전구의 발명가라기보다는 전구를 개량하고 대중화시킨 것으로 보는 것이 맞을 것이다. 발명가로서의 감각은 부족했지만 비즈니스적인 감각이 탁월했던 그의 수완 때문에 많은 세상 사람들은 그를 전구의 발명가로 기억하게 되었다. 다른 전구의 발명가들이 에디슨과 다른 점은 기술의 원리를 발견해 전구를 발명했지만 전구를 통해 새로운 시장을 만들어 상용화하고 실용화하지는 못했다는 것이다.

# 1
## 비즈니스 모델 혁신을
## 위한 도구와 방법론

수많은 선진 기업들이 현재의 비즈니스를 혁신하고 지속 가능한 성장 모델을 찾아내기 위해 끊임없는 노력을 하고 있지만 혁신적인 비즈니스 모델을 개발할 수 있는 체계적인 도구는 부족하다. 다음 그래프는 비즈니스 모델 혁신을 위한 아이디어를 개발하는 데 사용하는 방법과 도구로 무엇이 있는지에 대해 설문한 결과이다. 설문 결과와 설문의 응답 내용에서 볼 수 있듯이 비즈니스 모델 혁신은 천재에 의해 우연히 발견되는 것으로 인식되는 경우가 많다.

비즈니스 모델을 체계적으로 발전시키고 혁신할 수 있는 방법은 없을까? 이미 성공하고 검증된 비즈니스 패턴들을 이해하고 활용할 수 있다면 그것들을 모방하거나 조합함으로써 미래의 성공적인 비즈니스 모델 만들어낼 수 있을 것이다. 실제로 ITEM－HSGInstitute of Technology Management에서 350개 이상의 성공한 기업들을 연구 분석한 결과 성공한 비즈니스 모델의 90% 이상을 설명할 수 있는 55가지의 성공

**비즈니스 모델 혁신을 위한 도구 설문**

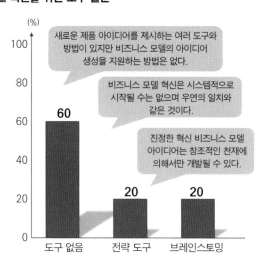

(출처: Frankenberger et al., (2013), International Journal of Product Development)

패턴을 확인할 수 있었다. 스타트업이나 기존 기업들은 새로운 비즈니스 모델을 만들고 확장하기 위해 이런 혁신 모델들을 참고할 수 있을 것이다. 보고서에서는 55개의 비즈니스 패턴에 대해 패턴 이름과 함께 해당 패턴이 어떤 비즈니스 모델인지, 어떤 가치를 제공하는지, 대표되는 과거 성공 기업에는 어떤 기업들이 있는지 등에 대해 자세히 설명하고 있다.

그리고 2014년 8월 독일의 대표적인 제조기업인 보쉬의 IoT 연구소에서는 HSG가 연구한 55개의 비즈니스 모델 패턴 기반에서 사물인터넷을 비롯한 새로운 디지털 기술을 활용해 성공한 스타트업 기업들의 비즈니스 패턴을 찾아내고 55개에 포함되지 않은 새로운 7개의 패턴을 추가해 발표했다. 지하철 노선도를 연상하게 하는 다음 그림은 1940년부터 2012년 사이 성공한 350개의 대표 기업들에 대해 어

**성공한 기업들의 비즈니스 모델 혁신 지도**

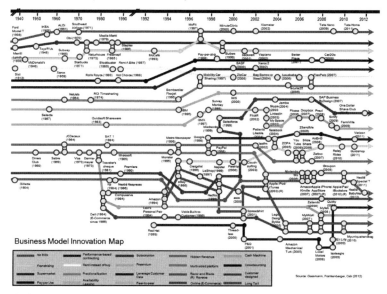

(출처: Gassmann, Frankenberger, Csik, 2012, The St. Gallen Business Model Navigator)

떤 회사가 언제 어떤 패턴으로 성공했는지 한눈에 볼 수 있게 도식화한 것이다. 에디슨이 그러했듯이 비즈니스 모델 혁신의 90%는 기존 성공한 패턴의 재조합과 창조적인 모방을 통해 이루어지는 것을 알 수 있다.

비즈니스 모델 혁신 지도를 이해할 수 있게 몇 가지 특정 패턴들을 조금 더 살펴보자. 면도기와 면도날Razor and Blade 비즈니스 모델 패턴은 기본 제품은 아주 저렴하거나 무료로 제공하고 그것을 사용하거나 조작하는 데 필요한 소모품을 비싸고 높은 마진으로 판매하는 방식이다. 질레트로 대표되는 면도기와 면도날 패턴은 다음 그림의 첫 번째 그림과 같은 기업들로 구성되는 혁신 지도를 만들어내고 있다. 프리미엄 비즈니스 모델 패턴은 고객 서비스나 상품의 기본 사양은 무

·면도기와 면도날 패턴 혁신 지도 (출처: ITEM-HSG BMI)

| 스탠더드<br>석유회사<br>(1880) | 질레트<br>(1904) | 휴렛팩커드<br>(1984) | 네슬레<br>(1986) | 애플·아이팟<br>·아이튠즈<br>(2003) | 아마존<br>킨들<br>(2007) | 베터<br>플레이스<br>(2007) | 네슬레<br>스페셜<br>(2010) | 네슬레<br>베이비니스<br>(2012) |

·프리미엄 패턴 혁신 지도 (출처: ITEM-HSG BMI)

| 핫메일<br>(1996) | 서베이몽키<br>(1998) | 링크드인<br>(2003) | 스카이프<br>(2003) | 스포티파이<br>(2006) | 드롭박스<br>(2007) |

·P2P 패턴 혁신 지도 (출처: ITEM-HSG BMI)

| 이베이<br>(1995) | 카우치서핑<br>(2003) | 조파<br>(2005) | 에어비앤비<br>(2008) | 태스크래빗<br>(2010) | 릴레이라이드스<br>(2008) |

·구독 패턴 혁신 지도 (출처: ITEM-HSG BMI)

| 프리미어<br>(1990) | 블랙삭스<br>(1999) | 세일즈포스<br>(1999) | 잠바<br>(2004) | 달러쉐이브클럽<br>(2012) |

료로 제공하고 추후 고객에게 프리미엄 서비스나 상품에 대한 비용을 지불하도록 유도하는 비즈니스 방식이다. 우리에게 익숙한 스카이프, 드롭박스, 링크드인 등이 대표적인 성공 기업들이다. 다음 모델은 P2P로 알려진 비즈니스 모델 패턴으로 동일한 관심사나 니즈를 가지는 사람들의 개인 간 거래를 중재해줌으로써 중개 수수료를 기반으로 하는 비즈니스 모델이다. 구독Subscription 패턴은 고객이 제품이나 서비스에 대한 소유권이 아닌 사용권을 얻기 위해 월간 또는 연간 기준으로 구독료 형식의 정기 요금을 지불하고 서비스를 사용하는 비즈니스 모델이다. IT나 소프트웨어에 익숙한 독자들은 구독 패턴의 대표적인 예로 클라우드 컴퓨팅 기반의 인프라, 플랫폼, 소프트웨어 서비스를 생각해볼 수 있다.

이런 비즈니스 패턴들을 현재 비즈니스 모델에 연결해봄으로써 우리가 놓치고 있던, 아니면 디지털 시대에 생각하지 못했던 더 나은 미래의 새로운 비즈니스 모델을 발견해낼 수 있다.

다음 그림과 같이 BMILap이나 SAP를 비롯한 많은 회사들이 이런 55(+7)개의 패턴을 쉽게 활용할 수 있도록 패턴 카드를 만들어 제공하고 있다. 이런 패턴 카드는 간단한 설명과 함께 재미있는 일러스트레이션 및 패턴으로 성공한 회사와 이해하기 쉬운 예제들을 포함하고 각 패턴의 개념을 쉽게 이해할 수 있는 정보들을 담고 있다. 비즈니스 모델 혁신을 위한 워크숍을 계획하거나 신사업을 위한 브레인스토밍을 해야 한다면 패턴 카드를 사용하여 훨씬 효과적이고 창의적인 워크숍을 진행할 수 있을 것이다.

비즈니스 모델 혁신을 만들어내기 위해 다음 그림의 마법의 삼각형을 이용해볼 수도 있다. 마법의 삼각형은 새로운 비즈니스 모델을 찾아낼 수 있도록 논리적 사고 방식을 제공하며 앞에서 살펴본 55+7 가지의 비즈니스 모델 패턴 카드들과 마법의 삼각형을 서로 연결해서 활용할 수도 있다. 마법의 삼각형은 현재 비즈니스 모델에 무엇(What, 상품이나 서비스), 어떻게(How, 가치창출 방법), 왜(Why, 생성되는 가치), 누구(Who, 대상 고객)에 대한 다양한 차원의 변화를 예측하고 접목해봄으로써 현재가 아닌 미래 가치를 창출할 수 있는 방법을 찾는 데 도움을 준다.

## 55 + 7 비즈니스 모델 패턴 카드

| | | |
|---|---|---|
| 순수 사물인터넷 관련 비즈니스 모델 | 7 |  |
| 사물인터넷의 특징을 가지는 비즈니스 모델 | 8 | |
| 사물인터넷에 의해 추진 될 수 있는 비즈니스 모델 | 21 | |
| 디지털 기술이 가치를 제공하는 비즈니스 모델 | 13 | |
| 사물인터넷과 직접적인 관련이 없는 비즈니스 모델 | 13 | |

SAP BTS에 의해 설계된 55+7 비즈니스 모델 패턴 카드 (IoT와 디지털 기술의 잠재 가치에 기초한 순위)

(출처: SAP)

## 비즈니스 패턴 카드 예시

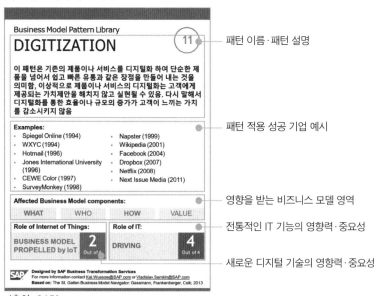

(출처: SAP)

**비즈니스 모델 혁신을 위한 마법의 삼각형**

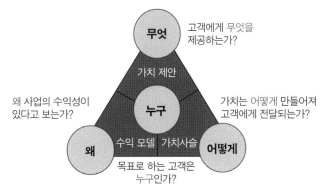

(출처: The St. Gallen Business Model Navigator)

# 2
# 대표적인 비즈니스 모델 혁신 사례

이해를 돕기 위해 비즈니스 모델 혁신 프레임워크, 마법의 삼각형, 비즈니스 패턴 카드 등을 성공한 기업의 비즈니스 모델에 적용해 보자.

## 네슬레

질레트가 면도기와 면도날 비즈니스 패턴으로 성공한 이후 식품업계에서도 질레트와 같은 전통을 이어받은 혁신적인 제품이 나왔다. 스위스 회사인 네슬레가 고급 커피를 간단하게 즐기고 싶어하는 소비자들의 니즈와 요구를 꿰뚫고 캡슐 커피를 만든 것이다. 커피 산업의 질레트로 잘 알려져 있는 네슬레의 마케팅 및 영업 전략은 커피머신은 싸게 팔고 캡슐은 제값을 받는 것이다.

네슬레는 가정용 커피머신 수요가 생길 것을 예측하고 1976년 캡슐 커피에 대한 특허를 획득한 후 1986년에는 자회사인 네스프레소

**네스프레소의 비즈니스 모델 혁신**

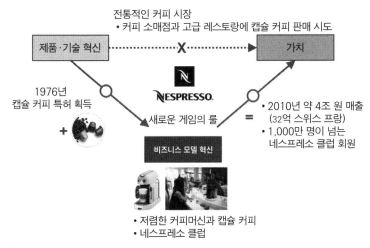

(출처: Holcim)

를 통해 커피머신 사업에 뛰어들었다. 소비자들이 고품질의 커피를 즐길 수 있게 하기 위해서는 에스프레소를 만드는 복잡한 방법을 직접 배워서 즐기게 하거나, 아니면 누구나 편리하게 사용할 수 있는 손쉬운 에스프레소 기계를 만들어 제공해야 했다. 두 가지 모두 쉽지 않은 일이었다.

네슬레는 두 번째 방법에 대한 끊임없는 연구개발을 통해 캡슐 커피라는 혁신 제품을 탄생시켰다. 미리 로스팅한 커피 원액을 조그만 캡슐에 하나씩 진공 포장한 후 커피를 마시고 싶을 때 캡슐을 커피머신에 넣고 누르기만 하면 자동으로 에스프레소가 만들어지게 된다. 커피 기계를 세척할 필요없이 빈 캡슐만 버리면 되기 때문에 사용도 훨씬 간단하고 편리해졌다. 또한 일반적으로 인스턴트 원두는 개봉 후 2주가 지나면 맛이 변하지만 캡슐 커피는 진공 포장된 상태에 보관되기 때문에 신선도가 훨씬 더 오래 유지된다는 장점도 있었다.

하지만 전통적인 커피 시장은 근사한 레스토랑이나 카페에서 여유롭게 고품질의 에스프레소를 마시거나 편의점에서 저렴하게 구매해서 편하게 마실 수 있는 인스턴트 커피가 일반적이었다. 그런 전통적인 커피 산업의 생태계에서는 어떤 노력으로도 캡슐 커피의 시장을 만드는 것이 쉽지 않다는 것을 수많은 시행착오를 거치면서 인지하게 된다.

고민 끝에 근사한 레스토랑을 연상케 하는 네스프레소 클럽 매장을 만들고 거기서 고객들에게 원하는 커피의 향과 맛을 직접 시음해 볼 수 있는 고객 경험을 제공함으로써 캡슐 커피의 맛과 향이 고급 레스토랑에서 마시는 커피에 결코 뒤지지 않음을 알렸다. 더불어 비싸다는 인식이 있었던 에스프레소 머신을 터믹스Turmie, 크럽스Krups, 드롱기DeLonghi, 마쓰시타Matsushita 등과 같은 커피 머신 제조회사들과의 OEM 협력을 통해 한화 10만 원 내외의 비교적 저렴한 가격으로 공급하면서 캡슐 커피는 선풍적인 인기를 얻게 되었다.

일반 에스프레소 커피머신은 너무 비싸기 때문에 일반 가정에서 구비하기가 쉽지 않았고 커피를 내리기 위해서는 복잡한 머신을 다룰 수 있는 숙련된 기술도 필요했다. 하지만 네스프레소는 사용이 쉽고 간편한 자사의 커피머신을 10만 원 내외 수준의 저렴한 가격으로 제공함으로써 소비자들의 커피머신 구매에 대한 거부감과 부담감을 제거할 수 있었다. 네스프레소는 간단하고 저렴한 에스프레소 머신과 고품질의 고급 커피가 담겨 있는 캡슐 커피의 조합을 통해 가정이나 사무실에서도 쉽게 즐길 수 있는 새로운 커피 시장을 만들었다.

물론 인스턴트 커피에 익숙했던 일반 대중들을 상대로 고품질의 에스프레소를 판매하는 것이 쉽지는 않았다. 네스프레소 커피머신이 저렴한 편이긴 했지만 필터로 인스턴트 커피를 내려서 마시는 일반 커피포트보다는 여전히 10배 가까이 비싼 가격이었다. 결국 일반 대중들을 대상으로 하는 저렴한 인스턴트 커피 시장보다는 고품질의 에스프레소 커피를 원하면서 네스프레소 기계를 구입할 여력이 있는 중산층 가정과 사무실을 목표 시장으로 선택했다.

네스프레소도 처음에는 커피 소매상과 일반 슈퍼마켓을 통한 판매를 시도했다. 하지만 캡슐 커피를 생산해 배송하기까지 너무 오랜 시간이 걸려 커피의 신선도 유지 기간이 줄어들었고 인스턴트 커피와 비교되는 고급 에스프레소라는 이미지와도 부합되지 않아 일반 유통 방법은 빠르게 접었다. 대신 네스프레소 기계를 구입한 고객들을 네스프레소 클럽 회원으로 자동 가입시키고 고객이 콜센터나 인터넷 전용 몰을 통해 커피를 주문하면 이틀 안에 커피를 배달해주는 직접 판매 방식을 선택했다. 네스프레소는 커피 머신 판매를 통해서는 이윤을 거의 남기지 않고 원가에 가까운 저렴한 가격으로 제공함으로써 최대한 많은 고객들이 적은 부담으로 네스프레소 커피 머신을 구매할 수 있도록 유도했다. 대신 캡슐 커피 판매를 통해 대부분의 수익을 발생시켰다.

면도기를 저렴한 가격으로 공급해 많은 고객을 확보한 후 주기적으로 교체하는 면도날을 비싼 가격에 판매함으로써 지속적인 이윤을 남기는 질레트의 비즈니스 모델과 같은 것이다. 네슬레는 캡슐 커피 이전까지 인스턴트 커피 시장의 선두 기업 중의 하나였고 자사 커피 매출의 80% 이상을 인스턴트 커피 시장에서 만들고 있었다. 하지만 B2B 중심의 고급 에스프레소 커피 시장에서는 거의 존재감이 없는 회사였다. 네슬레는 가정에서도 편하게 즐길 수 있는 고급 에스프

**네스프레소의 마법의 삼각형 공식 적용**

| | 전통적인 시장 | 새로운 시장 |
|---|---|---|
| 누가 | 대중적인 매스마켓 | 중산층 가정이나 사무실 |
| 무엇을 | 인스턴트 커피 가루(기성품) | 최고급 에스프레소를 직접 내려 마실 수 있는 캡슐 커피 및 기계 |
| 어떻게 | 슈퍼마켓, 커피 소매상, 고급 레스토랑 등 | 고객 직접 판매 방식 |
| 왜 | 소매 마진 | 커피 머신은 생산 원가에 판매. 캡슐 커피 판매가 주 수입원 |

레소라는 콘셉트의 캡슐 커피를 개발해 이전에 없었던 B2C 시장에서의 새로운 에스프레소 시장을 만들어냈다. 이를 통해 네슬레는 인스턴트 커피뿐만 아니라 고급 에스프레소 시장에서도 선두 기업으로 자리매김할 수 있게 되었다. 캡슐 커피가 차지하는 비중은 네슬레 전체 매출의 30%까지 급증하면서 네슬레 최대 수입원의 하나로 자리잡게 되었다.

네스프레소의 비즈니스 모델 혁신을 앞에서 설명한 마법의 삼각형 공식에 대입해보면 '누가Who, 무엇을What, 어떻게How, 왜Why'의 각 내용을 어떻게 바꾸어 적용했는지 쉽게 이해해볼 수 있다. 이런 비즈니스 모델 혁신을 통해 네스프레소는 2010년 한화로 대략 4조 원에 해당하는 연간 32억 스위스 프랑Franc의 매출을 올리고 1,000만 명이 넘는 네스프레소 클럽 회원을 확보할 수 있었다. 세상이 어떻게 변하더라도 기업의 존재 이유는 이윤 추구라는 절대 명제를 가지고 있다. 이윤을 추구하지 못하는 기업은 도태될 수밖에 없고 반대로 성공한 기업은 점점 더 많은 부를 독점하게 되며 개인들은 가난을 나눠 가지는 구조가 강해지고 있다.

이런 사회적인 현상에 대해 기업들에게는 최소한의 사회적 책임CSR, Corporate Social Responsibility이 강조되고 있다. 하지만 형식적인 사회봉사 활동 수준에서 진행되는 사회적 책임 활동은 기업 입장에서는 비용으로 치부되기 때문에 지속 가능한 사회 성장 모델이 될 수 없다. 이를 해결하기 위해 최근에 개선되어 도출된 개념이 바로 기업의 공유가치창출CSV, Creating Shared Value 모델이다.

공유가치창출은 하버드 대학교 마이클 포터Michael E. Porter 교수가 2011년 1월 『하버드 비즈니스 리뷰』에서 「자본주의를 어떻게 치유할 것인가How to Fix Capitalism」라는 논문을 발표하면서 주창한 개념이다. 통상 공유가치창출은 다음 두 가지 요소를 충족해야 한다.

첫 번째는 세상이 원하는 새로운 가치를 만들어내야 한다는 것이다. 새로운 가치란 경제적 가치뿐만 아니라 사회적, 복지적, 예술적 가치를 모두 포함하는 개념이다. 두 번째는 이런 가치창출 활동을 통해 기업도 직간접적인 수익을 창출할 수 있는 모델이어야 한다는 것이다. 즉 비용으로 인식되는 것이 아니라 사회 가치를 창출함과 동시에 수익을 만들어냄으로써 지속 가능한 사업을 수행할 수 있게 된다. 여기에 하나의 회사가 아닌 여러 주체들이 창의적이고 자발적인 방식으로 협업할 수 있다면 훨씬 더 큰 사회적이고 경제적인 효과를 만들어낼 수 있다.

네슬레 그룹은 공유가치창출의 대표적인 성공 사례로 꼽히곤 한다. 아동 노동 착취, 밀림 파괴, 실험용 분유의 아프리카 공급 등 숱한 비난을 받아온 네슬레는 공유가치창출 경영을 전격 수용한 뒤 환골탈태하는 모습을 보였다. 2006년 공유가치창출 패러다임을 최초로 도입해 2009년 '네슬레 소사이어티 피라미드Nestle Society Pyramid'로 알려진 전사 공유가치창출 경영체계를 구축했다. 특히 '네스프레소 에코레버레이션Nespresso Ecolaboration'은 제품의 원두 소싱, 캡슐의 재활용, 탄소배출 저감 관련 활동을 종합적으로 관리하는 대표적인 공유가치창출 프로그램으로 잘 알려져 있다. 결국 네슬레는 2013년『포천』선정 세계 50대 존경받는 기업 '컨슈머 푸드 프로덕트Consumer Food Products'부문 1위로 선정되면서 '착한 기업'으로 거듭나게 되었다.

## 제록스

복사기 산업의 혁명을 일으킨 제록스는 어떻게 복사기 업계를 평정할 수 있었을까? 1959년 9월 16일 뉴욕의 셰리네델란드 호텔에서 공개된 제록스 914는 제로그래피xerography 분야 발명가인 체스터 칼슨Chester Carlson에 의해 개발된 세계 최초의 일반 용지 자동 복사기이다. 제록스는 제록스 914를 통해 복사기 산업의 혁명을 일으키게 된다. 하지만 제록스 역시 에스프레소가 그러했던 것처럼 제록스 914를 발명하고 비즈니스로 성공시키기까지 수많은 시행착오를 겪어야만 했다. 당시에는 일반 용지 복사가 아닌 먹지로 알려진 카본지가 복사에 사용되었다. 카본지는 복사에 시간이 많이 걸릴 뿐 아니라 카본이 손이나 용지에 쉽게 묻고 번져 복사 작업이 불편했고 그림과 같은 복잡한 도면 복사는 복사 품질도 좋지 않았다.

채스터 칼슨은 그런 문제를 해결하기 위해 복합기의 원천기술인 전자사진술 특허를 받고 수많은 회사에 특허소개서를 보내 상품 개발을 의뢰했다. 하지만 대다수의 회사들은 전자 복합기에 부정적이고 큰 관심을 보이지 않았다. 당시 복사 시장을 볼 때 복사가 필요하면 타이핑 속도가 빠른 서기나 비서를 통해 직접 타이핑하게 하거나 저렴한

**제록스의 비즈니스 모델 혁신**

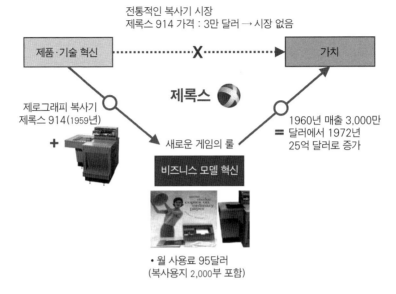

(출처: Holcim)

등사기를 사용하는 것이 일반적이었기 때문이다.

채스터 칼슨의 전자 복합기는 기존 방식보다 훨씬 빠르고 편하고 높은 품질이었지만, 당시 복사 시장의 가격 기준에서는 너무 비싼 기계 값이 예상되었기에 대부분의 기업들이 투자에 나서지 않았던 것이다. 제록스의 설립자인 조 윌슨Joe Wison은 전자복사 방식의 하나인 제로그래피가 복사 산업의 미래를 열 것이라 판단하고 채스터 칼슨과 바텔연구소가 보유하고 있던 제로그래피의 특허권을 사들이고 제로그래피에 대한 독점 라이선스를 확보하게 되었다.

제록스는 1950년부터 1959년까지 자사의 수익보다 훨씬 많은 예산을 투자해 세계 최초의 사무용 자동 복사기인 '제록스 914'를 출시했다. 당시 일반 복사기들은 3분에 문서 1장 정도를 복사할 수 있었는데 비해 제록스 914는 1분에 2페이지를 자동으로 복사할 수 있었다. 하지만 제록스 914의 최초 가격은 한 대당 2만 9,500달러로 당시 물가 기준으로 자동차나 웬만한 집보다도 비싼 가격이었기 때문에 전통적인 복사기 시장에서는 고객 확보가 쉽지 않았다. 비싼 가격의 장벽을 넘지 않고서는 제록스 914의 보급은 불가능한 일이었다. 1960년 제록스는 3만 달러에 달하는 제록스 914를 한 달에 95달러에 임대해주면서 복사용지 2,000매까지는 무료로 제공하고 이후 추가 복사에 대해서는 한 매당 4센트를 받는 것으로 가격 정책을 변경한다. 즉 기존과 같은 B2B 판매 방식이 아닌 렌털 서비스 방식으로 비즈니스 모델을 전환하고 복사기 구매에 대한 고객의 재무적 부담을 줄여줌으로써 새로운 복사기 시장을 만들어낼 수 있었다.

당시 물가 기준으로 월 95달러도 저렴한 요금은 아니었지만, 2만 9,500달러를 투자해 복사기를 사는 것보다는 훨씬 현실적인 조건이었다. 실제로 소비자들은 앞다투어 제록스 914를 임대해 사용하기 시작했고 과거 복사기를 판매하던 시절보다 훨씬 더 많은 고객을 확보할 수 있게 되었다. 이렇듯 제록스는 제품 혁신을 넘어 비즈니스 모델 혁신을 이루어냄으로써 숨어 있던 잠재 시장을 찾아낼 수 있었다. 이는 1960년 3,000만 달러로 시작해 그 이듬해 1961년에는 제품 판매와 렌털 서비스를 통해 얻은 수익이 전년 대비 두 배로 증가하기 시작했고 1960년대 후반 11억 달러로 약 35배의 성장을 이루었고 1972년에는 약 25억 달러로 제록스 914 출시 후 100배 가까운 매출 성장을 이루어낼 수 있었다.

당시 미국 경제전문지 『포천』에서는 제록스 914를 두고 '미국 시장에서 가장 성공적인 제품The Most Successful Product Ever Marketed in America'으로 선정할 만큼 시장에서도 큰 인기를 얻게 되었다. 이런 비즈니스 모델 패턴들을 통해 글로벌 비즈니스 성공 사례를 이해하고 패턴 카드를 활용해 우리만의 새로운 비즈니스 혁신 모델을 만들어낼 수 있다.

### 넷플릭스, 우버

조금 더 최근의 성공 기업들을 살펴보자. 비디오나 DVD 대여 비즈니스의 전통적인 시장과 새로운 디지털 시장의 변화에 대해 마법의 삼각형을 적용해보자. 다음의 예는 스트리밍 서비스를 통해 세계적인 기업으로 성장한 넷플릭스의 예이다.

**넷플릭스 마법의 삼각형 공식 적용**

| | 전통적인 시장 | 새로운 시장 |
|---|---|---|
| 누가 | • 여가 시간에 즐길 수 있는 오락물을 찾는 사람들<br>• 상영된 영화 중 보고 싶었던 영화를 보지 못한 사람들 | • 여가 시간에 즐길 수 있는 오락물을 찾는 사람들<br>• TV 시리즈 팬 |
| 무엇을 | • 대여점(매장의 재고 상황에 따라 DVD 대여 가능 여부 결정) | • 최근 개봉된 영화 및 TV 시리즈를 제공하는 온라인 스트리밍 플랫폼<br>• 독점 시리즈 제공 |
| 어떻게 | • 개봉 후 몇 개월 만에 매장에서 DVD 제공 가능하며 고객이 매장을 방문하여 DVD를 직접 선택해 대여하고 반납해야 함 | • 웹사이트 또는 앱<br>• TV, PC, 모바일 등 다양한 디바이스에서 시청 가능<br>• 영화 제작·공급사와의 라이선스 계약 |
| 왜 | • 회원가입비<br>• DVD 대여료<br>• 반납 지연에 대한 벌금 수수료<br>• 만화책 등 추가 상품 판매 | • 시청한 영화당 별도 요금 없이 월 사용료 기준<br>• 매장이나 DVD 구매 운영이 필요 없기 때문에 낮은 운영 비용 |

넷플릭스에 사용된 비즈니스 모델 패턴은 디지털화 패턴, 고정가격 패턴, 고객 데이터 활용 패턴 세 가지의 패턴이 적용되었음을 알 수 있다.

넷플릭스는 오프라인 매장에서 DVD를 대여하고 반납하는 서비스 방식 대신 온라인 플랫폼을 통해 영화나 드라마를 스트리밍 서비스로 제공하고 있다.

월 기준 사용료를 받고 고객에게는 무제한으로 영화나 TV 프로그램을 시청할 수 있는 권한을 제공함으로써 영화나 TV 시리즈를 좋아하는 고객들의 입장에서는 훨씬 저렴한 비용으로 풍부한 서비스를 제공받을 수 있게 된다.

그리고 넷플릭스만의 노하우 중 하나는 고객 분석 알고리즘을 가지고 있다는 것이다. 넷플릭스는 나이, 연령, 지역, 이전 구매 기록 등 모든 고객들의 개인별 시청 데이터를 저장하고 분석함으로써 사용자 유형에 따라 좋아할 만한 맞춤형 추천 목록을 함께 제공하고 있다.

넷플릭스에서 제공되는 개인별 추천 목록은 고객 개인의 취향을 정확히 예측함으로써 넷플릭스를 사용하는 고객들의 고객 경험을 향상시키고 넷플릭스 서비스에 대한 만족도를 높일 수 있게 한다.

앞에서 살펴보았던 대표적인 유니콘 기업 우버가 기존 택시 산업을 어떻게 바꾸어놓았는지 마법의 삼각형을 적용해 알아보자.

**우버의 마법의 삼각형 공식 적용**

| | 전통적인 시장 | 새로운 시장 |
|---|---|---|
| 누가 | • 도심이나 공항 등 대중 장소에서 짧은 지역으로 빠른 이동을 필요로 하는 사람들 | • 기존의 택시 승객과 불만족스러운 택시 서비스에 대해서는 과도한 택시 요금을 지불하고 싶지 않은 사람들 |
| 무엇을 | • 직접 호출하거나 지정된 승차 위치에서 활용<br>• 거리에서 사용 가능한 택시를 직접 찾아 사용 | • 온디맨드, 무 현금 및 근처 택시 위치 제공(결제와 위치 추적, 고객 서비스가 하나로 통합된 사용하기 간편한 앱) |
| 어떻게 | • 택시 서비스를 제공할 수 있는 택시 회사와 운전기사 라이선스<br>• 승차 요청에 대한 서비스를 제공할 수 있는 콜 서비스 | • 일반 차량 운전자와 택시 서비스를 필요로 하는 고객을 연결하는 플랫폼 |
| 왜 | • 택시 회사에 지불하고 남은 차액(택시 회사의 기본 수익을 보장해야 하기 때문에 전체 운임은 비싸게 산정됨) | • 운전자가 80 %, 우버가 20%의 수익을 나누는 방식(자체 차량 소유 없이 전적으로 플랫폼 제공자 역할로 비용 절감) |

우버에서는 아래와 같이 개인 간 중개 패턴, 경험 판매 패턴, 수익 공유 패턴 세 가지 패턴이 적용되었다.

우버는 자동차 소유자가 택시를 필요로 하는 우버 승객들에게 택시 서비스를 제공할 수 있도록 둘 사이의 중개에 필요한 도구와 온라인 플랫폼을 제공한다.

우버는 택시 승객에게 과거의 택시 서비스와는 완전히 다른 새로운 고객 경험을 제공한다. 서비스 사용이 훨씬 간단해지고 현금이나 신용카드 없이도 사용할 수 있게 되며 기사와 승객 회원에 대한 등급 관리를 통해 서비스의 품질도 높이고 있다. 그뿐만 아니라 스포티파이와의 파트너십을 체결하고 우버 승객이 차 안에서 자신의 스포티파이 계정의 음원을 감상할 수 있는 서비스를 제공한다.

전용 앱을 이용해 차량의 블루투스 스피커와 연결해 음악을 감상하는 방법으로 자가용에서 음악을 즐기듯 본인이 음원 리스트에서 선택하거나 듣고 있던 음악을 택시 안에서도 이어서 들을 수도 있다.

우버는 애플의 앱스토어처럼 우버 기사와 수익을 공유하는 모델이다. 플랫폼과 마케팅을 제공하고, 대신 운전자와의 공생 관계를 통해 상호 이익을 보장하고 운영 비용을 낮춤으로써 서비스 이용료를 낮게 유지할 수 있게 한다.

## 6장

# 혁신을 위한 새로운 사고방법론 디자인 씽킹

수많은 혁신 기업들은 전통적인 시장에서는 발견하지 못했던 소비자들의 진짜 문제와 숨겨진 니즈를 찾아내고 디지털 기술을 이용해 개개인에게 맞추어진 고객 경험과 고객 만족을 제공하고 있다. 스마트 제품과 스마트 서비스를 통해 그들만의 네트워크와 플랫폼을 구성함으로써 과거에는 상상할 수 없었던 새로운 디지털 시장을 만들어가고 있다. 유니콘 기업들은 이렇게 새롭게 형성되는 디지털 시장에서 모바일과 자사의 플랫폼을 통해 소셜 시장을 형성함으로써 엄청난 속도의 비즈니스 성장을 이루어내고 시장 규모면에서도 과거 전통적인 산업에서의 규모와 비교할 수 없을 정도의 미래 가치를 보장한다.

최근 실리콘밸리에서는 유니콘보다 훨씬 큰 규모의 스타트업들이 속속 등장하고 있다. 이런 초거대 스타트업 기업들을 일컫는 '데카콘Decacorn'이라는 신조어까지 나왔다. 데카콘은 미국의 우버, 에어비앤비, 스페이스엑스, 위워크, 핀터레스트, 드롭박스, 중국의 샤오미, 디디추싱 등과 같이 비상장 기업이지만 기업가치가 100억 달러가 넘는 초거대 스타트업들을 유니콘 기업과 구분지어 표현하기 위해 미국「블룸버그 비즈니스」에서 2015년 3월 처음 사용하기 시작했다.

유니콘 기업이나 데카콘 기업들의 성공은 네트워크 효과와 디지털 플랫폼에 기반한 확장 가능한 제품과 서비스의 빠른 개발이라는 것은 앞에서 알아보았다. 그럼 이런 유니콘 기업들은 어떻게 성공 가능한 서비스와 제품을 찾아낼 수 있었을까? 비즈니스를 시작하기 전에 반드시 선행해야 하는 것은 과거에 없었거나 아직 발견되지 않은 미래 고객이나 소비자들의 숨은 니즈를 찾아낼 수 있어야 한다는 것이다.

미래에 아무도 찾지 않을 서비스나 상품을 만드는 것은 재미 삼아 코딩을 배워 게임을 만들어보거나 납땜으로 센서를 달아 원격에서 조정 가능한 장난감을 만들어보는 정도의 취미 생활로도 충분하다. 즉 미래 고객들이 무엇을 불편해하고 어떤 것을 필요로 하고 어떤 것을 원하는지 충분히 관찰하고 공감하고 이해하는 것이 제일 먼저 선행되어야 하는 가장 중요한 작업이다. 그런 숨은 니즈를 찾아 해결함으로써 고객 행동에 좋은 영향을 미치게 되고 그런 영향력이 다시 비즈니스 네트워크로 이어지게 된다. 경험 많은 전문가라고 불리는 많은 사람들이 고객 분석, 시장 조사, 경쟁사 분석, 산업 동향 분석 등을 통해 미래의 시장과 수요를 예측할 수 있다고 자신있게 이야기한다. 하지만 그런 조사는 대부분 자신이 알고 있는 일부의 정보를 기반으로 하는 추측일 가능성이 높고 고객의 관점이 아닌 공급자의 입장과 개인의 주관이 더욱 강하게 반영되게 된다.

이런 방식으로 정의되는 문제는 대부분의 경우 진짜 문제가 아니며, 결국 아무에게도 도움이 되지 않는 잘못 정의된 문제의 답을 찾아내기 위해 수많은 시간과 비용을 소비하는 비생산적인 활동으로 이어지게 된다. 그런 시행착오와 선입견을 최소화하고 미래 고객들에게 편안함과 기쁨과 행복을 주면서 동시에 비즈니스도 성공시킬 수 있는 서비스 모델을 찾아낼 수 있는 방법론이 필요하다. 사용자의 입장을 제대로 이해하려는 노력 없이 추측으로 문제를 정의하던 방식이 아닌, 서비스나 제품의 미래 사용자들의 일상, 감정, 행동을 관찰하고 공감해 그들의 진짜 숨은 문제가 무엇인지 찾아낼 수 있어야 한다.

# 1
# 새로운 사고방식의 필요성

우리가 솔루션을 찾고 문제를 해결해야 하는 경우, 문제를 제대로 정의해주고 답을 요구하는 경우는 그리 많지 않다. 물론 학교 과제나 시험과 같은 경우는 문제를 주고 답을 찾으라고 하지만 그런 경우는 문제의 유형과 소위 모범 답안이 대부분 정해져 있다. 실제 현실에서 는 문제가 정확히 정의되지 않은 상황에서 답이나 해결책을 요구하는 경우가 훨씬 일반적이다.

'우리 회사의 향후 미래 성장을 위한 혁신 전략이나 로드맵을 만들 라'는 과제를 한 번쯤은 받아봤을 것이다. 회사 전체는 아니더라도 본 부나 팀 단위에서 이 같은 고민을 한 번쯤은 해봤을 것이다. 이런 경 우 역시 곰곰이 생각해보면 문제는 제대로 정의되어 있지 않고 해답 을 요구하는 경우이다. 이런 과제를 받으면 대부분의 경우, 산업 동향 을 조사하고 비슷한 업종의 다른 회사들이 어떻게 하는지 시장을 조 사해서 우리가 놓치고 있거나 못하는 것들을 중심으로 정리하게 된다. 우리에게 익숙하지는 않지만 답을 먼저 찾으려 하기보다는 문제가 무엇인지 정확히 이해하고 정의하는 것이 먼저 선행되어야 한다.

우리나라에서는 주어진 문제의 답을 찾는 방법에 대해서는 잘 가르치고 있고 학생들을 비롯한 대부분의 사람들이 익숙하면서도 잘하고 있는 사고방식이다. 어릴 때부터 정해진 문제의 답을 빠르게 찾아내는 주입식 교육을 받아왔기 때문일 것이다. 한국 학생들이 수학을 유독 잘하고 어학 시험 점수가 높은 것도 비슷한 맥락에서 한국 교육의 힘이 아닐까 싶다. 한국 학생들에게 가장 중요시되는 시험을 잘 치르기 위해서는 정해진 문제를 정해진 시간 안에 실수 없이 풀어내는 방법을 끝없이 연습시키고 주입시켜야 하기 때문이다.

초등학교 교과서나 문제집만 보더라도 학생들의 사고에 따라 다양한 답들이 나올 수도 있겠지만, 정해진 하나의 정답이라는 것을 찾아야만 옳은 것으로 인정하는 기존의 시험제도와 교육방식을 보면서 우리 아이들의 사고가 얼마나 일률적이고 틀에 갇힐 수밖에 없는지 절실히 실감하곤 한다. 주관을 가지고 자신의 생각과 논리를 이야기해야 하는 주관식 문제조차도 정해진 답을 외워서 문제를 풀어야 하는 경우가 허다하다. 이런 틀에 박힌 사고방식과 판단 기준으로 고등학교와 대학교가 정해지고, 심지어 사회생활에까지 고스란히 영향을 미치게 된다.

물론 매뉴얼을 외워서 처리해야 하는 일들도 많이 있고 암기가 필요한 경우도 많이 있다. 하지만 정해진 매뉴얼로 처리해야 하는 업무가 아닌 산뜻하고 혁신적인 아이디어를 만들어야 하는 경우, 정말 중요한 것은 문제의 답을 찾는 것이 아니라 문제를 제대로 이해할 수 있는 인지능력과 현상에 대한 공감 능력이다.

우리에게 익숙한 정해진 답을 찾아내는 논리적인 사고방식이 아닌, 우리가 모르고 있었거나, 지나치고 있었거나, 고정된 사고와 편견의 틀에 갇혀 놓치고 있었던 문제들을 제대로 이해하고 공감할 수 있는 새로운 사고방식이 필요하다.

# 2
# 디자인 씽킹의 발전과 확산

20세기 중반에 활동했던 예술 및 영화 이론가인 루돌프 아른하임 Rudolf Arnheim은 인간의 사고하는 매개가 '언어'외 '시각과 지각'이 있음을 증명하기 위해 1969년 『시각적 사고Visual Thinking』을 출간했다. 이 책이 디자인 씽킹의 근간이 되었다고 볼 수 있다. 이후 '언어적이고 논리적 사고'와는 분리된 '시각적 사고'가 존재한다는 이론적 기반 위에 스탠퍼드 대학교의 롤프 페이스트Rolf Faste를 비롯한 여러 산업디자인, 건축 전문가들이 디자이너의 사고방식에 대해 심화된 연구 활동을 진행했다.

1987년 하버드 대학교 피터 로위Peter Rowe 교수가 건축과 도시설계의 문제해결을 위한 그의 논문에서 '디자인 씽킹'이라는 용어를 최초로 언급하면서 디자이너들의 창조적 행동 근거에 대한 용어로 디자인 씽킹이 탄생하게 되었다. 그 후 수많은 혁신 제품을 디자인한 세계적인 산업 디자인 회사 아이데오IDEO가 이런 이론적 토대를 현실 세계로 끌어와 실현하게 되고 수많은 혁신가들을 양성하면서 디자인 씽킹을 체계화하고 발전시켰다.

아이데오의 창립자이자 스탠퍼드 대학교에서 디자인 씽킹을 가르치고 있는 데이비드 켈리David M. Kelly 교수는 이런 이론 기반에서 본인 이름의 디자인 회사를 설립하고, 이후 빌 모그리지Bill Moggridge의 '아이디 투ID Two'와 마이클 누탈Michael Nuttal의 '매트릭스 프로덕트 디자인Matrix Product Design'이라는 다른 두 개의 디자인 회사들을 합병해 1991년 아이데오를 설립하게 된다. 아이데오 설립 이후 수많은 고객사들의 혁신 제품들을 디자인하면서 자신들의 컨설팅 방법론과 프로세스를 더욱 구체적이고 실용적이고 효율적으로 정비해 가면서 디자인 씽킹을 더욱 발전시켰다.

SAP의 창립자인 하소 플래트너Hasso Plattner 회장은 일찍이 디자인 씽킹 개념에 크게 감명을 받아 아이데오 설립자인 데이비드 켈리, 기계공학자 버나드 로스Bernard Roth와 의기투합하고 350만 달러라는 거금의 개인자산을 기부하여 스탠퍼드 대학교 내에 스탠퍼드 대학교 디자인 연구소'를 설립해 디자인 씽킹의 이론적, 물리적 토대를 구축하기 시작한다.

매년 스탠퍼드 대학교 내 다양한 전공 출신의 대학원생들이 디자인 씽킹을 기반으로 한 학기에 150개 이상의 프로젝트를 진행하고 있고 디스쿨에서 디자인 씽킹 전문가들을 양성해내기 시작하면서 SAP에서도 수많은 디자인 씽킹 전문가들을 채용해 제품 개발부터 내부 혁신 활동 등 다양한 분야에서 디자인 씽킹을 접목하고 효과를 검증하

---

* 정식 명칭은 Hass Plattner Institute of Design at Stanford, 약칭 디스쿨

## SAP의 디자인 씽킹 확산

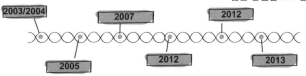

| 디자인 씽킹 방법론에 영감 | 혁신제품 개발에 적용 | 전사 확산 |
|---|---|---|
| • 하소 플래트너 스탠퍼드 대학교 내 디스쿨 설립 지원 및 투자 | • HANA와 같은 SAP 혁신 제품 기획·개발 단계에서 디자인 씽킹 방법론 적용 | • 디자인 씽킹을 SAP 전사적인 혁신·해결 방법론으로 채택<br>• 고객사의 혁신 창출을 위한 접근 방법론으로 활용 시작 |

**2003/2004** **2007** **2012**

**2005** **2012** **2013**

| 디자인 씽킹 활용전략 수립 | SAP 제품의 사용자 경험에 적용 | 확장 및 진화 |
|---|---|---|
| • 35명의 디자인 씽킹 전문가 영입<br>• 기존 SAP 전략에 디자인 씽킹 방법론 적용 | • 디자인 씽킹 전문가 사무엘 옌을 SAP 제품 사용자 인터페이스 UI 책임자로 영입 | • 부서와 역할 제한 없이 디자인 씽킹 방법론을 SAP 내외부 모든 프로세스에 주입 |

(출처: SAP)

고 있다.

기업 혁신을 위한 디자인 씽킹 방법론을 확립한 SAP는 소프트웨어 제품 연구개발을 시작으로 회사 내 다양한 영역에서 디자인 씽킹을 적용하고 있고 이후 고객의 디지털 혁신을 돕기 위한 핵심 방법론으로도 디자인 씽킹을 활용하고 있다. 2012년부터 SAP에서는 디자인 씽킹을 글로벌 모든 법인에 확산하는 정책을 폈다. 당시 필자를 포함한 SAP 코리아 직원 몇 명이 한국의 TF팀을 구성해 디자인 씽킹을 연구하고 공부하면서 한국에 디자인 씽킹을 정착시키고 확산시키는 작업을 진행했다.

현재는 SAP 코리아의 다양한 부서에서 디자인 씽킹을 전담으로 하는 많은 전문가들이 근무하고 있다. 고객의 비즈니스 혁신을 지원하는 디자인 씽킹 전문가, 사회적 가치나 공유가치창출을 전담으로 지원하는 디자인 씽킹 전문가, 학교, 사회단체, 기업에 디자인 씽킹을 교육하고 전파하는 것을 담당하는 교육 담당 디자인 씽킹 전문가 등

SAP 내부뿐만 아니라 다양한 고객 문제와 사회 문제를 해결하기 위해 디자인 씽킹을 다방면으로 활용하고 있다.

SAP 코리아가 우리나라에 디자인 씽킹이라는 방법론을 알리고 확산시키는 선도자 역할을 했다. 지금은 다른 많은 글로벌 회사들도 고객들의 비즈니스 혁신을 돕기 위해 디자인 씽킹 방법론을 채택하고 있다. SAP 코리아에서는 이미 수십 개의 공공기관, 사회단체, 학생, 일반 기업들을 대상으로 워크숍이나 교육 등의 방법으로 디자인 씽킹을 전파하기 위한 많은 노력을 기울여 왔다. 일부 국내 대기업들은 디자인 씽킹을 교육 받은 후 사내 전문 강사를 양성하거나 회사 업무에 디자인 씽킹을 직접 적용하고 있다.

디자인 씽킹의 개념과 프로세스 자체는 그렇게 복잡하지 않다. 다만 그것을 실행하는 것이 어려울 뿐이다. 즉 디자인 씽킹이 아닌 디자인 두잉Design Doing이 더욱 중요하고 필요하다. 디자인 씽킹은 이론이나 글로 배울 수 있는 것이 아니라 반복적인 실습을 통해 마인드 셋과 사고하는 방식을 바꿀 수 있어야 하고 빠른 반복을 통해 지속적으로 스스로 학습하면서 자신만의 방법론과 툴 킷을 만들어갈 수 있어야 한다.

# 3

# 디자인 씽킹의 기본 개념과 사상

아이데오의 창립자인 데이비드 켈리는 '디자인 씽킹은 디자인적 사고를 활용해 사람의 요구, 기술적 가능성, 비즈니스의 성공의 세 가지요소를 충족시키는 인간 중심의 혁신 방법'이라고 정의하고 있다. 즉디자인 씽킹은 인간 중심의 공감을 통해 숨어 있는 진짜 문제를 찾아해석하고 창의적인 혁신을 촉진하는 마인드 셋이다.

**혁신을 위한 스위트 스팟**

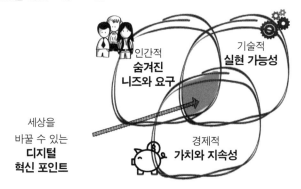

일반적인 비즈니스 가치사슬에서는 프로젝트 팀에서 알고 있는, 이미 알려진 사실로 고객의 요구사항을 정의하고 그에 따라 긴 시간의 연구개발을 거친 후 새로운 상품이나 서비스를 시장에 출시하게 된다. 이렇게 출시되는 상품이나 서비스는 고객의 생활양식에 근본적인 변화를 이끌어내지 못하는 경우가 다반사다.

시장에서 고객을 계속 유지하고 경쟁사보다 중요한 위치를 차지하기 위해서는 고객에 대한 폭넓고 진솔한 발견과 탐색에 집중해야 한다. 고객의 생활과 행동양식에 대한 심도 깊은 이해를 바탕으로 아직 표출되지는 않았지만, 분명히 필요로 하는 고객의 암묵적인 요구사항을 찾아낼 수 있어야 한다. 이런 통찰력을 바탕으로 더 짧고 빠른 연구개발 주기를 거쳐 새로운 기술이 접목된 혁신적인 제품, 서비스, 고객 경험을 만들어낼 수 있고 고객 생활에 근본적인 변화를 이끌어내면서 시장에서의 경쟁우위를 차지할 수 있게 된다.

디자인 씽킹을 모든 문제해결에 접목하는 것은 아니며 문제가 무엇이고 원하는 것이 무엇인지 정확히 정의할 수 있다면 기존의 비즈니스적 사고나 논리적 사고를 통해 훨씬 효과적으로 문제를 해결할 수 있다는 것을 염두에 두어야 한다. 비즈니스적 사고는 대부분의 사람들이 이미 익숙하고, 또 잘하고 있는 사고방식이다. 예를 들어 매우 객관적이고 이성적인 접근 방법으로 문제를 해결해야 하거나 논리적 추리와 면밀한 분석을 통해 최선의 해답이나 결론을 도출해야 하는 경우가 비즈니스적 사고를 필요로 하는 대표적인 예이다.

문제에 대한 정의가 분명하지 않은 경우는 공감, 감정적 연결, 실험 정신을 불러일으키는 디자인 씽킹의 기술을 통해 우리가 몰랐던 더 나은 가능성을 찾아낼 수 있게 된다.

논리적 사고와 비즈니스적 사고가 필요 없거나 사고하는 방식을 완전히 바꾸어야 한다는 의미가 아니라 성공적이고 혁신적인 서비스, 비즈니스, 상품을 만들어내기 위해서는 두 가지 사고방식이 모두 필요하다. 디자인 씽킹이 추구하는 핵심가치는 인간 중심적인 접근, 극단적인 협업, 오픈마인드와 창조성, 반복을 통한 지속적인 개선이다. 디자인 씽킹은 인간 중심적인 접근 방법이다. 사람에 대한 깊은 공감과 이해를 통해 겉으로 드러나는 요구뿐만 아니라 내면 깊숙이 숨겨진 요구와 니즈를 충족시킬 수 있는 해결 방안을 찾아내는 것이다. 그리고 가능한 다양한 경험과 서로 다른 의견을 가진 사람들이 함께 모여 극단적인 협업과 집단지성을 이용해 파괴적인 아이디어를 만들어내는 작업이 필요하다. 또한 창의적이고 열린 공간, 환경, 게임 등을 통해 참여자들이 마음을 열고 창의성을 최대한 발휘할 수 있도록 분위기를 조성하는 것 역시 중요하다. 디자인 씽킹을 자주 경험해보면 워크숍 장소가 얼마나 중요한지 충분히 이해할 수 있게 된다.

SAP 코리아는 내부 직원 및 고객과의 디자인 씽킹을 위해 판교 스타트업 캠퍼스에 있는 앱하우스AppHaus, 도곡동 SAP 코리아 본사 24층 유니버스Universe Room, 개포동에 있는 SIDGSAP Institute for Digital Government 세 곳의 디자인 씽킹 전용 공간을 제공하고 있다. 모든 공간은 열려 있고 모든 가구들은 어떤 구도로도 쉽게 이동할 수 있으며 화이트보드를 포함해 사방의 벽은 포스트잇이나 전지를 쉽게 부착할 수 있게 되어 있다.

디자인 씽킹은 마법처럼 한 번에 완벽한 완성품을 만드는 것이 아니라 반복적인 프로토타이핑을 통해 아이디어를 계속해서 발전시키고 개선하는 과정을 반복하는 것이다. 단 한 번에 단 하나의 최고의

## SAP 디자인 씽킹 전용 공간

SAP 코리아의 디자인 씽킹을 위한 전용 공간 위는 도곡동 SAP 코리아 본사 24층 유니버스이고 아래는 판교 스타트업 캠퍼스 SAP 앱하우스이다. (출처: SAP)

솔루션을 찾는 것이 아니라, '조금 더 괜찮은' 솔루션을 찾기 위한 시행착오를 용인하고 반복적으로 수정하며 완성도를 높여가는 과정이다. SAP가 전 세계 지사와 대부분의 업무 영역에서 디자인 씽킹을 활용하듯이 우리나라 기업이나 공공기관과 같은 다양한 조직에서도 디자인 씽킹을 접목할 수 있는 영역은 상당히 다양하다.

디자인 씽킹을 새로운 서비스나 상품 개발에 적용한다면 집중 반복과 빠르고 값싼 프로토타이핑 및 사용자 테스트를 통해 혁신적인 서비스와 상품 개발을 도울 것이다. 기업의 프로세스와 시스템 혁신을 위해서는 시스템 사용자나 임직원의 가치와 편의성 관점에서 업무 프로세스와 조직의 혁신을 도모할 수도 있다. 그뿐만 아니라 디자인 씽킹의 마인드 셋을 전파함으로써 기업의 혁신을 이끌어갈 수 있는 혁신가를 양성하고 조직 내 개방적이고 혁신적인 기업 문화를 양성할 수도 있다.

디자인 씽킹 워크숍을 하면 가끔씩 포스트잇 제조회사인 3M에서 협찬받느냐는 질문을 받곤 한다. 아쉽게도 협찬은 전혀 없다. 다만 포스트잇을 사용하게 되면 훨씬 많은 아이디어를 발산할 수 있고 지위, 경력, 나이로 인한 압력이나 경쟁적 분위기를 최소화할 수 있다. 또한 민주적으로 아이디어의 우선순위를 결정할 수 있고, 모든 참여자들에게 균등한 발언 기회를 제공할 수 있다. 그리고 일반적으로는 서로 다른 생각과 경험을 가진 다양한 참여자들로 구성되어 워크숍이 진행되기 때문에 포스트잇으로 아이디어를 작성할 때는 분류와 이해가 쉽도록 한 장에 한 가지 아이디어를 작성하고 쉽게 보일 수 있도록 굵은 펜을 사용하는 것이 좋으며 읽기 쉽게 가능한 인쇄체를 사용하고 이해하기 쉽게 그림으로 표현하면 더욱 효과적이다.

# 4
# 디자인 씽킹 프로세스 이해하기

## 문제 정의 단계

디자인 씽킹의 프로세스 자체는 상당히 간단하다. 다음 5단계가 하나의 사이클로 구성되지만 각 단계 사이의 선후관계가 따로 정해져 있지는 않다. 올바른 문제 정의는 문제해결 과정에 있어 가장 먼저 선행되어야 하는 가장 중요한 부분이다. 잘못된 문제 정의는 잘못된, 가치 없는 솔루션으로 이어지기 때문이다. 디자인 씽킹이 다른 방법론들과 비교해볼 때 문제해결보다는 올바른 문제를 찾아내는 과정에 더욱 많은 시간을 할애하는 이유도 여기에 있다. 디자인 씽킹의 각 단계는 선형적으로 한 번에 완성되는 것이 아니라 순서에 상관없이 수차례 반복되면서 계속 다듬어지고 내용이 구체화되게 된다. 문제 정의 역시 여러 단계를 거치면서 올바른 문제를 정의했는지에 대해 반복적으로 확인하고 검증하는 과정을 계속한다.

일반적으로 올바른 문제를 찾아가는 방법은 세 가지 기준에 부합하

**디자인 씽킹 프로세스**

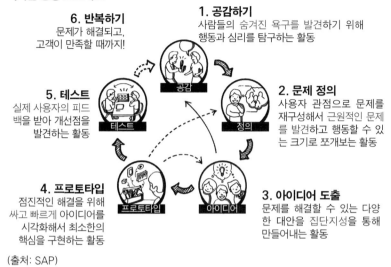

**6. 반복하기**
문제가 해결되고,
고객이 만족할 때까지!

**1. 공감하기**
사람들의 숨겨진 욕구를 발견하기 위해 행동과 심리를 탐구하는 활동

**5. 테스트**
실제 사용자의 피드백을 받아 개선점을 발견하는 활동

**2. 문제 정의**
사용자 관점으로 문제를 재구성해서 근원적인 문제를 발견하고 행동할 수 있는 크기로 쪼개보는 활동

**4. 프로토타입**
점진적인 해결을 위해 싸고 빠르게 아이디어를 시각화해서 최소한의 핵심을 구현하는 활동

**3. 아이디어 도출**
문제를 해결할 수 있는 다양한 대안을 집단지성을 통해 만들어내는 활동

(출처: SAP)

는지를 확인하면서 정의한다. 첫째는 진짜 문제이어야 하고, 둘째는 가치 있는 문제이어야 하고, 마지막으로 셋째는 열정을 불러일으킬 수 있는 문제여야 한다. 고객과 사용자 입장에서 진짜 문제여야 하고, 이 문제가 해결될 때 최대한 많은 가치를 창출할 수 있는 문제여야 하고, 이 문제를 해결하고자 하는 사람들에게는 열정과 영감을 줄 수 있는 문제여야 한다.

이 세 가지를 만족할 때 올바른 문제라고 판단할 수 있다. 이 세 가지 중 진짜 문제를 찾아내는 것이 가장 어렵다. 그 이유는 진짜 문제의 발견은 서비스나 상품을 개발하는 개발자나 공급자의 관점이 아닌, 서비스와 상품의 실제 사용자나 고객의 관점에서 발견되어야 하기 때문이다. 진짜 문제를 찾고 정의하는 작업은 우리에게 익숙하지도 않을 뿐더러 생각보다 훨씬 어려운 작업이다. 대부분의 경우 리서치와 단편적으로 알고 있는 제한된 지식과 정보를 기반으로 우리의 주관에 따라 문제를 정의하게 된다. 그러고는 그것이 마치 고객의 입장을 충분히 이해했고 우리 자신이 아닌 고객 관점에서 문제를 정의했다고 착각하는 경우가 많다.

예를 들어 나 자신을 위해 무엇인가를 만들거나 계획을 세우는 일은 상당히 쉽다. 자신에게 필요한 것이 무엇이고 불편한 것이 무엇이고 어려운 것이 무엇인지에 대해 정확히 인지할 수 있기 때문에 문제를 정확히 정의하는 것 또한 쉬울 수밖에 없다. 하지만 다른 사람을 대상으로 문제를 정의할 때는 그 사람에 대해서 이래서 어렵고 저래서 불편하고 그래서 힘들 거라는 추측과 가정으로 문제를 정의하게 된다. 이렇듯 대부분의 경우 우리가 이미 알고 있는 정보로 추측해 문제를 정의하게 된다. 이것이 바로 많은 사람들이 잘못된 문제를 두고 올바른 문제로 오인하는 이유이다.

문제를 정의할 때 항상 염두에 두어야 할 것은 우리가 알고 있는 기준이 아닌 서비스와 상품의 실제 사용자 관점에서 진짜 문제를 찾아내야 한다는 것이다. 이 문제가 진짜 문제인지를 판단하고 정의하기 위해서는 문제 정의 이전 단계인 공감Emphasize 단계에 충분한 시간을 두고 고객을 진정으로 이해하고 공감할 수 있어야 한다. 올바른 문제를 찾아내기 위한 다음 조건은 최대한 많은 가치를 제공할 수 있는 문제Valuable Problem을 찾아내는 것이다. 어떤 솔루션이든 적고 많음의 차이는 있겠지만 그 나름 어느 정도의 가치를 만들어내는 것은 당연하다. 하지만 모든 문제를 한 번에 해결할 수는 없기 때문에 좀 더 많은 가치를 창출할 수 있는 문제에 우선순위를 두고 진행해야 한다.

마지막 조건은 열정과 영감을 줄 수 있는 문제를 찾는 것이다. 문제 해결을 위해 구성된 팀원들이 문제를 해결해가는 과정에서 명분이나 의지, 영감을 가질 수 있는 문제를 찾아야 한다.

　스타트업을 하든지 회사 생활을 하든지 사회봉사 활동을 하든지 대부분의 사람들은 누군가와 팀을 이루거나 협업을 하면서 일해야 한다. 이런 환경에서 우리가 간과하는 것 중의 하나는 공통된 문제를 해결하기 위해 구성되는 팀 구성원들조차도 나름의 살아온 배경, 나이, 취미, 전문 분야 등 개인적으로는 다들 상당히 다르다는 것이다. 문제를 해결하고 특정 목적을 달성하기 위해 팀이 구성되었는데 구성원들의 목표 달성 의지, 사명감, 열정, 흥미가 없다면 어떻게 될까? 프로젝트를 진행하다 보면 프로젝트 팀원들의 감정이나 업무 효율에는 항상 기복이 따를 수밖에 없다. 충만한 에너지를 가지는 프로젝트 초기 단계는 괜찮지만 일정이 지연되거나 해결책이 잘 보이지 않고 많이 지쳐가는 시점에 팀원 중에 누군가가 "대충 만들어진 것 같은데 이 정도로 만족하고 그만 하자."라고 하거나 "이렇게까지 할 필요는 없지 않을까?"라고 하는 사람들이 나올 수 있다. 구성원들이 문제해결을 위한 열정이나 사명감이 부족하다면 스스로에게 최선을 다했다는 자기 위안을 남기고 대충 마무리하려고 할 것이다.

　이런 행동은 잘못된 행동이 아니며 지치고 힘들 때 표현되는 인간의 자연스러운 반응이다. 하지만 힘든 순간에도 구성원 전체가 공감대를 가지고 문제해결을 통해 누군가에게 도움을 줄 수 있고 진정한 가치를 전달할 수 있다는 열정과 사명감으로 어려움을 극복해간다면 그 순간 예상하지 못했던 혁신적이고 성공적인 상품과 서비스가 만들어지게 된다.

　올바른 문제를 찾아내기 위해서는 진짜 문제의 정의 기준은 고객과 실제 사용자 관점에서 열정과 영감을 줄 수 있는 문제의 정의 기준은 자신을 포함하는 팀 관점에서 고려되고 정의되어야 한다. 이러한 세 가지 기준이 만족된다면 그 문제는 올바른 문제로 확신할 수 있다. 선정된 핵심 문제와 니즈에 대해 다양한 관점으로 정리해보고 가장 높은 우선순위의 고객 상황을 선정해 아래와 같이 작성한다.

"(페르소나·대상)은 (어떤 문제)로 인해 (어떤 불편, 피해, 어려움)이 있다."

그리고 이렇게 정의한 고객 상황에 대해 아래와 같은 형식으로 문제를 정의하게 된다.

"어떻게 하면 (_____)의 (_____)를 (_____) 할 수 있을까?"

잘못된 문제 정의로 시작해 아이디어를 도출하고 솔루션을 만든다면, 솔루션을 필요로 했던 사람들의 근본적인 문제는 결코 해결될 수 없다. 그만큼 문제 정의 단계에서 올바른 문제를 찾아내는 것이 후속 프로세스에 있어 엄청나게 중요하다.

## 공감 단계

디자인 씽킹은 문제해결보다는 문제 찾기를 더욱 강조하고 공감과 문제를 정의하는 데 더 많은 시간을 할애한다. 올바른 문제를 찾아내기 위해서는 공감과 문제 정의 단계에 충분한 시간과 노력을 기울여야 한다. 앞에서 올바른 문제 정의에 있어 가장 어려운 기준이 진짜 문제를 찾는 것이라고 했다. 진짜 문제를 제대로 찾아내기 위해서는 문제 정의 이전 단계인 공감 단계에서 서비스나 상품 사용자와 동일한 시각으로 문제를 바라보고 자세히 관찰하고 관찰한 것에 대해 질문하고 주의해서 경청함으로써 말이 필요 없을 정도의 유대감을 가질 수 있어야 한다. 고객이 느끼는 것을 동일하게 느낄 수 있는 수준으로 공감할 수 있어야 한다. 이 단계에서는 문제의 해답이나 솔루션은 고민하지 말고 진짜 문제가 무엇인지 이해하고 공감하는 것에만 온전히 집중해야 한다.

일반적으로 디자인 씽킹은 누군가를 돕고 싶어하는 마음으로 시작된다. 그런 마음에서 다른 사람을 관찰하고 인터뷰하고 함께 생활하고 체험하면서 공감을 키워가야 한다. 공감하기는 인간 중심의 사고방법인 디자인 씽킹의 핵심이다. 고객이 우리 제품과 서비스로 무엇을 왜 하는지 이해하고 그들의 물리적인 니즈와 심리적인 욕구를 공감하면서 그들이 세상을 어떻게 생각하는지, 그들에게 무엇이 의미있는지를 깨닫는 과정이다.

프로젝트를 진행할 때 제일 먼저 시작하는 단계가 문제 정의 단계이다. 하향식의 과제로 받을 수도 있고 상향식으로 팀에서 제안해서 진행될 수도 있다. 하지만 프로젝트 중반에 문제 정의가 잘못되었다는 것을 인지하더라도 솔루션이나 상품 개발을 중간에 수정하거나 취소하는 것은 상당히 어려운 일이다. 올바른 문제가 아닌 걸 알면서도 과거 전통적인 프로세스에서는 중간에 서비스나 상품을 바꾸거나 취소하는 것이 용납되지 않았고 잘못된 문제인 걸 알면서도 계속 진행하는 것이 일반적이다. 안타까운 것은 잘못 정의된 문제에 대한 솔루션은 힘들게 만들어도 그 솔루션을 필요로 하는 사람이 거의 없거나 사용자의 서비스 만족도는 상당히 낮을 수밖에 없다는 것이다.

"진짜 문제가 아닌 건 알지만 시간과 예산도 정해져 있으니 현재의 요건들만 적당히 맞추고 시간 내에 마무리하자."라고 하는 경우가 많다. 왜 그래야 할까? 그만큼 시간과 비용을 낭비해야 하고 더욱 중요한 것은 가치가 없는 일에 우리의 에너지를 엄청나게 낭비하게 된다는 것이다. 현재 진행하는 프로젝트가 문제 정의를 잘못하고 있다고 판단되면 미련 없이 빠르게 공감 단계로 돌아가 고객과 사용자의 진짜 문제를 찾아내는 것부터 다시 시작해야 한다.

공감을 위한 다양한 도구가 있겠지만 일반적으로 관찰, 인터뷰, 직접 체험의 세 가지 방법이 많이 사용된다. 어떻게 보면 간단해 보이지만 상당히 어려운 작업들이다. 관찰을 통해 하루 일상에 관련된 많은 것들을 볼 수 있겠지만 그런 활동을 통해 미래 사용자들의 표정, 행동, 말투 등을 면밀히 관찰하고 어떤 순간에 힘들어하고 아파하고 불편해하는지에 대한 공감과 이해를 기반으로 문제를 찾아내야 한다.

인터뷰도 형식적인 설문이 아닌 솔직하고 진솔한 의견을 받아낼 수 있도록 질문 종류, 인터뷰 대상, 장소나 분위기를 고민해서 진행해야 한다. 직접 체험은 동일한 환경에서 직접 경험해볼 수 있다는 점에서 공감의 가장 좋은 방법이지만 직접 체험의 기회를 가지기 어려운 경우가 많기 때문에 비슷한 환경을 구성해 간접 경험으로 대신하는 것도 가능하다.

전 세계 페이스북 사용자의 30% 이상은 인도와 같은 2G 네트워크 환경의 저개발국가에서 페이스북 서비스를 이용하고 있다. 페이스북은 2G 환경의 사용자경험에 공감하기 위해 매주 화요일 아침마다 1시간씩 본사 네트워크를 2G 환경으로 다운그레이드해 2G 사용

### 페이스북 2G TUESDAY

(출처: 페이스북)

자들의 페이스북 경험을 공감하고 페이스북 라이트 버전을 출시해 서비스하고 있다.

인류학자들이 원주민들의 언어와 문화와 역사를 배우고 이해하기 위해 몇 달에서 몇 년씩 그들과 함께 살면서 똑같은 생활을 하는 것 역시 고차원적인 관찰과 직접 체험의 좋은 예이다. 공감 단계에서는 현상 자체보다는 그 현상이 가진 진정한 의미와 숨은 니즈를 파악해 야 하고 조사자가 미리 생각하고 정리한 것을 검증하는 과정이 아니 라 사용자의 경험과 상황을 있는 그대로 받아들일 수 있는 열린 자세 와 마음가짐으로 진행해야 한다. 중요한 것은 이런 도구들을 사용하 여 나의 주관이 아닌 100% 사용자의 입장에서 무엇이 불편하고 힘들 고 어려운지를 공감할 수 있어야 한다.

## 아이디어 도출 및 프로토타입 단계

이전 단계를 통해 고객이나 소비자 입장에서의 깊이 있는 공감을 기반으로 올바른 문제를 찾아 정의했다면 그 다음은 문제를 해결하기 위한 아이디어 도출 단계이다. 브레인스토밍, 브레인라이팅, 바디스토밍 등 아이디어 도출 단계에서 사용할 수 있는 다양한 방법과 도구들이 많지만 아이디어 도출 단계에서 가장 중요한 것은 짧은 시간에 최대한 많은 아이디어를 만들어내는 것이다.

훌륭한 아이디어를 얻기 위해서는 최대한 많은 아이디어가 있어야 한다. 구성원들끼리 자유롭게 토론하고 아이디어를 공유하고 서로 연결시키며 최대한 많은 아이디어를 발굴해가야 한다. 그렇게 서로 아이디어를 교환하고 발전시켜 가는 과정에서 훌륭한 아이디어가 나오게 된다. 아이디어 도출 단계에서는 혁신적인 최고의 아이디어 하나를 만드는 과정이 아니다. 최고의 아이디어는 사용자 테스트 단계에서 고객의 피드백을 통해 결정된다.

이 단계에서는 높은 질의 아이디어를 찾기보다는 많은 양의 아이디어를 발산해야 하고 정형화되고 당연한 아이디어보다는 무모하다 싶을 정도로 엉뚱하고 새로운 사고의 아이디어들이 많이 나오게 하는 것이 좋다. 그리고 하나의 아이디어에 또 다른 아이디어를 추가하고 텍스트로 설명하기보다는 다른 사람들도 쉽게 이해할 수 있도록 간단한 그림으로 표현하는 것이 좋다. 그렇게 도출된 수많은 아이디어 중에 핵심 아디이어들을 정리하여 프로토타입을 위한 정보로 사용한다.

프로토타입은 다양한 형태로 표현될 수 있다. 종이에 하는 2D 스케치부터 레고, 박스, 폐지 등과 같이 주변에서 쉽게 구할 수 있는 값싼 재료들을 이용하는 간단한 3D 프로토타입, 아이디어의 핵심내용을 그림으로 표현하는 스토리보드, 아이디어를 실제 상황처럼 시연해보는 롤 플레이, 완성품이나 시제품, 견본에 가까울 정도로 정교하고 높은 품질의 프로토타입도 있을 수 있다.

프로토타입 단계에서는 우리의 추상적인 아이디어를 시각화하고 구체화하는 것이 핵심이다. 프로토타입이 왜 중요하고 아이디어 도출 바로 다음에 이어서 진행해야 할까? 그것은 구성원 간의 소통을 위한 중요한 수단이 되기 때문이다. 말을 통한 정보의 전달력과 보존력은 상당히 약하고 지속되기도 어렵다. 추상적인 아이디어를 말로 설명하고 전달할 경우, 힘들게 도출한 중요한 아이디어들을 우리의 기억 속에서 오래 유지하기는 어렵다. 서로의 생각을 무시하거나 주어진 문제에 대해 무관심해서가 아니라 인간의 본성이 그렇기 때문에 당연한 결과이다.

도출된 아이디어를 프로토타입으로 구체화시키고 시각화하게 되면 구성원 간의 소통이 훨씬 수월해지고 아이디어에 대한 서로 간의 의견 전달과 협업에도 상당한 도움이 된다. 프로토타입 단계에서는 빠르고 값싼 프로토타입을 만들어내는 것이 핵심이다. 값싼 프로토타입은 우리가 만든 프로토타입을 미련없이 쉽게 버릴 수 있을 정도로 비용적인 부담이 없어야 함을 의미하고 빠른 프로토타입은 우리가 올바른 문제에 대한 답을 제대로 찾아가는지를 빨리 테스트하고 검증할 수 있도록 시간적으로 빨리 만들 수 있는 프로토타입을 의미한다. 즉 프로토타입은 최종 시제품이 아니기 때문에 빠르게 만들어서 구성원들끼리의 커뮤니케이션에 이용하고, 사용자의 피드백을 받기 위한 용도로 사용하고, 아이디어를 계속해서 개선하고 발전시켜 나갈 수 있는 중간 도구로 활용해야 한다.

프로토타입을 빠르고 값싸게 만들어야 하는 데는 또 다른 중요한 심리학적인 이유가 숨어 있다. 마음에 드는 아이디어가 있어서 며칠 밤을 새며 고급의 값비싼 재료들을 사용해 근사한 프로토타입을 그럴듯하게 만들었다고 가정해보자. 온 정성을 들여 고생해서 만든 프로토타입을 주변 사람들에게 보여주고 테스트했을 때 상대방이 "멋있고 너무 좋다. 바로 서비스해도 될 것 같다. 잘했다."라고 하면 "그래 이 사람은 뭘 좀 아는군!"이라고 생각할 것이다. 하지만 반대로 "이건 이렇게 바꾸는 게 나을 것 같고, 여기에 이런 것도 더해지면 좋을 것 같아."라는 진솔한 피드백을 주면 본인도 모르게 "이 사람은 내 아이디어를 제대로 이해하지 못하는군!"이라고 생각하면서 고객이나 동료의 피드백을 방어적으로 해석하고 진심을 받아들일 수 없을 정도로 자신의 프로토타입에 애착을 가지게 된다.

너무 많은 시간과 값비싼 비용이 들어가게 되면 자신도 모르게 프로토타입에 너무 깊은 애정을 가지게 되며 이는 인간의 일반적이고 심리적인 본성이며 누구라도 충분히 그러할 것이다. 같은 상황에서 멋지지는 않지만 아이디어를 표현할 수 있는 수준에서 종이에 스케치하거나 박스와 같은 저렴한 재료들로 큰 노력을 들이지 않고 프로토타입을 뚝딱 만들었다고 가정해보자. 마찬가지로 주변 사람들에게 테스트했는데 누군가 진심 어린 피드백을 준다면 앞의 상황과 달라지지 않을까? 본인이 만든 프로토타입에 집착하지 않고 주변 사람들의 의견을 온전히 받아들일 수 있고 아이디어 개선이나 다음번 프로토타입에 소중한 피드백들을 반영하는 것이 그렇게 어렵지 않을 것이다.

우리가 처음 찾아내는 아이디어나 프로토타입이 최고의 솔루션일 확률은 상당히 낮다. 연구소에서 솔루션이나 상품을 개발하는 연구원들을 포함한 대부분의 사람들이 비슷한 경험을 가지고 있을 것이다. 몇 날 며칠 밤을 꼬박 새워가며 개발한 베타 버전의 새로운 기능들에 대해 다른 사람들이 주는 진솔한 피드백과 의견들을 쉽게 받아들이기 힘든 것도 같은 이유에 있다. 올바른 문제를 찾기 위해 끝없이 고민하고 집착하는 것은 필요하지만 내가 만든 프로토타입과 사랑에 빠져서는 절대 안 된다.

### 테스트 단계

다음 단계는 빠르고 값싸게 만든 프로토타입을 미래 사용자들을 대상으로 테스트하고 피드백을 받는 단계이다. 테스트 단계는 공감 이후 다시 고객과 연결되는 시점으로 우리가 놓치고 있던 새로운 것들을 찾아내고 배울 수 있는 중요한 단계이다. 일반인들을 대상으로 테스트를 하고 피드백을 받아보면 대부분의 사람들은 긍정적인 피드백을 주게 된다. "나중에 이 프로토타입이 시제품으로 나온다면 구매해서 사용하실 의사가 있으신가요?"라고 묻더라도 그러고 싶다고 이야기한다. 아쉽게도 대부분의 경우 현실은 반대의 결과로 마무리된다. 칭찬을 포함한 긍정적인 피드백이나 건설적인 피드백도 좋지만, 가장 중요한 것은 내용의 긍정이나 부정을 떠나 진정성 있는 피드백이 가장 중요하다.

그래서 테스트를 준비할 때부터 진솔한 피드백을 줄 수 있는 테스트 대상을 선정하는 것이 중요하고 미래 사용자가 프로토타입에 대한 선입견을 가지지 않도록 테스트 환경과 방법에도 많은 고민을 해야 한다. 프로토타입의 목적, 용도, 취지, 특장점 등과 같은 구체적인 설명은 최소화하고 최대한 실제처럼 직접 경험해보도록 현실에 가까운 테스트 환경을 준비하는 것이 중요하다. 설명이나 질문보다는 시제품을 직접 경험해보도록 하고 사용성을 관찰하는 것이다. 테스트 과정에서 미래 사용자가 제품이나 서비스의 프로토타입을 어떻게 사용하는지, 잘못 사용하지는 않는지 자세히 관찰하고 고객의 피드백에 귀 기울여 듣고 왜곡 없이 받아 정리해야 한다. 테스트를 통한 고객의 진솔한 피드백은 아이디어를 더욱 풍부하게해 더 좋은 솔루션을 만들거나 프로토타입의 기능을 개선하거나, 정의했던 문제가 올바른 문제인지 되짚어볼 수 있게 하는 중요한 메커니즘이 된다.

디자인 씽킹의 다섯 단계는 순서에 상관없이 반복적으로 사이클을 돌면서 현 상황과 문제에 대해 지속적으로 학습하면서 아이디어를 발전시켜 나가는 과정이다. 테스트 이후 문제 정의를 새롭게 할 수도 있다. 또 문제 정의가 정확하다면 아이디어 도출이나 프로토타입 과정을 반복할 수도 있다. 이런 과정을 통해 궁극적으로는 올바른 문제에 대한 올바른 해결책과 올바른 솔루션을 찾아낼 수 있다.

## 디자인 씽킹의 프로세스 정리

혁신을 위해서는 창의성이 중요하다고 항상 이야기한다. 창의성 Creativity은 아이디어 도출 단계에서 많이 요구되는 혁신을 위한 필수 요소임에는 분명하다. 하지만 혁신을 위해 우리가 놓치고 있는 또 하나의 중요한 것은 명료성Clarity이다. 즉 혁신을 위해서는 명료성에 기반해서 현실을 정확히 바라보고 문제를 인지할 수 있는 통찰력이 필요하고 그런 통찰력으로 미래의 이상적인 세상을 상상할 수 있는 창의성이 발휘되어야 한다.

창의성과 명료성은 완전히 다른 마인드 셋과 접근법을 가진다. 공감 단계와 문제 정의 단계에서는 가정이나 주관이나 선입견 등을 최대한 내려놓고 문제의 당사자인 고객이나 실제 사용자의 입장에서만 생각하고 이해하고 경험하는 것을 기본으로 해야 한다. 그런 충분한 공감과 이해를 통해 진짜 문제가 무엇인지 찾아내야 한다. 그리고 아이디어 도출 단계에서는 처음에는 일반적인 아이디어로 시작해서 점점 창의적이고 혁신적인 아이디어들을 만들어낼 수 있도록 이끌어야 한다.

우리는 디자인 씽킹을 통해 반복적인 학습 효과를 경험하게 된다. 디자인 씽킹의 사이클을 반복할수록 주어진 문제에 대한 공감과 이해의 깊이는 깊어지고 이를 통해 더욱 훌륭한 아이디어를 계속 만들어가는 학습 과정을 반복하게 된다. 얼마나 많이 학습했는지에 따라 얼마나 깊이 공감했고, 얼마나 정확한 문제를 찾아냈고, 얼마나 많은 문제들을 해결할 수 있을지의 결과로 이어지게 된다. 디자인 씽킹에 대한 설명을 마무리하면서 마지막으로 한 번 더 강조하고 싶은 것은 올바른 문제를 찾아 정의하는 것이다. 그리고 올바른 문제를 찾기 위해서는 공감하는 과정이 반드시 선행되어야 한다. 많은 사람들이 디자인 씽킹의 사고방식에 익숙하지 않기 때문에 소비자나 사용자의 상황과 어려움에 대해 깊이 있는 공감을 가지기 쉽지 않을 수 있다. 공감은 그 사람들을 이해하고 도움을 주겠다는 스스로의 노력과 의지가 없다면 힘들기 때문이다.

우리 주변의 작은 문제부터 디자인 씽킹으로 접근하고 경험해본다면 조금씩 더 크고 복잡하고 중요한 문제들도 디자인 씽킹을 통해 공감하고 이해하고 해결해나갈 수 있을 것이다. 디자인 씽킹은 이론적인 내용이나 방법론적인 해석보다는 반복적인 경험을 통해 익히는 것이 가장 효과적이며 디자인 씽킹 전문가들도 기본적인 이해가 이루어졌다면 다양하고 반복적인 실천을 통해 디자인 씽킹의 마인드 셋을 몸에 배이게 하는 것이 좋다고 권고한다.

# 5
# 사례로 알아보는 디자인 씽킹

## 마시멜로 챌린지

디자인 씽킹을 처음 접하는 사람들의 교육이나 경험을 위한 워크숍을 진행할 때 사고의 유연성에 대해 공감하고 디자인 씽킹의 이해를 돕기 위한 워밍업 용도로 마시멜로 챌린지라는 게임을 자주 이용한다. 미국에서 시작된 이 게임은 단순하지만 사람들의 창의력과 유연성을 확인해볼 수 있는 유쾌하고 즐거운 게임이다.

마시멜로 챌린지는 네 명이나 다섯 명이 한 팀을 구성하고 20개의 스파게티 스틱, 1야드(약 90센티미터)의 마스킹 테이프, 1야드의 가는 끈, 마시멜로 한 개를 사용해 18분 동안 마시멜로 탑을 가장 높이 쌓는 팀이 이기는 게임이다. 게임 진행을 위해 필요한 다섯 가지의 간단한 규칙이 있다. 첫 번째는 이동할 수 있는 가장 높은 구조물을 만들어야 한다. 바닥을 테이프로 고정시키거나 하면 안 된다. 두 번째는 마시멜로가 구조물의 제일 꼭대기에 올라가 있어야 한다. 실을 이

**마시멜로 챌린지 게임의 준비물과 5가지 규칙**

(출처: 톰 워젝 마시멜로 챌린지)

용해 마시멜로를 벽에 매달거나 할 수 없다. 세 번째는 주어진 재료만 사용해야 하고 모든 재료를 다 사용할 필요는 없다. 네 번째는 스파게티, 테이프, 실은 원하는 길이로 잘라서 사용할 수 있다. 마지막 다섯 번째는 제한시간이 18분이며 종료와 동시에 모든 사람들은 마시멜로 탑에서 손을 떼야 한다.

설명만 들으면 단순하고 쉬워 보이지만 막상 게임을 진행해보면 생각보다 만만치 않고 어렵다고 느낄 것이다. 유튜브에서 '톰 워젝 마시멜로'로 검색하거나 테드에서 '톰 워젝Tom Wujec'으로 검색해보면 「빌드 어 타워, 빌드 어 팀Build a tower, build a team」이라는 영상을 찾을 수 있다. 톰 워젝이 테드에서 마시멜로 경기로 배울 수 있는 놀라운 점들에 대해 강연한 영상이다.

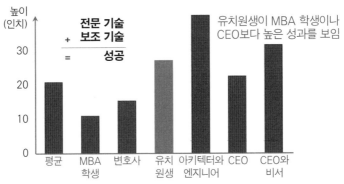

마시멜로 챌린지 그룹별 게임 성적

(출처: 톰 워젝 마시멜로 챌린지)

테드 영상을 보면 톰 워젝은 이 게임을 다양한 그룹을 대상으로 반복적으로 실험하면서 그룹별 성과를 비교해본 후 다음과 같은 재미있는 결과를 유추해내고 있다. 톰 워젝은 '프로토타입과 개선' 그리고 '조력자'가 이 게임의 핵심 성공 요소라고 이야기하고 있다.

MBA 학생들이나 CEO들에게는 게임을 시작하면서 어떻게 협업을 할 것이고 누가 진행을 주도할 것인지를 결정하는 것부터가 복잡하고 어려운 문제이고 논쟁의 시작이 된다. 시간이 지나면서 최적의 정답을 찾기 위해 의견을 나누고 토론하다가 막바지가 되어서야 결론을 내고 마시멜로를 올리는 시도를 한다. 결과는 대부분 실패로 끝난다. 이런 그룹은 알고 있는 지식과 정보를 활용해 최선의 솔루션을 찾도록 사고하는 데 익숙해져 있기 때문이다. 앞에서 이야기했던 비즈니스적 사고, 논리적인 사고에 익숙한 그룹이다. 정해진 문제에 대해 하나의 정답, 최선의 정답을 찾는 것이 몸에 배어 있다 보니 마시멜로 챌린지라는 게임에서도 동일한 사고방식이 그대로 나타나는 것이다.

이 게임을 통해 발견할 수 있었던 어른과는 다른 아이들만의 놀라

## MBA 학생과 유치원생의 게임 패턴 비교

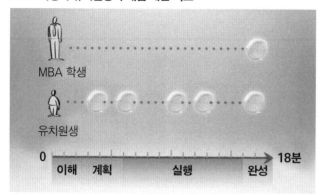

(출처: 톰 워젝 마시멜로챌린지)

운 점은 '과감한 시도와 진행 속도'였다. 어른들은 토론하고 생각하고 남은 재료를 확인하고 아이디어를 하나씩 하나씩 조심스럽게 진행하다 보니 한 시간으로도 부족하고 재료도 많이 남는다. 하지만 아이들은 게임 시작과 거의 동시에 탑을 쌓기 시작하고 20분 만에 거의 모든 재료를 다 사용할 정도로 과감하게 진행했고 어른들보다 거의 두 배 가까운 속도로 탑을 완성해갔다. 마시멜로 챌린지를 처음 접하게 되면 새로운 과제에 대해 익숙하지 않은 재료들을 어떻게 사용하는 것이 좋을지, 무거운 마시멜로를 꼭대기에 올렸을 때 어떤 결과로 이어질지 예측하는 것이 어렵다.

동일한 조건에서 어른들은 오랜 시간을 고민한 끝에 최선이라고 생각하는 하나의 아이디어를 선택하고 단 한 번에 마시멜로 탑을 완성하려고 시도한다. 반면 아이들은 큰 고민 없이 스파게티 위에 마시멜로를 올리는 시도를 수십 차례 반복하면서 점점 안정적이고 높은 구조물을 만들어가게 된다. 이 게임을 통해 얻을 수 있는 교훈은 '생각한 것을 빠르게 실행해보는 것'이라고 할 수 있다. 그리고 아이들을 통해 배울 수 있는 또 하나의 교훈은 '실패에 대한 두려움 없이 과감하게 시도하고 빠르게 실패하고 다시 개선'하는 작업을 끝없이 반복한다는 것이다. 대부분의 혁신적인 제품과 서비스는 한 번의 커다란 행운이나 한 명의 천재에 의해 완성되었다고 생각하지만, 사실 대부분의 경우 끝없는 실패와 시행착오를 반복하면서 완성되는 것이 일반적이다.

## 인큐베이터

현실에서의 디자인 씽킹 활용 사례를 통해 디자인 씽킹을 조금 더 깊이 있게 이해해보자. 유엔의 조사 자료에 따르면 전 세계적으로 5세 이하 어린이의 사망률은 1990년 1,000명당 93명에서 2016년에는 1,000명당 56명으로 56%나 감소했다. 상당한 진전에도 불구하고 여전히 매년 수백만 명의 영유아가 사망하고 있다. 2017년만 하더라도 600만 명의 어린이가 사망했다. 이 가운데 약 260만 명은 태어난 지 채 한 달을 넘기지 못하고 사망했다.

다음의 지도에서 보는 것처럼 어린이 사망자의 분포는 지역적으로 상당히 불균등하게 분포되어 있다. 사하라 사막 남부 아프리카와 남아시아의 두 지역이 전체 어린이 사망자의 약 80%를 차지하고 있다. 색깔이 짙을수록 사망 어린이 수와 사망률이 높은 지역으로 인도, 나이지리아, 파키스탄, 콩고, 에티오피아, 중국 등 6개국이 전체 어린이 사망자 수의 절반을 차지한다. 인도와 나이지리아 두 나라가 전세계 어린이 사망자의 거의 3분의 1(32 %)을 차지하고 있다.

이런 신생아 사망의 3분의 1 이상은 엄마의 뱃속에서 열 달을 채우지 못하고 태어나는 조산이 주요 원인이다. 신생아는 몸을 따뜻하게

## 2016년 국가 별 아동 사망률 및 사망자 수

Low             High

(출처: UN IGME 2017)

하고 신진대사를 조절하기 위해 체온 유지가 반드시 필요하지만, 조
산아로 태어나면 스스로 체온을 유지하기 힘들어 쉽게 사망한다. 조
산아를 살리기 위해서는 아기들의 체온을 따뜻하게 유지해줄 장치가
필요하지만, 위 지역들은 대부분 빈곤 지역이기 때문에 인큐베이터를
이용하는 것이 거의 불가능하다. 일반 병원에서 볼 수 있는 인큐베이
터는 1대당 약 3만 달러(한화 약 3,000만 원) 정도의 가격으로 개발도
상국의 지방 병원에서는 구비하기가 쉽지 않다. 운 좋게 선진국의 지
원을 받더라도 조작이 복잡하고 어렵기 때문에 98% 이상은 5년 이내
에 고장 나고 수리할 수 있는 기술자도 없기때문에 실질적인 효과는
거의 없다고 보는 것이 맞을 것이다.

저개발국가의 조산아 사망 문제에 대해 고민하고 아이들의 생명을
구하기 위해 노력한 두 팀의 혁신활동으로 디자인 씽킹을 조금 더 깊
이 있게 들여다보자. 첫 번째 팀은 MIT학생들이 모여 구성한 DtMDe-
sign that Matters이라는 비영리단체로 이들은 신생아 사망의 원인과 환경

## DtM 팀의 조산아 프로젝트

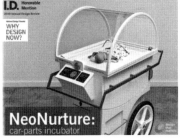

(출처: DtM NeoNurture)

## 저개발국가를 위한 인큐베이터

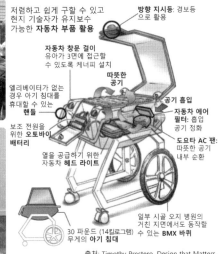

저렴하고 쉽게 구할 수 있고 현지 기술자가 유지보수 가능한 **자동차 부품 활용**

**방향 지시등**: 경보등으로 활용

**자동차 창문 걸이** 유아가 3면에 접근할 수 있도록 캐너피 설치

엘리베이터가 없는 경우 아기 침대를 휴대할 수 있는 **핸들**

**따뜻한 공기**

**공기 흡입** **자동차 에어 필터**: 흡입 공기 정화

보조 전원을 위한 **오토바이 배터리**

**도요타 AC 팬**: 따뜻한 공기 내부 순환

열을 공급하기 위한 자동차 **헤드 라이트**

일부 시골 오지 병원의 거친 지면에서도 동작할 수 있는 **BMX 바퀴**

30 파운드 (14킬로그램) 무게의 **아기 침대**

출처: Timothy Prestero, Design that Matters.
그래픽: Lee Hulteng, Judy Treible

을 조사하기 위해 인도, 방글라데시, 네팔, 베트남, 캄보디아, 인도네시아 등 신생아 사망률이 높은 저개발국가의 시골 마을을 직접 방문해 체험하고 관찰하는 활동을 했다. 그런 후 DtM 팀은 병원을 포함한 다양한 의료기관, 재능 있는 학생들, 자원봉사자 및 기술 전문가들과 협력하면서 신생아에게 따뜻한 체온을 공급할 수 있고 저렴한 가격과 쉬운 관리가 가능한 인큐베이터를 고안하기 시작했다. DtM 팀은 현장 답사 중 저개발국가에 고장 난 폐자동차가 많다는 사실을 발견하고 폐자동차의 부품을 활용해 네오너처NeoNurture라는 저가의 인큐베이터를 고안해냈다. 비싼 인큐베이터는 구매하기도 힘들고 기술 지원을 받기도 힘들지만 네오너처는 중고차 산업의 기존 공급망과 현지의 자동차 정비사들을 이용해 인큐베이터의 부품 공급과 유지보수도 가능하게 했다.

네오너처는 『타임』에서 2010년 최고의 이슈로 선정되었고 ABC 뉴스와 CNN 방송의 '올해 최고의 발명품 50' 프로그램에서 특집으로 다뤄지기도 했다. DtM팀은 '어떻게 하면 개발도상국에서도 사용할 수 있는 값싸고 사용이 편리한 인큐베이터를 만들 수 있을까?'라고 문제를 정의하고 네오너처라는 저개발국가에 최적화된 혁신적인 인큐베이터를 만드는 데 성공했다. DtM은 많은 기업들을 통해 투자를 받고 다른 의료 사업으로도 활발한 활동을 계속하고 있다. 아쉬운 점은 네오너처가 전세계의 뜨거운 관심과 이목을 받은 획기적인 발명품이었던 데 비해 실제 보급에는 실패했다는 것이다. 너무 낮은 가격으로 네오너처를 생산하는 기업에 돌아가는 이익이 거의 없었기 때문이다.

같은 문제를 다르게 해석하고 다른 답을 찾아낸 두 번째 팀을 살펴보자. 스탠퍼드 디스쿨의 네 명의 학생들도 똑같은 문제에 대해 고민하던 중 조산아의 생명을 구하기 위한 엠브레이스Embrace라는 프로젝트를 시작했다. 조산아 사망률이 높은 네팔 지역을 방문해 직접 관찰한 결과 병원에 인큐베이터가 있는 경우조차도 시골에서 태어난 아기들은 병원으로 가는 도중에 저체온증으로 사망한다는 사실을 발견했다. 이것은 병원까지의 이동거리가 너무 멀고 마땅한 교통 수단이 없기 때문이다. 그리고 관찰 중 발견한 중요한 사실은 조산아가 태어나면 산모가 바로 안고 아이의 체온을 유지시켜 준다는 것이었다. 산모의 체온 전달이 조산아 생존의 열쇠였던 것이다. 하지만 산모가 24시간 아기를 안고 있을 수는 없는 일이다. 산모와 아기 입장에서 끝없이 고민하고 공감하면서 엠브레이스 팀은 '어떻게 하면 엄마가 곁에 있지 못할 때도 조산아에게 엄마의 품속과 같은 안전한 환경을 만들어 줄 수 있을까?'라고 문제를 정의하게 된다.

엠브레이스 팀은 아기 침낭같이 생긴 조그만 파우치를 만들었는데 침낭 안에는 왁스 주머니가 들어 있다. 왁스는 사람의 체온에 가까운 섭씨 37도가 녹는 점이다. 이런 특성을 이용해 파우치에 뜨거운 물을 부어 왁스를 녹이면 4시간에서 6시간 동안 인간의 체온에 가까운 일정한 온도가 유지된다. 파우치가 차가워지면 왁스 주머니를 데워서 다시 일정 온도를 유지할 수 있다.

엠브레이스 팀이 개발한 워머Warmer는 탈부착이 간편하고 전기 사용 없이 끓는 물에 넣어주기만 하면 언제라도 재사용이 가능하다. 가격은 기존 인큐베이터의 1,000분의 1수준인 25달러에 불과하고, 저개발 국가와 같이 출산 후 산모가 일을 나가야 하는 경우에도 휴대나 사용에 아무런 제약이 없다. 워머를 디자인한 엠브레이스 팀의 제인 첸Jane Chen은 2009년 TED 영상에서 다음과 같은 그들의 디자인 원칙 세 가지를 이야기했다.

첫째, 조산아를 잃는 산모와 같이 도움을 필요로 하는 실제 사용자를 진심으로 이해하려고 노력했다. 둘째, 인큐베이터와 같이 이미 존재하는 것들 때문에 편견에 사로잡히지 말고 문제의 원인을 정확히 이해하려고 노력했다. 셋째, 누구나 쉽게 사용할 수 있도록 문제를 해결할 수 있는 가장 간단한 방법을 생각해 내려고 노력했다고 한다. 엠브레이스는 현재 20만 명 이상의 어린 아기들에게 전달되었고, 이를 통해 미숙아로 태어났지만 인큐베이터의 혜택을 받을 수 없었던 수십만 명의 어린 아이들의 생명을 구했고 질병으로부터 보호할 수 있게 되었다.

앞의 두 예에서 볼 수 있듯이 동일한 상황에서도 문제를 어떻게 정의하는지에 따라 완전히 다른 결과가 나올 수 있다. DtM 네오너처팀

**엠브레이스 팀의 디자인 씽킹 과정**

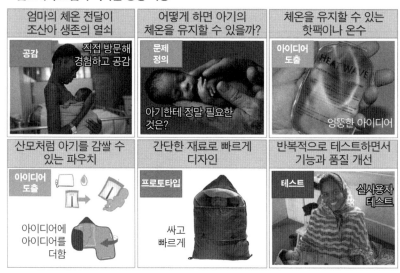

| | | |
|---|---|---|
| 엄마의 체온 전달이<br>조산아 생존의 열쇠 | 어떻게 하면 아기의<br>체온을 유지할 수 있을까? | 체온을 유지할 수 있는<br>핫팩이나 온수 |
| 공감 / 직접 방문해<br>경험하고 공감 | 문제<br>정의 / 아기한테 정말 필요한 것은? | 아이디어<br>도출 / 엉뚱한 아이디어 |
| 산모처럼 아기를 감쌀 수<br>있는 파우치 | 간단한 재료로 빠르게<br>디자인 | 반복적으로 테스트하면서<br>기능과 품질 개선 |
| 아이디어<br>도출 / 아이디어에<br>아이디어를<br>더함 | 프로토타입 / 싸고<br>빠르게 | 테스트 / 실사용자<br>테스트 |

(출처: 엠브레이스)

의 경우, 주로 현지 병원을 중심으로 공감 단계를 진행했고 병원과 주변 중고차에서 획득한 정보로 '어떻게 하면 저렴한 인큐베이터를 만들 수 있을까?'라는 쉽게 유추할 수 있는 주제로 문제를 정의하고 솔루션을 만들어냈다. 물론 제품 자체는 혁신적이었지만 최종 사용자인 조산아와 산모 입장에서의 공감은 소홀하지 않았나 싶다. 반대로 스탠퍼드 디스쿨 엠브레이스 팀의 경우, 병원도 관찰했지만 산모와 조산아 입장에서 좀 더 깊이 있게 공감하면서 아기에게 정말 필요한 것은 비싼 인큐베이터가 아니라 엄마의 따뜻한 체온이라는 사실을 발견해냈던 것이다. 그리고 '어떻게 하면 아이의 체온을 유지시킬 수 있을까?'라는 정말 아이 관점에서의 공감과 문제 정의로 시작했다. 그리고 '겨울날 손을 따뜻하게 하는 핫팩이나 따뜻한 온수로 파우치를 만들면 되지 않을까?'라는 엉뚱한 아이디어로 엠브레이스라는 조금 더 현실적이고 실용적인 제품을 만들어내게 되었다.

## 자기공명영상 장비

다른 예를 하나 더 살펴보자. GE 의료기기 부서에서 20년 넘게 일해온 더그 디츠Doug Dietz는 GE의 자기공명장치MRI, Magnetic Resonance Imager 개발을 담당하면서 첨단 영상 의료 시스템의 설계와 개발을 진행하고 있었다. 그러던 중 자신이 개발한 장비가 잘 운영되는지 확인하기 위해 병원을 들렀다가 검사를 받으러 온 여자아이가 엄마 손을 꼭 잡고 겁에 질려 자기공명장치 기기 앞에서 우는 것을 목격하고 뭔가 잘못되었음을 깨닫게 된다. 더욱 충격적인 사실은 80%의 소아 환자들이 자기공명장치나 CT 촬영을 위해서는 마취과로부터 진정제나 전신 수면제를 맞아야 한다는 것이었다. 디츠는 자기공명장치 장비를 연구하고 개발하면서 수많은 환자의 목숨을 구할 수 있다는 자부심을 가져왔다. 하지만 어린 아이들이 자신이 만든 자기공명장치를 어떻게 느낄지에 대해서는 단 한 번도 생각해본 적이 없었다는 것을 깨달았던 것이다.

그는 스탠퍼드 디스쿨의 임원 연수 과정에 참여해 디자인 씽킹을 소개받은 후 어린이 보육 센터를 방문해 어린이들을 직접 관찰하면서 이해하고 공감하려고 노력했다. 그리고 아동 병원 직원, 간호사, 기술자, 방사선 전문의, 유치원 원장 등 주변의 다양한 아동 전문가들과 대화하면서 소아환자들의 심리에 대해서도 더욱 깊이 있게 이해하는 시간을 가졌다. 디스쿨에서 교육을 마치고 돌아온 그는 '어떻게 하면 아이들이 MRI 검사를 받게 할 수 있을까?'가 아니라 '어떻게 하면 아이들이 MRI 검사 시간을 즐길 수 있을까?'로 문제의 정의를 바꾸고

GE의 엔지니어링 디자이너와 생산자 등 MRI 전문가들과 함께 프로 젝트를 시작했다. 아이들과 같은 눈높이에서 MRI 촬영실의 모습을 직접 경험하기 위해 손바닥과 무릎으로 검사실을 기어 다니면서 아이들의 느낌을 공감하려고 노력하고 소음을 포함한 MRI 촬영 중에 발생할 수 있는 냄새, 검사 시간 동안 움직이면 안 되는 상황 등 아이들이 불편해하고 불안해할 수 있는 요소들을 모두 찾아냈다. 그리고 그런 요소들을 아이들이 즐길 수 있는 재미로 바꾸기 위한 창의적인 아이디어들을 생각해내기 시작했다. 온전히 아이들 입장에서 MRI 검사실을 놀이동산의 모험 공간처럼 바꾸어가기 시작했다. 의사나 간호사가 아닌 소아 환자들이 검사실의 주인공이 되어 다양한 모험을 용감하게 헤쳐나가는 곳으로 설계한 것이다.

MRI 기계 내부는 그대로 두었지만 기계 외부와 검사실 바닥, 천장, 벽, 주변 장식물들을 모험 시리즈에 맞게 꾸며 MRI 기계가 의료장비가 아닌 놀이기구처럼 보이게 디자인했다. MRI 촬영 기사와 간호사에게 모험 시리즈별로 대본을 미리 제공하고 어린 환자들이 들어오면 정해진 대본에 따라 모험의 여정을 즐길 수 있게 도왔다. 'MRI가 해적선이 되면 어떨까?'라는 아이디어는 MRI 기계의 입구를 나무로 만든 커다란 키로 장식한 마치 놀이동산의 해적선처럼 꾸며진 MRI 검사실을 만들었다. MRI 촬영 기사는 아이에게 해적선으로 모험을 떠난다고 말해주고 움직이면 해적에게 들킬 수 있으니 소리가 나지 않을 때까지 움직이지 말고 조용히 있어야 한다고 말해준다. 해적선 탐험이 끝나면 아이들은 해적의 가슴에 숨겨져 있던 보물을 꺼내 가지게 된다.

또 다른 시제품으로 어린이 환자를 우주여행으로 안내하는 원통형 우주선도 있다. 기계가 작동하고 소음이 커지면 촬영 기사는 아이들

**GE 어드벤처 시리즈**

(출처: GE)

에게 우주선이 '초공간 항속 모드'로 바뀌는 중이니 그 소리를 잘 들으라고 권한다. 아이들이 상상하는 우주여행에서는 무서운 MRI 소리도 모험의 한 부분으로 구성된다. 시험용 MRI 장비는 병원의 소아병동에서 좋은 반응을 얻어내면서 해적선, 우주선, 사파리 밴 등을 포함해 현재 열 가지 이상의 모험 시리즈로 제공되고 있다. 새 MRI 기기 덕분에 소아 환자들의 마취제 투여 수는 급격히 줄었고 환자들의 만족 지수 역시 90% 가까이 상승하게 되었다. 어드벤처 MRI에서 검사를 받은 어린 꼬마들이 엄마에게 내일 또 올 수 있냐고 물어볼 정도로 어린 소아환자들이 MRI 검사를 더 이상 무서워하지 않고 스트레스도 덜 받게 되었다.

우리 생활에서 가깝게 볼 수 있는 피앤지의 소음 걱정 없는 카펫 청소기 사례를 살펴보자. 피앤지는 미국 가정의 75% 이상이 카펫 바닥을 사용하고 있음에도 불구하고 카펫 청소를 위한 제품은 판매하지 않고 있다는 사실을 알게 되었다. 이후 이를 해결하기 위해 디자인 씽킹 기반의 디자인 컨설팅 전문기업인 아이데오와 함께 프로젝트를 시작하고 수많은 가정들을 방문하고 관찰하고 인터뷰 한 결과, 영유아 자녀가 있는 가정에서는 바닥 청소를 할 수 있는 시간이 아이들이 잠들어 있을 때뿐이라는 사실을 발견했다. 그마저도 진공청소기의 소음으로 인해 자녀들이 잠에서 깰까 봐 걱정이 많아 카펫 청소를 마음 편하게 할 수도 없었던 것이다.

'어떻게 하면 청소 중에도 아이들이 곤히 잠들 수 있을까?'라는 문제 정의로 시작해 수차례의 프로토타이핑을 거쳐 스퀴지의 마찰력을 이용하는 스위퍼 카페 플릭Swiffer Carpet Flick이라는 제품이 개발되었다. 이후 지속적인 테스트를 통해 제품을 개선해나갔고 소음 없이 카페트 청소를 가능하게 하는 혁신 사례가 되었다. 이 외에도 어린이 치과 등과 같이 우리 주변에는 실제 사용자 관점에서의 깊이 있는 공감과 이해를 기반으로 하는 다양한 혁신 사례들을 쉽게 찾아볼 수 있다.

## 글을 맺으며

    코닥은 디지털 카메라를 가장 먼저 개발하고도 디지털 카메라 때문에 도산하는 수모를 겪었다. 당시 코닥의 경쟁이었고 2000년에는 카메라 필름 매출에서 코닥을 앞지르기까지 했던 필름 시장의 또 다른 강자가 있었는데 바로 후지필름이다. 디지털 카메라가 급격히 보급되고 필름 시장이 사라졌을 때 후지필름은 코닥과는 달리 변화를 빠르게 인지하고 필름 산업에서 축적했던 기술들을 다른 산업에 적용하여 새로운 시장을 개척하고 필름 산업의 위기를 극복하여 새로운 도약에 성공할 수 있었다.

    후지필름이 코닥과 달리 디지털 카메라 출현 이후에도 계속 성장하고 발전할 수 있었던 가장 큰 이유는 당시 후지필름 CEO였던 '고모리 시케타카Komori Shigetaka'가 변화를 인지하고 새로운 도전을 끝없이 시도하고 성공했기에 가능한 일이었다. 많은 사람들은 후지필름이 카메라와 필름 산업에만 관련되어 있다고 생각하지만 코닥과는 달리 후지필름은 CEO를 포함한 경영진을 중심으로 내부의 혁신과 변화를 통해 다양한 산업 진출에 성공했다.

    의료 분야에서 엑스레이를 디지털화한 것이 대표적인 예이다. 이는 후지필름이 최초이면서 현재는 거의 업계의 표준이 되어 있다. 디지털 엑스레이를 포함한 디지털 의료 장비, 액정 관련 광학 재료, 화장품, 의약 분야에 이르기까지 디지털 카메라 외에도 일반인들이 상상하지 못하는 다양한 산업에 진출해 있다.

고모리 사장은 경영 전반의 새로운 전략, 새로운 성장 산업 구축, 기술력을 보유한 회사들과의 연결 강화를 성공의 핵심 전략으로 추진했다. 우선 그는 기업이 위기에 직면할 때 경영자가 반드시 실행해야 하는 네 가지 행동이 있다고 이야기하고 있다. 첫째는 한정된 시간과 정보만으로도 기업의 현재 처한 상황과 미래에 어떻게 해야 할지를 읽어낼 수 있어야 한다는 것이다. 두 번째는 현재와 미래에 대한 통찰을 가졌으면 무엇을 하고 어떻게 할 것인지에 대한 실행 전략과 작전을 구상할 수 있어야 한다는 것이다. 세 번째는 위기 극복의 시작은 경영진의 강력한 의지로 시작될 수 있지만 조직 전체가 공감하고 대응해나갈 수 있도록 현재의 위기 상황을 조직 전체에 전파시키는 것이다. 네 번째는 현상을 읽고 미래를 예측하고 실행에 대한 방향과 계획을 수립했으면 그걸 실제 실행에 옮기는 것이다.

현재 잘하고 있는 산업의 비즈니스 안정화를 꾀하면서 다음으로 해야 할 일은 성장 산업을 만들어내기 위해 경쟁력 있는 핵심 기술을 찾아내고 그에 맞는 새로운 산업에 뛰어드는 것이다. 후지필름은 화장품 산업에서 여성의 피부를 면밀히 연구하고 사진 산업에서 사용했던 황산화 기술을 이용해 항노화와 관련된 제품을 개발하는 등 기존에 보유하고 있던 기술을 새로운 산업에 적용해 자신들만의 강점으로 만들 수 있었다.

고모리 사장은 후지필름을 위기에서 구하기 위해 '4분면 분석법'을 사용했다. 그는 "만약 도요타가 더 이상 자동차를 팔 수 없다면 그들은 무엇을 해야 할까? 그것이 후지필름이 직면하고 있는 도전이다. 만

약 우리가 더 이상 사진 관련 회사가 아니라면 우리는 앞으로 무엇을 해야 하나?"라고 질문을 던지고 사진 필름 시장을 대신 할 수 있는 미래 성장 시장을 찾기 위해 사내에 어떤 보유 기술이 있는지를 분석하기 시작했다.

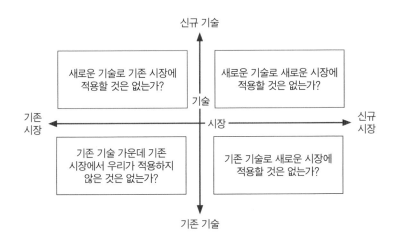

X-축은 기존 시장과 신규 시장으로 나누고 Y-축은 기존 기술과 신규 기술로 나누어 4분면을 구성한다. 그런 후 다음 표의 각 4분면에 해당하는 질문을 던지고 영역별로 어떤 기술을 적용해 어떤 제품을 만들어낼 수 있을지를 분석하고 연구했다. 후지필름은 4분면 분석을 통해 그동안 충분히 활용되지 않았던 숨겨진 기술과 자산들을 찾아낼 수 있었고 어떻게 시장에 대응해나갈 것인지와 부족한 것은 무엇인지를 명확히 알 수 있었다. 그리고 마지막으로 각 4분면에서 주력할 제품군을 아래와 같이 선정했다.

선정한 제품이나 서비스 개발을 위해 부족한 기술은 후지필름에 가장 적합한 기술력을 가진 회사를 인수합병하거나 기술력을 보유한 회

**후지필름 4분면 도출 미래 제품**

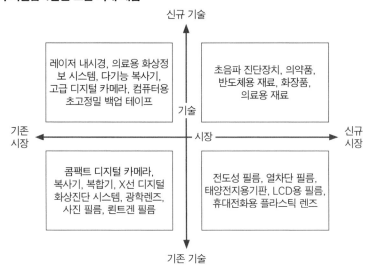

사들과의 협력을 강화하는 방식으로 해결해나갔다.

이렇듯 고모리 대표는 디지털 카메라의 확산으로 필름 업계가 붕괴하는 과정에서도 과감한 경영 혁신과 의료장비, 의약, 화장품 등의 신성장 동력을 발굴함으로써 후지필름을 더욱 성장시킬 수 있었다. 디지털 시장 충격에서 후지필름을 살려낸 고모리 시케타카 후지필름 전 회장은 2016년부터는 벤처 기업 투자가로 일하고 있다.

그는 『닛케이 비즈니스』와의 인터뷰에서 새로운 도전을 선택한 이유에 대해 "일본에서 벤처 기업의 성장이 미진하고 대학 연구와 산업 현장 간의 시너지가 겨우 싹트는 수준이기 때문에 묘목 같은 벤처 기업을 젊은 나무까지 키우는 데 이바지하고 싶다."라고 말했다. 여든의 나이에도 개인의 편안함보다 후학 양성과 국가경제의 미래 성장을 고민하는 그의 열정을 보면서 많은 뉘우침과 깊은 생각을 하게 된다.

항상 그러했듯이 세상은 우리가 느끼고 인지하는 것보다 훨씬 빠르게 변화하고 있다. 그리고 그런 변하는 누군가에는 기회이자 또 다른 누군가에게는 위기가 된다. 기술의 변화와 발전은 생활환경의 변화로 이어지고 이는 기존 제품과 서비스로는 만족시키기 어려운 고객과 시장의 숨은 니즈와 요구를 만들어낸다.

1차 산업혁명부터 4차 산업혁명을 거치면서 사회 경제적 변화 뒤에는 항상 숨어 있는 고객과 시장의 니즈가 있었다. 그런 숨은 니즈를 빠르게 찾아내고 그 니즈를 해결할 수 있는 서비스와 상품을 만들어 제공했던 기업들이 그 시대의 시장을 장악할 수 있었다. 그리고 그런 큰 변화의 물결이 있을 때마다 새로운 혁신 기업의 등장과 함께 이전 시장에서의 전통적인 산업 강자의 몰락이 반복되었다.

앞에서 살펴본 4차 산업혁명에서 혜성처럼 나타나 엄청난 속도로 성장하고 성공하는 유니콘 기업들이나 현재 비즈니스를 지속 성장시켜 가는 선도 기업들의 공통점은 현재에 안주하거나 과거 비즈니스 모델에 집착하는 것이 아니라 디지털 시대 소비자들이 원하는 것을 빠르게 찾아내고 디지털 플랫폼을 활용해 고객들의 요구를 만족시키는 혁신적인 서비스와 상품을 제공하면서 그들만의 네트워크를 장악하는 기업들이다.

개인과 기업의 미래 지속가능 성장뿐만 아니라 우리나라의 경제 성장과 산업 경쟁력을 높이기 위해서는 누구 한 명의 노력으로는 절대 이루어질 수 없을 것이다. 다른 선진국들과 마찬가지로 우리나라도 형식적인 활동을 넘어 정부를 중심으로 하는 산·학·연이 제조업을 포함한 대한민국 미래 산업의 발전을 위한 전략과 청사진을 준비하고 구체적인 계획과 실행을 위한 예산을 포함한 정책적, 제도적, 기술적, 교육적 준비를 시작해야 할 것이다.

대부분의 개인과 기업은 현재의 비즈니스가 영원히 지속되기를 바라지만 세상은 변하고 시장도 변할 수밖에 없다. 변화를 거부하고 현재의 안정적인 상태가 계속될 것이라고 위로하지만 그것은 오히려 위험을 더욱 키울 수 있다. 코닥과 후지필름이 같은 산업, 같은 시대를 풍미했지만, 그들의 변화에 대한 수용과 극복을 위한 노력이 두 회사의 미래를 갈라놓았다. 개인이든 회사이든 코닥이 될지, 후지필름이 될지는 각자 선택의 몫이다.

분명한 것은 내가 원하든 원하지 않든 세상은 변하고 그 변화를 막을 수는 없는 것이다. 그렇다면 변화를 마냥 거부하기보다는 새로운 시장과 디지털 시대가 요구하는 것을 먼저 고민하고 빠르게 능력을 확보함으로써 디지털 시대의 선구자가 되어보는 것은 어떨까 싶다.

# 참고문헌

## 1장

ABERDEEN: Amazon Ushers in the 8th Generation Fulfillment Center (By Mark Barry on March 13, 2017), https://www.aberdeen.com/opspro-essentials/amazon-ushers-8th-generation-fulfillment-center/

Mail Online (Science & Tech): Rise of the machines? Amazon's army of more than 100,000 warehouse robots still can't replace humans because they lack 'common sense' (By Aaron Brown on June 05, 2018), https://www.dailymail.co.uk/sciencetech/article-5808319/Amazon-100-000-warehouse-robots-company-insists-replace-humans.html

CNBC: Amazon wins patent for a flying warehouse that will deploy drones to deliver parcels in minutes (by Arjun Kharpal on December 30, 2016), https://www.cnbc.com/2016/12/29/amazon-flying-warehouse-deploy-delivery-drones-patent.html

INVERSE: Amazon Just Patented an "Aquatic Storage Facilities" Concept (By Mike Brown on April 20, 2017), https://www.inverse.com/article/30551-amazon-aqua-warehouses-store-packages

THE SUN: Amazon patents bizarre UNDERWATER warehouse where goods are stored in deep pools (By Margi Murphy on July 06, 2017), https://www.thesun.co.uk/tech/3961827/amazon-patents-underwater-warehouses-that-send-goods-floating-to-the-surface-for-delivery/

Google Patent: Airborne fulfillment center utilizing unmanned aerial vehicles for item delivery (by Amazon Technologies), https://patents.google.com/patent/US9305280B1/en?oq=US9305280

Google Patent: Aquatic storage facilities (by Amazon Technologies), https://patents.google.com/patent/US9758302B1/en?oq=US15483709

Trefis: What's Uber Really Worth?, http://dashboards.trefis.com

Statista: Global gross booking volume of Uber from Q3 2016 to Q4 2018 in billion U.S. dollars (by E. Mazareanu on May 17, 2019)

Forbes: Breaking Down Uber's Valuation: An Interactive Analysis (by Trefis team on Feb 22, 2018), https://www.forbes.com/sites/greatspeculations/2018/02/22/breaking-down-ubers-valuation-an-interactive-analysis/#6c6e32f34785

Todd W. Schneider: Taxi, Uber and Lyft Usage in New York City (on March 2019), http://toddwschneider.com/posts/taxi-uber-lyft-usage-new-york-city

The Rideshare Guy: How Many Uber Drivers Are There?, https://therideshareguy.com/how-many-uber-drivers-are-there/

Uber Estimator: Uber Cities, https://uberestimator.com/cities

VOX: Uber's latest valuation: $72 billion (By Theodore Schleifer on Febury 9, 2018), https://www.recode.net/2018/2/9/16996834/uber-latest-valuation-72-billion-waymo-lawsuit-settlement

Forbes: At $68 Billion Valuation, Uber Will Be Bigger Than GM, Ford, And Honda (by Liyan Chen on December 4, 2015), https://www.forbes.com/sites/liyanchen/2015/12/04/at-68-billion-valuation-uber-will-be-bigger-than-gm-ford-and-honda/#352483832e3f

CB Insights: The Global Unicorn Club (on June 2018), https://www.cbinsights.com/research-unicorn-companies

Visual Capitalist: The Largest Companies by Market Cap Over 15 Years (By Jeff Desjardins on August 12, 2016), http://www.visualcapitalist.com/chart-largest-companies-market-cap-15-years

RetailTechNews: Weekly Focus: Alibaba to Overshadow Chinese Competition with 58.2% Market Share (by Eileen Yu on Jul 19, 2018), https://www.retailtechnews.com/2018/07/19/weekly-focus-alibaba-to-overshadow-chinese-competition-with-58-2-market-share/

Forbes: Uber And Lyft Pound Taxis, Rental Cars In Business Travel Market (by Michael Goldstein on Feb 22, 2018), https://www.forbes.com/sites/michaelgoldstein/2018/02/22/uber-and-lyft-pound-taxis-rental-cars-in-business-travel-market/#764844e8b5e7

The Street: Is Uber Really Worth More Than GM, Ford and Fiat Combined? (by Bret Kenwell on Oct 16, 2018), https://www.thestreet.com/markets/ipos/is-uber-worth-more-than-gm-ford-and-fiat-14746632

Wall Street Journal: Uber Proposals Value Company at $120 Billion in a Possible IPO (By Liz Hoffman, Greg Bensinger, Maureen Farrell on October 16, 2018), https://www.wsj.com/articles/uber-proposals-value-company-at-120-billion-in-a-possible-ipo-1539690343?mod=searchresults&page=1&pos=1

Forbes: As A Rare Profitable Unicorn, Airbnb Appears To Be Worth At Least $38 Billion (by Trefis Team on May 11, 2018), https://www.forbes.com/sites/greatspeculations/2018/05/11/as-a-rare-profitable-unicorn-airbnb-appears-to-be-worth-at-least-38-billion/#5d4552812741

Skift: The battle between Airbnb and Booking (and everyone else in online travel) is just beginning (by Deanna Ting, on Jul 18, 2018), https://skift.com/2018/07/18/airbnb-could-be-worth-more-than-any-hotel-company-but-faces-ipo-hurdles/

The New York Times: G.E. Dropped From the Dow After More Than a Century (By Matt Phillips on June 19, 2018), https://www.nytimes.com/2018/06/19/business/dealbook/general-electric-dow-jones.html

## 2장

IBM: Global CEO Study "Leading Through Connections", Insight from Global Chief Executive Officer Study, https://www-935.ibm.com/services/multimedia/anz_ceo_study_2012.pdf

Steve Jobs by Walter Isaacson (2011)

Wikipedia: Dodo https://en.wikipedia.org/wiki/Dodo

ItProPortal: How to predict the lifespan of a company in one simple measure (By Dave West February 14, 2017), https://www.itproportal.com/features/how-to-predict-the-lifespan-of-a-company-in-one-simple-measure/

Innosight: 2018 Corporate Longevity Forecast: Creative Destruction is Accelerating (By Scott D. Anthony, S. Patrick Viguerie, Evan I. Schwartz and John Van Landeghem), https://www.innosight.com/insight/creative-destruction/

CNBC: Technology killing off corporate America: Average life span of companies under 20 years Published (by Michael Sheetz on Aug 24, 2017), https://www.cnbc.com/2017/08/24/technology-killing-off-corporations-average-lifespan-of-company-under-20-years.html

Value Creator: Global CEOs chart the course into unchartered waters for the Next Generation Enterprise (by Brian Vellmure), http://www.brianvellmure.com/2012/05/30/global-ceos-chart-the-course-into-unchartered-waters-for-the-next-generation-enterprise/

## 3장

Global Market Insights: Car Sharing Market Size By Model, By Business Model, By Application, Industry Analysis Report, Regional Outlook, Growth Potential, Competitive Market Share & Forecast, 2018-2024 (by Ankita Bhutani, Pallavi Bhardwaj on April 2018)

Global Market Insights: Industry Trends (Car Sharing Market), https://www.gminsights.com/industry-analysis/carsharing-market

Global Market Insights: Car Sharing Market worth over $11bn by 2024 (by Ankita Bhutani, Pallavi Bhardwaj on April 16, 2018), https://www.gminsights.com/pressrelease/carsharing-market


## 4장

Acatech: Securing the future of German manufacturing industry, Recommendations for implementing the strategic initiative INDUSTRIE 4.0, Final report of the Industrie 4.0 Working Group (April 2013)

IFR(International Federation of Robotics): Robot density rises globally, https://ifr.org/news/robot-density-rises-globally

계장 기술: 유지 보수 영역에서의 고급 분석 적용을 통한 예지 정비 개념 및 적용사례 (by 홍민우 on Jan 2017)

Acatech: SMART SERVICE WELT, Recommendations for the Strategic Initiative, Web-based Services for Businesses (March 2015)

Acatech: SMART SERVICE WELT, Digitale Service plattformen-Praxiserfahrungen aus der Industrie BEST PRACTICES (April 2016)

Acatech Study: Industrie 4.0 in a Global Context, Strategies for Cooperating with International Partners (by Henning Kagermann, Reiner Anderl, Jürgen Gausemeier, Günther Schuh, Wolfgang Wahlster)

SAP Leonardo Live in Frankfurt: From Industrie 4.0 to Data-driven Business Ecosystems (by Henning Kagermann on July 11, 2017)

Adidas AG: Factsheet Speedfactory / Future of Manufacturing, https://www.adidas-group.com/media/filer_public/2013/11/27/adidas_speedfactory_factsheet_en.pdf

Adidas AG: Adidas Launches AM4 Project in Landmark Moment for Speedfactory Facility (on October 04, 2017), https://www.adidas-group.com/en/media/news-archive/press-releases/2017/adidas-launches-am4-project-landmark-moment-speedfactory-facilit/

The Economist: Adidas High Tech Factory Bring Production Back to Germany (on January 14, 2017), https://www.economist.com/business/2017/01/14/adidass-high-tech-factory-brings-production-back-to-germany

Business Insider: Adidas Uses Speedfactory to localize Shoe designs (by Stephanie Pandolph on October 9, 2017), https://www.businessinsider.com/adidas-uses-speedfactory-to-localize-shoe-designs-2017-10

MIT Sloan Management Review: Supply Chains Build for Speed and Customization (by Man Mohan S. Sodhi and Christopher S. Tang on June 06, 2017), https://sloanreview.mit.edu/article/supply-chains-built-for-speed-and-customization/

TM Forum: Manufacturers get smarter for Industry 4.0 (By Saj Kumar on November 2016), https://inform.tmforum.org/internet-of-everything/2016/11/manufacturers-get-smarter-industry-40/

Kaeser Compressors: Compressed Air System Management-SIGMA AIR MANAGER 4.0, Key technology for Industry 4.0, http://us.kaeser.com/Images/USSAM_Sigma%20Air%20Manager-tcm9-9574.pdf

Venture Scanner: Financial Technology Startup Highlights-Q2 2018 (on August 03, 2018), https://www.venturescanner.com/blog/2018/financial-technology-startup-highlights-q2-2018

DBR(동아비즈니스리뷰): 사전 규제에 집중하는 한국, 핀테크의 무궁무진한 미래를 막고 있다, https://dbr.donga.com/article/view/1203/article_no/7262


## 5장

창투창: 세기의 발명가 토마스 앨바 에디슨(Thomas Alva Edison),

Bosch Internet of Things & Services Lab: Business Models and the Internet of Things (Bosch IoT Lab White Paper) by Elgar Fleisch (ETH Zurich / University of St. Gallen), Markus Weinberger (Bosch Software Innovations GmbH) and Felix Wortmann (University of St. Gallen) on August 2014

University of St.Gallen : The St. Gallen Business Model Navigator (by Oliver Gassmann, Karolin Frankenberger, Michaela Csik), www.bmi-lab.ch

The Business Model Navigator: 55 Models That Will Revolutionise Your Business (by Oliver Gassmann, Karolin Frankenberger, Michaela Csik)

Holcim: 55 Business Models to Revolutionize your Business (by Michaela Csik on December 2, 2014)


## 6장

TED: Build a tower, build a team (by Tom Wujec in TED 2010), https://www.youtube.com/watch?v=H0_yK-BitO8M

NeoNurture: Infant Incubator on Behance, https://www.behance.net/gallery/5055011/NeoNurture-Infant-Incubator

UNICEF: The under-five mortality rate (on March 2018), https://data.unicef.org/topic/child-survival/under-five-mortality/

TED: A warm embrace that saves lives (by Jane Chen in TEDIndia 2009), https://www.ted.com/talks/jane_chen_a_warm_embrace_that_saves_lives/transcript#t-259089

embrace innovations: embrace-warmer introduction, http://embraceglobal.org/embrace-warmer

# 디지털 혁신만이 살 길이다

**초판 1쇄 인쇄** 2019년 8월 2일
**초판 1쇄 발행** 2019년 8월 9일

**지은이** 조용완
**펴낸이** 안현주

**경영총괄** 장치혁
**디자인** 표지 최승협 본문 장덕종
**마케팅영업팀장** 안현영

**펴낸곳** 클라우드나인　　**출판등록** 2013년 12월 12일(제2013-101호)
**주소** 우) 121-898 서울시 마포구 월드컵북로 4길 82(동교동) 신흥빌딩 6층
**전화** 02-332-8939　　**팩스** 02-6008-8938
**이메일** c9book@naver.com

**값** 16,000원
**ISBN** 979-11-89430-29-0  03320